Knaur.

Mehr Informationen über die Bücher von Sabrina Fox
im Knaur Taschenbuch Verlag finden Sie auf www.was-sache-ist.de

Über die Autorin:
Sabrina Fox hat mehrere sehr erfolgreiche Bücher veröffentlicht. Nach einem
16-jährigen Aufenthalt in den USA ist sie wieder in ihre Heimatstadt München zurückgekehrt. Die Autorin ist Mutter einer erwachsenen Tochter, und
ihre zweite Leidenschaft neben dem Schreiben gilt der Bildhauerei. Mehr
erfahren Sie unter www.SabrinaFox.de

SABRINA FOX

Mrs. Fox will wieder heim

Wie ich die Amerikaner verstehen und die Deutschen lieben lernte

Knaur Taschenbuch Verlag

Besuchen Sie uns im Internet:
www.knaur.de

Originalausgabe Juni 2008
Copyright © 2008 by Knaur Taschenbuch.
Ein Unternehmen der Droemerschen Verlagsanstalt
Th. Knaur Nachf. GmbH & Co. KG, München
Alle Rechte vorbehalten.
Das Werk darf – auch teilweise –
nur mit Genehmigung des Verlags wiedergegeben werden.
Redaktion: Ralf Lay
Umschlaggestaltung: ZERO Werbeagentur, München
Illustration: Jürgen Gawron
Satz: Adobe InDesign im Verlag
Druck und Bindung: CPI – Clausen & Bosse, Leck
Printed in Germany
ISBN 978-3-426-78014-5

2   4   5   3   1

*Ich liebe Los Angeles, wie man einen Exfreund liebt.
Ich bin froh, dass ich nicht mehr mit ihm zusammenlebe,
aber ich freue mich, wenn ich ihn wiedersehe.*

Für Julia.
Das Beste, was ich von Amerika bekommen habe:
Built in America, with German parts.

Inhalt

Prolog

Der Taxifahrer warf mir einen neugierigen Blick durch den Rückspiegel zu, als ich mein Gespräch am Handy beendete. »Sie leben in Los Angeles? Da war ich auch schon mal. Wo denn genau?«

Seit sechzehn Jahren habe ich auf diese Frage die gleiche Reaktion und würde sie am liebsten vermeiden. Im Eiltempo geschieht mehr oder weniger selbständig folgender Ablauf: Leichtes Zusammenziehen an den Schulterblättern, diverse mehrfach gehörte Kommentare wie »Ja, so was!« oder »Wohnen Sie neben irgendwelchen Stars?« bis zu »Wie heißt noch mal die berühmte Straße, wo all die teuren Geschäfte sind?« rasen durch mein Hirn, gefolgt von so kindischen Reaktionen wie: »Ja, was wird der Mann jetzt von mir denken?«

Es gibt wohl wenig Städte, die weltberühmt sind und von denen sich jeder irgendwie schon lange ein Urteil gebildet hat wie von Los Angeles. Und damit natürlich auch ein ganz bestimmtes über die Einwohner. Zu denen ich nun mal seit sechzehn Jahren gehöre. Denn, so gebe ich seufzend zu: »Ich wohne in Beverly Hills.«

Beverly Hills! Bekannt durch Filmpremieren, Stars und Starlets, aufgeblasene Lippen, falsche Brüste, teure Autos und Geld, viel Geld. Angefüllt von Leuten, die anscheinend irgendwie nichts tun; und wenn sie was tun, gehen sie am Rodeo Drive einkaufen. Beverly Hills, eine Stadt, die so ähnlich wie Disneyland alle möglichen Assoziationen weckt.

Und gerade wieder sehe ich einige in dem schnellen Blick, den mir der Taxifahrer durch den Rückspiegel zuwirft, kurz abschätzend, wen er denn da im Auto hat.

»Und, habe ich das richtig verstanden, Sie ziehen wieder zurück nach Deutschland?«

Ich nicke stumm.

»Ja, warum denn das? Müssen S' wieder?«

»Nein, ich will und ich freu mich drauf!« Und dann kann ich es mir doch nicht verkneifen, noch ein »Und das schon seit langem« hinzuzufügen.

Mittlerweile sind wir am Münchner Flughafen angekommen, und er dreht sich nun ganz zu mir herum: »Des versteh i net. Wo's doch da drübn so schee is.«

»Ja«, antworte ich, leicht seufzend, »aber wissen Sie, was, nach einer Weile wollen Sie einfach mal wieder grauhaarige Leute sehen, über etwas anderes als Filme reden, länger als neunzig Minuten im Restaurant sitzen und Teenagerfreunde ihrer Tochter treffen, die wissen, was ein Gürtel ist. Außerdem«, und damit drücke ich ihm das Geld in die Hand, »ist es herrlich, Taxifahrer zu haben, die anständige Autos fahren und die wissen, in welcher Stadt und in welcher Straße sie sich befinden. Und ja, Sie haben recht, das Wetter in Kalifornien ist herrlich.«

Ich bedanke mich bei ihm, während er mein Gepäck aus dem Kofferraum hievt, und mache mich auf den Weg. Ich kenne Flughäfen. Besonders den in Los Angeles, liebevoll »LAX« genannt (die Flughafenabkürzung mit dem X, das mir bisher noch keiner erklären konnte). Ein Vorteil von Vielfliegern ist, neben der Lufthansa-Senator-Karte, dass sie wissen, wie man mit dem Jetlag umgeht. Das ist das manchmal schwierige Umgewöhnen des Körpers an die neue Zeitzone.

Ich habe da vor Jahren folgende Schritte entwickelt: Ich gehe in das Flugzeug, stelle sofort meine Uhr um, und meine Zeit ist die Zeit in dem Ankunftsland. Ich rechne nie und unter keinen Umständen nach, wie lange ich jetzt schon wach bin und wann ich eigentlich schlafen müsste. Ich esse im Flieger, und dann lege ich mich hin zum Schlafen. Ohrenstöpsel, natürlich Ohropax, Schlafmaske, und dann wird erst einmal meditiert. Eine Entspannungsmethode, die mir beim Einschlafen immer behilflich ist. Wenn ich ankomme, gehe ich nie und unter gar keinen Umständen zu Bett. Ich bin immer eine lange Zeit im Freien, damit sich meine innere Uhr umstellen kann, der es durch die Sonneneinstrahlung auf der Haut leichter fällt. Ich rieche an Blumen, gehe barfuß, erde mich sozusagen, ein Begriff, der jedem New-Age-Vertrauten und Schamanen-Interessierten bekannt sein dürfte. Dann gehe ich erst nach 22 Uhr abends ins Bett in dem Wissen, dass ich gut bis in den Morgen schlafen werde. Und aufwache in Los Angeles oder, genauer gesagt, in Beverly Hills.

Ach, das wollten Sie alles nicht wissen? Sie wollten wissen, wie es sich dort lebt? Wie das Leben an sich ist? Und ob ich nicht doch irgendwelche Stars kenne? Vielleicht wollen Sie ja auswandern oder dort Karriere machen? Sie haben sich in eine(n) Amerikaner(in) verliebt, oder Sie wollen zum Film?

Zum Film? Um Himmels willen, bloß das nicht! Natürlich hoffe ich, dass Ihre Träume in Erfüllung gehen, also bitte verzeihen Sie mir so einen herausgerutschten Satz. L.A. (ausgesprochen »El Ey«) – wie Los Angeles liebevoll abgekürzt wird – ist für die Filmindustrie, was Paris für die Mode ist. Wenn man Karriere machen will, dann hilft es, da zu sein, wo man sich trifft. Für mich war die Welt dort immer zu sehr von der Filmwelt bestimmt, aber ich wollte ja auch nie zum Film.

Dies ist ein Buch über meine sechzehn Jahre in Los Angeles oder, genauer gesagt, Beverly Hills. Mein früherer Mann Richard arbeitet in der Filmindustrie, und ich – knapp dreißig Jahre alt und deutsche Fernsehmoderatorin – versuchte, mich da mit anfänglich holprigem Englisch irgendwie zurechtzufinden.

Bitte verzeihen Sie mir, dass ich kein Klatschbuch schreiben möchte und bis auf sehr wenige Ausnahmen auch keine Stars erwähne. Auch schreibe ich über mein Leben in Los Angeles nicht, um anzugeben. Ich bin als die Frau eines Film-Executive zu Premieren eingeladen worden und nicht, weil ich wichtig bin. Die Häuser drüben sind einfach größer, in den kalifornischen Badezimmern hat man fast immer mehr Platz als in bundesdeutschen Kinderzimmern, und Swimmingpools findet man bei den Häusern wie bei uns Fahrräder vor dem Hauseingang. Es ist eine andere Welt. Und genau deswegen schreibe ich darüber. Als ich nach Kalifornien kam, hielt ich mich für einen Weltbürger. Ein paar Monate später merkte ich, wie deutsch ich bin. Als ich sechzehn Jahre später Amerika wieder verließ, ging ich als Europäerin.

Und ... ich möchte »meine« Amerikaner verteidigen. Sie sind nicht oberflächlich. Sie sind einfach nur ein bisschen anders.

1. Die Hochzeit mit einem Amerikaner und der Umzug nach Los Angeles

Ich zog nach Kalifornien, weil ich einen Amerikaner heiratete. Als ich auswanderte, war ich Fernsehmoderatorin. Ich wurde diverse Male interviewt und gefragt, warum, weswegen und weshalb ich nach Los Angeles ging (eben der Liebe wegen) und was ich davon erwartete.

Ich wollte eine glückliche Ehe führen, mich so schnell wie möglich eingewöhnen und hoffentlich weiterhin arbeiten.

Das allerdings nahm man mir nicht ab. Wahrscheinlich, so wurde vermutet, wollte ich Schauspielerin werden und versuchte, den Weg in die Castingstudios über die Ehe zu machen (das soll ja schon mal vorgekommen sein). Ich fühlte mich damals schwer angegriffen, und schon allein deshalb hätte ich niemals in irgendeiner Weise irgendeine Schauspielerkarriere angestrebt. Obwohl ich zugeben muss, dass ich als Kind leidenschaftlich gern und oft in meiner Laienspielgruppe aufgetreten bin.

Ich kam nach L.A. als Ehefrau eines Amerikaners. Eine vollkommen andere Situation. Es brauchte nicht ganz so viel Mut, diesen Schritt zu wagen, schließlich ging ich ihn an der Seite eines Mannes, der zwar aus New York kommt, aber schon zehn Jahre in Kalifornien lebte.

Ich wollte, dass diese Ehe ein Erfolg würde (was uns nicht gelang, fünfzehn Jahre später ließen wir uns scheiden), und ich wollte, dass ich mich schnell eingewöhnte. Deutsche scheinen das verinnerlicht zu haben, wenn Sie mir eine Verallgemeinerung erlauben. Wir sind bemühter im Adaptieren. Franzosen zum Beispiel – auch hier wieder eine grobe Verallgemeinerung – scheren sich weniger darum, ob andere Leute französisch sprechen. Zwei Franzosen auf einer amerikanischen Party: Natürlich wird französisch gesprochen, auch wenn die anderen Gäste währenddessen sprachlos an ihrem rohen Gemüse mit Dip knabbern, das in Los Angeles statt der bayerischen Erdnussflips auf den Tisch kommt. Zwei Deutsche auf einer amerikanischen Party: Trotz Akzents und knappen Vokabulars wird tapfer englisch gesprochen. Wir wollen ja niemanden ausgrenzen. Und wir wollen nicht unangenehm auffallen.

Mein Englisch reichte gerade mal für den Hausgebrauch. Da ich über ein schwaches Namens- wie auch Zahlengedächtnis verfüge – offiziell als schwach bestätigt von der Johnson O'Connor Research Foundation –, kam ich über ein holpriges Englisch damals nicht hinaus.

Richard und ich hatten uns auf der Hochzeit meiner Freundin Carolin Ohrner mit Bruno Frydman in Paris kennengelernt. Wochen später kam er, um mich in München zu besuchen. Irgendjemand erzählte mir, dass er Jude sei; und so schlug ich denn vor, ihm das Konzentrationslager in Dachau zu zeigen. Ich wusste nicht, inwieweit Richards Familie – wenn überhaupt – während der Nazizeit verfolgt worden war, und fiel, typisch deutsch, gleich mit der Tür ins Haus. Er lehnte etwas erstaunt ab. Am nächsten Morgen holte ich ihn vom Hotel zu einer Radtour ab. Wir sprachen über Familienfeiern, und er erzählte mir von Weihnachten. Weihnachten? »Bist du nicht jüdisch?«, fragte ich ihn.

»Nein, meine Familie kam damals aus Irland. Wir sind katholisch.« Kein Wunder, dass er auf meinen Vorschlag, Dachau zu besuchen, überrascht reagierte.

Überrascht wurde auch ich – von der Intensität seines Werbens. Das war ich nicht gewohnt. Ich bekam jeden Montag weiße Lilien – meine Lieblingsblumen – als Gruß geliefert. Jeden Tag Anrufe. Aufmerksames Zuhören, was allein bei meinem Englisch schon viel Geduld erforderte. Seinen Heiratsantrag ein paar Wochen später habe ich auch nur nach mehrmaligem Nachfragen verstanden.

Auf unserer nachträglichen Hochzeitsfeier in Los Angeles hielt der Chef meines frisch angetrauten Ehemannes Richard eine lange Rede. Es wurde viel gelacht, viel geschmunzelt; und wenn ich die Fotos von diesem Abend betrachte, dann scheine ich mich wie alle anderen darüber köstlich amüsiert zu haben.

Ich habe aber kein Wort verstanden.

Es ist ein eigenartiges Gefühl, auf seiner eigenen Hochzeit nur acht von zweihundert Leuten zu kennen: meine Mutter, meine Schwester, Carolin und ihren Ehemann Bruno, Joe und Dolores (Freunde von Richard, die auch auf Carolins und Brunos Hochzeit waren), die erste Frau meines Mannes und seinen Chef. Wochen und Monate später traf ich immer wieder Leute und stellte mich brav mit »Sabrina Fox, nice to meet you« vor. Die Antwort war nicht selten: »Aber wir kennen uns doch von Ihrer Hochzeit!« Oops! (Ausgesprochen: »Ups!«)

»Oops« ist übrigens ein wichtiges Wort in der englischen Sprache. Es drückt genau das aus, was man darin vermutet. Einen Fauxpas. Oder ein Fettnäpfchen oder, wie die Amerikaner sagen, »to put your foot in your mouth«: den Fuß in den eigenen Mund schieben. Was ja auch ein ziemlicher Fauxpas wäre.

Ich war mit einem Mann verheiratet, dessen Sprache ich kaum verstand. Und das ist selten eine gute Idee. Nun denn, ich konnte mich über das Essen, das tägliche Leben, das Hin und Her recht gut verständigen, aber das war es dann auch schon. Wir heirateten im September 1988, und drei Monate später, kurz vor Weihnachten, zog ich nach Los Angeles.

Meine letzten Tage in Deutschland waren eigenartig. Ich hatte nie vorgehabt auszuwandern. Amerika stand nicht wirklich auf meiner Wunschliste. Ich bin in einer Generation aufgewachsen (geboren 1958), die automatisch gelernt hatte, die Amerikaner zu mögen. Meine Mutter erzählte mir von den Carepaketen, die selbst in der Oberpfalz gelandet waren. Von dem Glück, sich nach dem Krieg im amerikanischen Sektor wiederzufinden. Ich wusste um den Marshallplan, der nicht nur dafür sorgte, dass Deutschland kein reines

Agrarland wurde, und uns damit wieder ermöglichte, eine Indus-
trienation zu werden – und der auch den sozialen Wohnungsbau
antrieb. Als ich aufwuchs, gab es auf dem deutschen Musikmarkt
für Teenager nur deutsche Schlager und amerikanische Popmusik.
Ich entschloss mich natürlich für Letzteres. Die »neue deutsche
Welle« war noch nicht erfunden, und auf »Herz« reimte sich im
Deutschen einfach nur »Schmerz«. Außer den deutsch-österrei-
chischen »Sissi«-Filmen war ich begeistert von Doris Day, Cary
Grant und Rock Hudson. Ich versuchte, mit Joan Baez und Bob
Dylan mitzusingen. Ich liebte Marshmallows – dieses unsäglich
pappige Zeug, das über Feuer geröstet wird – und die schicken,
großen amerikanischen Autos. Außerdem gab es da Pommes frites
(oder *French fries*) zu jeder Mahlzeit. Was für ein Land!

Mit 23 Jahren saß ich zum ersten Mal in meinem Leben in einem
Flugzeug, und das gleich in Richtung Florida! Ich nahm an einer
Pressereise als Fotoredakteurin der Zeitschrift *Bild und Funk* teil.
Ich war im Himmel gelandet: Herrlichste Sonne und dazu noch das
großartige Meer. Ich kannte bis dahin nur kleine schäbige Pensionen und war in einem der »Ramada Inns« untergekommen. Damals
für mich der Inbegriff des besseren Reisens. Gleich neben dem
Schlafzimmer ein schönes Bad. Ganz selbstverständlich warm.
Warm! Ich erinnerte mich an Besuche bei Omas, Tanten und On-
keln, Gaststätten im tiefsten Bayern, kleine Pensionen … alle hatten
eines gemeinsam: ein kaltes Klo. Das Fenster immer sperrangelweit
auf. Die Wände, wie in einer Metzgerei, mit grauenvollen Kacheln
fast bis unter die Decke. Das Toilettenpapier grau und schmirgelig.
Es ist nie die Heizung an. Da verrichtet der Amerikaner doch sehr
viel komfortabler seine Notdurft.

Die Amerikaner, so war mir bei meiner ersten Amerikareise klar,
lieben es bequem. Allein das Autofahren: Fast alle Autos haben ein
Automatikgetriebe. Wozu dieses Gewusel mit der Kupplung? Ich gewöhnte mich in den zehn Tagen meiner ersten Floridareise so schnell
an die leichte Art der Amerikaner, an ihre Höflichkeit, an den Enthusiasmus, dass mir meine deutschen Mitbürger auf einmal nicht mehr

gefielen. Am letzten Tag stand ich am Flughafen in Miami und kämpfte mit den Tränen. Eigentlich wollte ich nicht mehr zurück-kommen. Da ich sehr praktisch veranlagt bin, habe ich diesen Wunsch kurz nach meiner Ankunft in München als unmöglich und unmach-bar ad acta gelegt. Die Eigenheiten meiner Zeitgenossen, die mich schon vorher gestört hatten, fielen mir jetzt nur umso mehr auf:

Sie waren eigensinnig – ich natürlich nicht.

Sie waren stur – ich natürlich nicht.

Sie waren inflexibel – ich natürlich nicht.

Neidisch – ich natürlich nicht.

Unhöflich – ich natürlich nicht.

Natürlich mochte ich alle in meinem großen Freundeskreis, und auch meine Kollegen bei der *Bild und Funk* und später beim Fern-sehen waren nicht so wie »die anderen Deutschen«. Als ich meinen zukünftigen Mann kennenlernte, moderierte ich nach vielen Jahren beim Bayerischen Fernsehen und in der ARD das Frühstücksfernse-hen bei Sat.1, und bis auf das Aufstehen um 4 Uhr morgens war in meiner Welt alles in Ordnung. Der Traum von Florida war lange vergessen, die Reise ja auch schon über sieben Jahre her, und ich war ganz und gar in meine Karriere vertieft.

Ich machte mir Sorgen, dass das deutsche Fernsehpublikum nichts mehr von mir wissen will, wenn ich meiner Heirat wegen nach Amerika gehe. Ich wollte unbedingt weiterarbeiten und wusste doch, dass meine geliebten Livesendungen kaum mehr möglich sein würden. Gelegentlich wurde ich gefragt, ob ich nun »die neue Margret Dünser« werden wollte, die kurz vorher verstorben war und die die großartige Sendung »V.I.P.-Schaukel« moderiert hatte. Da sah ich mich nicht. Ich wollte nicht die Kontakte meines neuen Ehemannes benutzen, um weiterhin im Fernsehen zu arbeiten. Da-mals machte ich mir noch viel daraus, was »die anderen« von mir denken, und diese Gedanken konnte ich mir vorstellen: »Ja, sie hat ja diesen Star nur gekriegt, weil sie mit Richard verheiratet ist. Und den hat sie nur geheiratet, um an die Prominenten ranzukommen.« Was macht man nicht alles für seinen Beruf!

Ich wollte nicht zu viel mit nach Los Angeles nehmen, und so ergab es sich, dass meine Freundin Rita meine Wohnung in Hamburg – in die ich gerade erst ein Jahr zuvor von München aus gezogen war – so, wie sie war, von mir übernahm: mit Möbeln, Geschirr, Bettwäsche und allem Drum und Dran.

Da ich mit einem Amerikaner verheiratet war, durfte ich eigentlich meinen Pass mit meinem normalen Touristenvisum nicht mehr benutzen. Ich durfte offiziell nicht mehr einreisen. Wir trafen kurz nach unserer Hochzeit im September einen Immigrationsanwalt, und der erklärte uns, dass wir zwei Möglichkeiten hatten: Ich warte entweder außerhalb der USA, bis ich eine Greencard bekomme, oder innerhalb der Staaten. Warte ich außerhalb, kann ich nicht einreisen, bis ich die Greencard (die übrigens nicht grün ist) habe. Warte ich innerhalb, kann ich nicht ausreisen, bis ich die Card habe. Manchmal kann es ein ganzes Jahr dauern, bis man die Aufenthaltsgenehmigung bekommt, und so lange kann ich die Vereinigten Staaten nicht verlassen. Und – so entfuhr es mir –: So lange kann ich nicht arbeiten. Mir wurde mulmig. Es kann auch schneller gehen, tröstete mich der Immigrationsanwalt.

Ich war schockiert. Ich hatte meinen Fernsehvertrag, und der lief noch bis Ende des Jahres. Also musste ich auf jeden Fall wenigstens die nächsten drei Monate aus- und einreisen können. Ich legte deshalb jedes Mal vor dem Einchecken meinen Ehering ab und versteckte ihn in meiner Geldbörse. Wir beschlossen, erst dann einen Antrag auf die Greencard zu stellen, wenn ich am Ende des Jahres nach Los Angeles gezogen wäre.

Ich verbrachte die letzten Tage mit Packen, Michverabschieden und war so beschäftigt, dass ich eigentlich keine Zeit mehr hatte, groß darüber nachzudenken, welchen entscheidenden Schritt ich hier machte. Ich habe mir als junges Mädchen mal geschworen, nicht feige zu sein. Ich wollte nicht mit neunzig Jahren im Lehnstuhl sitzen und mein halbes Leben bedauern. Es wird schon werden, dachte ich mir, und so umarmte ich meine Freunde.

Ich machte meine letzte Sendung, bekam einen lieben Abschiedsgruß von meinem Sat.1-Team, und anschließend fuhr ich zum Flughafen. Es war ein Tag vor Weihnachten. Ich hatte Bammel. Nicht vor meinem Leben, sondern vor meiner Einreise. Das Team hatte eine kleine Videobotschaft für mich zusammengestellt, die kurz vor Ende der Sendung lief, in der es hieß, dass ich jetzt nach Amerika ziehe. Wenn das einer in der Passkontrolle sieht und merkt, dass ich mit einem Touristenvisum ausreise, dann lässt man mich vielleicht nicht in den Flieger.

Ich war nervös. Ich zeigte meinen Ausweis vor, und der Polizist schaute mich kurz an und meinte: »Ja, wen haben wir denn da?« Mir rutschte das Herz in die Hose. Ich versuchte, so unschuldig wie möglich zu schauen, und schickte ein Stoßgebet zum Himmel: »Bitte lass ihn die Sendung heute nicht gesehen haben.« – Solche Stoßgebete lauten normalerweise für Moderatoren genau andersherum. Er holte seinen Kollegen. »Schau, die Sabrina Lallinger!« Dann wandte er sich zu mir und meinte: »Ich wache jeden Morgen mit Ihnen auf.« – »O Gott, nein!«, dachte ich mir. – »Aber leider muss ich dann immer um halb neun fahren und verpasse jedes Mal die letzte halbe Stunde.« Halleluja! »Danke«, sagte ich, nahm meinen Pass und schlich durch die Kontrolle. Den Rest der Zeit bis zum Abflug versteckte ich mich in der Damentoilette. Ich glaube, ich habe zu viele Krimis gelesen.

Die Reise in meine neue Heimat brachte mich von Hamburg nach London und mit einem kurzen Zwischenstopp weiter nach Los Angeles. Kaum saß ich in Hamburg im Flieger, ich hatte einen Fensterplatz, legte sich Dunkelheit über mich. Meine Welt wurde plötzlich grau. Ich ließ meinen Blick übers Rollfeld wandern, über all die anderen Flugzeuge, die da standen, und die Gebäude, die mir so vertraut waren. Ich fahre jetzt weg. *Ich fahre jetzt weg!*

Ich werde meine Freunde und meine Familie selten sehen, viele Gespräche werden in Zukunft mühsamer sein, weil entweder ich die Leute nicht verstehe oder sie mich nicht. Werden mich die Freunde von Richard mögen? Werde ich eigene Freundschaften schließen?

Wann werde ich wieder nach Hause fliegen können? In einem Jahr? In zwei Jahren? Ich erinnerte mich mit Schrecken an meine erste Reise als Verlobte mit Richard nach Venedig zu den Filmfestspielen knapp drei Monate zuvor. Wir gingen durch die Lobby im Hotel, als sich zwei Männer Richard näherten und ihn begrüßten. Er stellte mich beiden vor. Einer davon verwickelte Richard in ein Gespräch, der andere fragte mich, ob ich Schauspielerin sei. Ich verneinte. Das ist aber schade, meinte er mit einem Augenzwinkern, wo ich Richard doch jetzt so gut kennen würde. Ich versteinerte. Starrte ihn an, als ob ich mich verhört hätte. Richard merkte, dass mit mir etwas nicht stimmte, und schaute besorgt. Ich verabschiedete mich mit einer gehaspelten Entschuldigung und flüchtete mich nach draußen, gerade noch konnte ich meine Tränen zurückhalten.

Wird das mein Leben sein? »Die Leute« werden annehmen, dass ich mit Richard schlafe, um Karriere zu machen? Ich war groß, schlank und blond – und werde ich nun auch automatisch noch ein Flittchen? In Deutschland war ich »ich«. Jetzt, wenn ich Richard heirate, bin ich nur noch »die Ehefrau«. Schaffe ich das? Will ich das?

Plötzlich fühlte ich Richard hinter mir; und es dauerte eine Weile, bis er aus meinem Schluchzen heraushörte, was in mir vorging. Er hatte den Kommentar des Mannes nicht mitbekommen und versuchte, ihn mit einer Handbewegung wegzuwischen. »Er ist ein Idiot. Denk nicht weiter drüber nach.«

Doch gerade jetzt, als das Flugzeug abhob und wir noch eine Ehrenschleife über Hamburg drehten, musste ich wieder darüber nachdenken. Und die Tränen, die ich damals nicht zu Ende geweint hatte, kamen jetzt hoch. Die Unsicherheit, die sich über mich legte, die Trauer, mein Zuhause zu verlassen, all das mischte sich gut durch. Ein paar Minuten später setzte dieses laute Kinderschluchzen ein, und ich heulte mich von Hamburg nach London durch zwei Packungen Taschentücher.

Der Engländer neben mir meinte nach einer halben Stunde meines konstanten Schluchzens: »Tut mir leid, dass ich Sie störe.

Ist alles okay mit Ihnen? Ich weiß nicht, was Ihnen der Kerl angetan hat, aber ich könnte ihn für Sie umbringen, wenn Sie das wollen.« Sein Humor tat mir gut. Ich erklärte ihm, dass ich frisch verheiratet sei und gerade nach Amerika zog. Und dass ich um mein altes Leben weine. Er hob erstaunt die Augenbrauen und stieß ein sehr englisches »Oh« aus – was sich wahrscheinlich übersetzen lässt mit »Frauen! Wer will sie verstehen?« –, als er sich beruhigt hinter seiner Zeitung versteckte.

Zur Sicherheit kaufte ich mir auf dem Londoner Flughafen Heathrow noch mal einen Nachschub an Taschentüchern. Überraschenderweise hörten meine Weinkrämpfe schlagartig auf, als ich in den nächsten Flieger stieg, und meine Stimmung von London bis L.A. war eine gänzlich andere: Ich fing an, mich auf mein neues Leben zu freuen.

2. Lange Limousinen, begehbare Kleiderschränke und ein Leben ohne Strumpfhosen

Bevor ich nach Los Angeles zog, war ich genau zweimal dort gewesen. Vier Jahre vorher mit einem anderen Mann meines Herzens, mit dem ich eine Kalifornien-Rundreise im Auto gemacht hatte. Nach den wunderbaren Städten San Francisco, Carmel und Santa Barbara landeten wir in Los Angeles, und nach drei Stunden wollte ich so schnell wie möglich wieder fort. Was für eine grauenvolle Stadt! Beim neugierigen Umherfahren landete man plötzlich in deprimierenden Stadtteilen, in denen man sofort automatisch die Sicherung an der Autotür herunterdrückte. Ich weinte Los Angeles keine Träne nach, als ich es wieder verließ. Mein Leben in Deutschland war ausgefüllt und aufregend, und auch die langen Öffnungszeiten in den Supermärkten konnten mich nicht mehr ganz so begeistern wie beim ersten Mal. Ich war nach dieser Urlaubsreise gern wieder nach München gekommen.

Im Sommer vor meiner Heirat hatte ich Richard besucht und war gleichsam verschreckt von Los Angeles. Allein der Anflug über die Stadt zum Flughafen LAX ist eine staubige Angelegenheit. Egal, zu welcher Jahreszeit, es sieht unten immer sehr trocken aus. Kaum Grün, riesige graue Häuserreihen, breite Freeways und nichts, aber auch gar nichts, was einem ein heimeliges Gefühl vermitteln könnte. Der Anflug auf München dagegen erinnert an ein Märchenland: sauber geschnittene Felder, niedliche Häuser. Alles ordentlich wie in einer Puppenlandschaft. Fast erwartet man, dass einem Rapunzel aus dem Turm hochwinkt.

Los Angeles dagegen sieht so aus, als hätte jemand braune Farbe drübergeschüttet.

Richard holte mich nach meinem Abschied in Hamburg am Flughafen mit einer Stretch-Limo ab. Am Flughafen nichts Ungewöhnliches, da solche Limousinen in Los Angeles fast ausschließlich für drei Möglichkeiten bestellt werden: ein großes Event, die Oscars zum Beispiel, einen Teenagergeburtstag oder eine Prom (Abschlussball der Highschool-Zeit) oder eben das Hin zum und Zurück vom Flughafen.

Alles andere ist Angeberei oder zeugt von Unkenntnis der Gebräuche in Hollywood und wird hier mit einem Kopfschütteln registriert.

Ich kam mir schon ein bisschen komisch vor, als ich da in diese lange schwarze Limousine einstieg, die Richard nur deswegen ausgesucht hatte, weil ich mit jeder Menge Gepäck ankam, das in einen normalen Kofferraum überhaupt nicht hineingepasst hätte. Beide hinteren Seitentüren waren offen, und der Fahrer half mir hinein. Leider stand auf der anderen Seite keiner, um mir wieder herauszuhelfen. Ich fiel nämlich einfach durch, denn in dieser Limousine war es so dunkel, dass ich die Erhöhung über der Mittelachse übersah und prompt auf der anderen Seite wieder hinausstolperte. So tapsig hatte ich mir meinen Einzug in Los Angeles nicht vorgestellt.

Wir fuhren Richtung Norden. Richard wohnte in den Hügeln von Hollywood. Es war ein eigenartiges Gefühl, hinter den verspiegelten Gläsern dieser schwarzen Limo an dem Leben der anderen vorbeizufahren. Es erschreckte mich, in einer Stadt zu wohnen, in der die Unterschiede zwischen Arm und Reich so gravierend waren. Von einer Straßenseite zur anderen erkannte und erfühlte man die Kluft. Hier noch sauber gepflanzte Anlagen, zehn Schritte weiter heruntergekommene Häuserreihen.

Armut ist mir nicht unvertraut. Ich verbrachte meine Kindheit im sozialen Wohnungsbau im Münchner Norden, und als ich mit siebzehn Jahren von zu Hause auszog, nahm ich erst einmal zehn Kilo ab, weil ich kein Geld hatte, mir genug zu essen zu kaufen, und von geschenkten Pulversuppen lebte. Aber hier, von dem, was ich bis dahin verstand, war die Armut umrahmt von Drogen und Waffen. Von Schattierungen in der Hautfarbe. Wie uns Deutschen das Judentum bewusst ist, ist den Amerikanern die Hautfarbe bewusst. Wie werde ich damit zurechtkommen? Richard nahm meine Hand. Ich ließ mich ablenken.

Meine vorher verschickten Kisten waren schon angekommen: Bücher, Fotoalben, ein paar persönliche Dinge. Ich zog in das Haus von Richard ein, das am Chelan Place lag, am Ende einer Sackgasse. Jeder beteuerte immer wieder, wie »sicher« diese Sackgassen seien, da die Einbrecher keinen zweiten Fluchtweg hätten. Aha. Das schien eine wichtige Information zu sein. Will ich das wirklich wissen?

Es war ein fremdes Haus für mich. Wir haben uns nie aneinander gewöhnt. Und nach knapp zwei Jahren zogen wir auch dort aus. Es war zweistöckig, und die hintere Fensterfront war knapp zehn Meter hoch. Man hatte einen herrlichen Blick auf Los Angeles, den ich damals nicht zu schätzen wusste. Doch was mich eher beunruhigte, war, dass jeder, der in diesem Canyon stand, einen herrlichen Blick auf mich hatte.

Ich war ein Wohnungskind. Ich bin mit meinen zwei Schwestern in der Küche aufgewachsen, deren Kochzeile mit einem Vorhang von unseren Betten abgetrennt war. Meine erste eigene Wohnung maß gerade mal 28 Quadratmeter, und wenn die Sonne schien, musste ich rausgehen, weil es mir sonst »zu voll« wurde. Mein nächstes Apartment war dann 70 Quadratmeter groß, und irgendwann einmal landete ich bei 180. Ich liebte Vorhänge, die man zuziehen kann, Türen, die im dritten Stock lagen, und Nachbarn, bei denen man sich Eier ausleihen kann und die nachschauen, wenn man um Hilfe schreit.

Dieses Haus war auf einem Hügel. Es gab keine Bürgersteige, sondern nur schmale Straßen. Ich habe dort nie Leute spazieren gehen sehen. Es gab keine Geschäfte, die man zu Fuß hätte erreichen können. Es war steil. Das Haus hatte eine Alarmanlage. Selbst das Auto hatte eine. Damals war so etwas in Deutschland noch nicht verbreitet. »Wenn man so viele Alarmanlagen braucht, wird das wohl seinen Grund haben«, dachte ich mir. Und … vergessen wir nicht: Sackgassen sind so sicher!

Das Haus war dunkelbraun. Dunkelbraun steht mir nicht. Und es war mit sehr vielen schönen antiken japanischen Möbeln ausgestattet. Richard hatte einige Jahre in Japan gelebt und gearbeitet, und er hatte eine große Affinität zu diesem Land entwickelt. Ich nicht.

Ich musste hier dringend Wurzeln schlagen, und dazu brauchte ich eine Art bayerische Gemütlichkeit. Mir fehlten weiche Couchen und helles Holz. Deutsche Freunde hatten mir zum Abschied eine Lila-Milka-Kuh-Lampe geschenkt, und ich versuchte, sie irgendwo unterzubringen. Es gibt selten einen geeigneten Platz für Lila-Milka-Kuh-Lampen, aber in dieses Haus passte sie so wenig wie ich nach Los Angeles. Die amerikanische Küche war durch japanische Papiertüren von dem großen Wohnraum abgetrennt. Links neben dem Eingang ging eine Treppe in den ersten Stock zu den Schlafzimmern. Ein Teil dieser Treppe hatte eine große Fensterfront – ohne Vorhang –, durch die man wahrscheinlich von draußen, der Straße, nach innen schauen konnte. Ich versprach mir, nicht nackt nach unten zu gehen. In der Küche stand aufgereiht – wie in einem japanischen Fastfood-Restaurant – das bestellbare Essen als Skulpturen aus Plastik. Eine große Kunstfertigkeit, das Essen so darzustellen, dass es wie echt ausschaut. Richard fand das eine sehr witzige Idee. Mir grauste es jedes Mal, wenn ich in die Küche ging. Ihm grauste wahrscheinlich vor meiner Lila-Milka-Kuh-Lampe, die auf einer Ecke der Küchenablage Platz fand. Da Richard sehr verliebt war, zeigte er sich bereit, auf das Plastikessen zu verzichten. Ebenfalls war er bereit, einiges an Möbeln auszutauschen, damit ich mich wohler fühlte.

Es war eigenartig, mit meinen Koffern in das braune Haus zu ziehen. Mein Blick glitt über das dunkle Holz, das Richard so liebte und an das ich mich so gar nicht gewöhnen konnte. Ich brauchte es hell, und meine Augen blieben an den zwei beigefarbenen Couchen hängen, die ich kurz nach der Hochzeit bestellt hatte und die vor

zwei Tagen geliefert worden waren. Ich sah das als mein Begrü-
ßungsgeschenk. Oder vielleicht sogar als Zeichen, obwohl ich damals noch nicht an Zeichen glaubte.

Ich würde mich schon bald an mein Leben hier gewöhnen, so
beruhigte ich mich. Ich habe mich bisher noch an alles gewöhnt.
Gleich neben den Couchen stand der Christbaum. Seit Anfang Dezember steht er schon da, wie üblich in den Staaten. Kurz nach
Weihnachten wird er wieder abgeräumt. Die Sonne schien, die Ter-
rassentür war auf, und das Licht spiegelte sich im Pool. Weihnachts-
gefühle wollten keine aufkommen.

Ich ließ alles am Eingang stehen und ging zur Terrasse. Als ich
über die Schwelle treten wollte, schlug mich jemand nieder, und ich
flog zurück ins Haus, wo ich unsanft auf dem Boden landete. »Are
you okay?«, fragte Richard besorgt. Was ist passiert? Um Gottes
willen. *Drive-by shooting?* Einbrecher? Bin ich angeschossen?

Nein, ich bin in eine der fast unsichtbaren Fliegengitter-Schiebe-
türen gerannt. Amerikaner haben ein sehr gestörtes Verhältnis zur
Natur. Sie soll draußen bleiben. Keine Fliege, keine Biene im Haus,
und vor und hinter einem werden diese durchsichtigen vernetzten
Zusatztüren ständig auf- und zugeschoben.

Richard schaute immer noch besorgt. Es war mir nicht ganz klar,
ob er sich sorgte, dass ich mich verletzt hatte, oder ob er befürchtete, einen Trampel geheiratet zu haben. Erst die Limousine, dann die
Screentür. Ist das auch ein Zeichen?

Richard machte mir in seinem Haus Platz für meine Garderobe. Wie
hier üblich, hatte auch er einen begehbaren Kleiderschrank. Eine
großartige Erfindung, an die ich mich sehr schnell gewöhnte.

»Wie viele Menschen in deiner Familie sind denn kürzlich verstorben?«, fragte mich Richard nach dem Auspacken. Nein, niemand ist gestorben, und ja, ich hatte fast ausschließlich schwarze
Kleidungsstücke. Meine Seite des Kleiderschranks war dunkler als
seine. Ich trug bereits seit Jahren Schwarz. Ich trug die Farbe, als sie
noch nicht Mode war. Als ich mir am Anfang Schwarz als fast ein-

zige Kleidungsfarbe angewöhnt hatte, tat ich das, weil ich kein Geld hatte und Schwarz immer zu Schwarz passt. Es fällt eben nicht so auf, wenn man immer dasselbe anhat.

Eine schwarze Garderobe und die kalifornische Sonne passen allerdings nicht zusammen. Stück für Stück veränderte sich mein Kleiderschrank, der immer heller und bunter wurde. Meine drei Schubladen voller Seidenstrumpfhosen mussten Shorts Platz machen. Niemand trägt in Los Angeles Strümpfe. Wozu auch? Eine Schublade mit Schulterpolstern konnte ich ebenfalls nach einem Jahr aufgeben. Die Mode ändert sich.

Später mussten auch meine Haare dran glauben. Ich bin von Haus aus nur mit wenigen ausgestattet und habe sie mir immer mit viel Schaum und Sprays aufgefüllt. Doch hier sahen alle Haare so aus. Sie erinnern sich vielleicht noch an die »Drei Engel für Charlie« und die wunderschöne Farah Fawcett, deren Frisur jeder haben wollte? Nun, hier hatte jeder großartige Haare, nur eben ich nicht. Meine waren die »Arme Leute«-Version. Meine mühsam hingebastelte Frisur sah hier noch bemühter als irgendwo sonst aus, und so ließ ich mein Haar kurzerhand abschneiden. Was ja für Frauen immer auch ein Zeichen für einen neuen Lebensabschnitt bedeutet, und das hier war weiß Gott ein neuer Lebensabschnitt.

Die Mode damals in Los Angeles bestand aus langen mädchenhaften Kleidern, die interessante kleine Muster hatten und die fast bis zum Boden gingen. Darunter trug man – Cowboystiefel. Der dazu passende Herr trug einen Pferdeschwanz. Eine Kombination, an die ich mich einfach nicht gewöhnen konnte und wollte. Ich hielt die erste Zeit noch tapfer mit Schwarz dagegen.

Ich verlor.

3. Unvertraute Gesten, eine antike Schüssel und Weihnachten mit Guacamole und Chips

Nachdem alle meine Koffer ausgepackt waren und wir gemeinsam zu Abend gegessen hatten, fiel ich erschöpft ins Bett. Es war still hier oben auf den Hügeln. Ich hörte den Grillen zu, ein Geräusch, das ich in den nächsten Jahren lieben lernte. Richard brachte mir eine Tasse Tee, und ich beobachtete seine Gesten, die mir noch unvertraut waren wie alles um mich herum. »Ich habe schon oft neu angefangen«, beruhigte ich mich, »das wird schon.«

Am nächsten Tag, am Samstag, war Heiligabend. Mit dem mir gewohnten Heiligen Abend nicht zu vergleichen. Ein Christkind gibt es hier nicht. Es gibt den Weihnachtsmann, und der kommt durch den Kamin in der Nacht zum ersten Weihnachtsfeiertag. Er fliegt mit seinen Rentieren von Haus zu Haus und reist dann wieder zurück zum Nordpol, wo er mit seiner Frau und den Elfen bis zum nächsten Jahr lebt. Die kleinen Elfen haben dann wieder das ganze Jahr über Zeit, die Geschenke für die Kinder vorzubereiten. Landauf, landab werden Eltern um 6 Uhr morgens von den aufgeregten Kindern aus dem Bett geschmissen, um zu begutachten, ob Santa Claus seine Milch getrunken und von den hinterlegten – am besten selbstgebackenen – Keksen etwas abgebissen hat. Die Karotten für die Rentiere, die man natürlich auch nicht vergessen hat, sind weg, denn die nimmt Santa Claus natürlich mit. Dafür hat er dann die Geschenke dagelassen, die sofort aufgemacht werden. Jeder sitzt im Schlafanzug und Morgenmantel herum, trinkt heiße Schokolade und schaut den Kindern mit halb geschlossenen Augen beim Auspacken zu – mühsam freudige Überraschung vortäuschend, denn eigentlich wären alle Erwachsenen lieber noch im Bett. Im Laufe des Tages kommt die übrige Familie oder kommen Freunde, und man isst und lässt es sich gutgehen. Zur Kirche geht man entweder am Nachmittag, am Abend vorher oder gar nicht.

Auch zu uns kamen Gäste. Da weder Richard noch ich hier in Los Angeles Familie hatten, kamen Freunde, die mich begrüßten. Ich wurde umarmt und geküsst, und jeder gab sich Mühe, entweder besonders langsam oder besonders laut zu sprechen.

Es gab Guacamole mit Chips, Plätzchen aus der Konditorei und den obligatorischen Truthahn, der von einer Cateringfirma geliefert wurde; denn ich hatte meine Hausfrauenpflichten noch nicht übernommen. Irgendwie fehlte uns eine große Salatschüssel, und so nahm ich eine blau-weiße große Schüssel von der Esszimmerkonsole. Als ich gerade die Sauce mit dem Salat mischen wollte, hörte ich Richard ein schockiertes »Oh, no!« rufen. Ich schaute mich fragend um. Vorsichtig trug er die Schüssel mit dem Salat zum Waschbecken und fand mit sicherem Griff eine Holzschüssel ganz weit oben in den Schränken. Ich wollte ihm die Porzellanschüssel aus der Hand nehmen, doch er klammerte sich geradezu daran fest. »This is a Japanese antique«, brachte er als Erklärung noch über die Lippen, und mit Hilfe seines Gesichtsausdrucks wurde mir klar, dass ich Idiot irgendetwas sehr Teures als Salatschüssel missbrauchen wollte.

»Okay«, sagte ich nur und: »Sorry.«

Er traute mir nicht mehr. Er wusch die Salatschüssel selbst ab. Am nächsten Tag war sie verschwunden. Später sah ich sie in seinem Büro wieder. Ja, so eine neue Ehe braucht Vertrauen. Ich hoffte nicht, dass unsere an einer Salatschüssel zerbrechen würde.

Der zweite Weihnachtsfeiertag ist in den USA gestrichen – überhaupt gibt es hier wenige Feiertage –, und irgendwann einmal musste mein Ehemann wieder ins Büro.

4. Englisch lernen, Glatzköpfige und Schöne und warum man immer wissen sollte, wo der Pazifik liegt

Ich hatte ausgepackt und wollte mich als Erstes in Los Angeles bei Berlitz zu einem Englischkurs anmelden. Richard hatte mir vorher den riesigen »Thomas Guide«, den Stadtplan von Los Angeles, in die Hand gedrückt und versuchte, mir zu erklären, wie er funktioniert. Ich kannte nur meine aufklappbaren Faltstadtpläne. Wenn es diesen hier zum Auffalten gäbe, dann würde er ein Fußballfeld damit zudecken. Mir fehlte der Überblick. Wo sind wir und wo muss ich hin und kann man das nicht auf einer Seite sehen?

Richard schlug kurzerhand zwei Seiten auf und kreuzte die Straßen an, die ich nehmen sollte. Ich würde je nach Verkehr zwanzig bis vierzig Minuten brauchen, um von Hollywood nach Beverly Hills zu fahren. Der Sunset Boulevard war mein Rettungsanker. Er ist 35 Kilometer lang und zieht sich durch die halbe Stadt. Manche Straßen, so fiel mir auf, ändern plötzlich ihre Namen. Meistens deswegen, weil sie sich dann in einem anderen Stadtteil befinden. Seltsame Angelegenheit.

Der »Thomas Guide« ist über 6000 Seiten dick. Und komplett unübersichtlich für eine Neukalifornierin. Die Berlitz-Schule war am Beverly Drive. Den gibt es neunmal. Dazu noch die diversen Variationen: Beverly Street, Beverly Lane, Beverly Boulevard, Beverly Road, Beverly Circle. Mir wurde erklärt, dass ich immer auch nachschauen muss, in welcher Stadt der Beverly Drive ist. Ich suchte nach dem in Beverly Hills. Ich bin eigentlich nicht besonders doof im Kartenlesen, aber hier verzweifelte ich fast. Leider hatten wir damals noch kein Navigationsgerät. Außerdem war diese ganze Stadt in Nord, Süd, Ost und West eingeteilt. Als ich frühmorgens

mit der Schule telefonierte, erklärten sie mir, dass sie an der Westseite vom Beverly Drive sind.

Westseite? Ist das links oder rechts? Als ich nachfragte, gab es
eine Pause auf der anderen Leitung: »Es kommt drauf an, von woher Sie kommen. Wir sind an der Westseite!« Das Ausrufezeichen
war klar durch den Hörer zu verstehen. Die Schule ist also auf der
westlichen Seite der Straße. Das ist die Seite, auf der es zum Pazifik
geht. Falls ich das Meer sehe, ist es ja ganz einfach. Ich müsste also
mein Auto parken, in ein nahe gelegenes Hochhaus stürmen, dort
das Dach finden und nachsehen, ob ich in die richtige Richtung fahre. Dummerweise sieht man den Pazifik von Beverly Hills aus nicht,
wenn man im Auto sitzt.

Eigentlich braucht man in Los Angeles für alles mindestens 45
Minuten, aber das wusste ich damals noch nicht. Richard erzählte
mir, dass man hier bei einer roten Ampel trotzdem rechts abbiegen
darf. Das fand ich so unglaublich verlockend, dass ich mich nicht
beherrschen konnte, mehrmals im Viertel herumzufahren, einfach
nur um diese Freude zu erleben. Bei Rot über die Ampel. Eine ab-
solut großartige Erfindung.

Ich hatte mich für Privatunterricht angemeldet. Schließlich wollte ich es so schnell wie möglich lernen. Ich meinte besorgt: »Reichen sechs Stunden pro Tag, und wie lange wird es dauern, bis ich
mich nicht mehr wie ein deutscher Tourist anhöre?« Am nächsten
Morgen würde mein Lehrer zu mir nach Hause kommen.

Wie Room Service, nur besser.

Pünktlich um 10 Uhr morgens klingelte mein erster Lehrer. Ich
hatte je sechs Stunden für fünf Tage die Woche, und das für einen
Monat, mit zwei verschiedenen Lehrern pro Tag bestellt. Nach zwei
Stunden war mein Hirn ein einziger Brei, und ich war nicht mehr
aufnahmefähig. Obwohl ich tapfer die sechs Stunden am Tag durch-
hielt. Bezahlt ist bezahlt. Gelegentlich sah ich fern, um das zu üben,
was mir vorher mühsam eingepaukt worden war, und las einfache
Magazine, deren Inhalt mir – falls ich ihn überhaupt verstand –

Schauer über den Rücken jagten. Vom *National Enquirer* bis zum *Star Magazine* mit Schlagzeilen wie »Frau gebiert Kind mit drei Köpfen!« und »Außerirdische landen in Washington«. Als mich Richard zum ersten Mal mit dieser Lektüre überraschte, konnte er das Entsetzen nicht verbergen. Kurzfristig wird er sich wohl große Sorgen gemacht haben, wen er denn da geheiratet hatte. »Sie war doch Journalistin! Ich hatte sie doch selbst im Fernsehen gesehen – und jetzt das?«, stand auf seiner Stirn geschrieben.

Während eines der ersten Monate in meinem neuen Land gab mir Richard einen Artikel aus der *New York Times* zu lesen. Es dauerte zwei Stunden, bis ich damit fertig war und ihn – mit Hilfe des Wörterbuchs – auch verstand. Ich merkte plötzlich, dass ihm nicht klar war, wie unsicher ich in seiner Sprache war, und kreiste die Wörter ein, die ich nicht kannte, und unterstrich alle, bei denen ich unsicher war. Es sah aus wie ein Jackson-Pollock-Gemälde. Jetzt konnte er auch Verständnis für meine frühere Lektüre entwickeln. Ich brauchte einfache Artikel, einfache Bücher, einfache Fernsehsendungen, um zu üben.

Eine der Sendungen, die ich sah, hieß »The Bold and the Beautiful«. Für mich war die Übersetzung ganz klar: »Die Glatzköpfigen und die Schönen«. »Komischer Titel«, dachte ich mir, »aber na ja, wir sind ja schließlich in Amerika.« Nach mehrmaligem Ansehen fiel mir auf, dass ich bis auf einen Mann mit schütterem Haar keinen einzigen Glatzköpfigen dort gesehen hatte. Ganz erstaunt erklärte ich das bei einem gemeinsamen Abendessen einigen Freunden als Besonderheit des amerikanischen Fernsehens. Sie starrten mich verwirrt an. Wovon sprach ich bloß? Bis es aufgeklärt wurde und sämtliche Amerikaner am Tisch laut loslachten: *Bald* heißt »glatzköpfig«, nicht *bold*, wie ich es verwechselt hatte; das bedeutet »mutig« – und »Die Mutigen und die Schönen« ist doch gleich ein ganz anderer Titel …

Richard machte sich auch ein großes Vergnügen daraus, mir Wörter falsch beizubringen. Vielleicht eine Retourkutsche für die antike Salatschüssel? Einer der Supermärkte hieß zum Beispiel »Hughes« –

für Deutsche ein schier unvorstellbar auszusprechendes Wort, und so fragte ich ihn danach. Er sagte, man spricht es so aus wie das englische Wort *hugs*, also »hags« – neben der Übersetzung »Umarmung« gibt es auch eine berühmte Windelmarke. »Hags« also wurde mein Supermarkt – der einzige, der einigermaßen in der Nähe war, was in den Hügeln von Los Angeles immer noch eine Fahrzeit von 25 Minuten ist – und wenn mich jemand fragte, wo ich gerade herkomme, sagte ich immer: »Hags.« Nach einer Weile wurde ich gefragt, wo denn dieser Laden »Hags« sei, zu dem ich so gern gehe. Nachdem ich die Straßenkreuzung beschrieben hatte, sagten sie: »Ach, du meinst ›Hjuuhs‹«, wie »Hughes« richtig ausgesprochen wird. Ab dem Zeitpunkt vertraute ich Richard in diesen Dingen nicht mehr.

Jede Sprache hat so ihre Kurzformen, ihre Eigenarten, die für einen Einwanderer schwer nachzuvollziehen sind. Gelegentlich friert einem auch das Gehirn ein. Ich hatte mich eigentlich immer als schnell reagierende Person in Erinnerung, ich war nicht ohne Humor und auch nicht begriffsstutzig – im Deutschen. Im Englischen entwickelte ich mich allerdings zu einem dümmlich grinsenden, nicht viel verstehenden blonden Etwas. Ich war im Kino und bestellte Popcorn für alle sowie ein paar Colas und legte das Bargeld auf die Theke. Der Mann zwinkerte mir zu, nahm das Geld und meinte: »You are a dollar short.« Ich war mir nicht ganz sicher, ob das ein Flirtversuch war und, wenn ja, was er denn bedeuten könnte? »Einen Dollar zu kurz?« Wie viel macht das? Vier Zentimeter? Wenn man ihn quer legt. Wenn man ihn längs legt, sind es vielleicht acht Zentimeter. Warum fragt er mich das? Bin ich ihm zu groß? Zu klein? Leicht verwirrt gab ich ihm meine Körpergröße: »I am five foot seven.«

Endlich war mir klar, was er wollte: Kein Date, ich war ihm auch nicht zu kurz, er wollte nur einen Dollar mehr, denn ich hatte ihm einen zu wenig gegeben. Allerdings kam ich mir ziemlich klein und doof vor, als ich unter ungläubigen Blicken (»Wo kommt die denn her?«) versuchte, mich elegant zurückzuziehen. Was mit dem Balancieren von vier eimergroßen Popcorns, drei Colas und einem hochroten Kopf selten gelingt.

5. Warum Besitzer Deutscher Schäferhunde sich freuen, dass man da ist, und wie aus *water voter* wird

as mich besonders irritierte, war die regelmäßige Frage der Verkäuferin – egal, in welchem Laden –: »Are you German?« Alles, was sie von mir bis dahin gehört hatten, war ein »Hi«, ausgesprochen klingt es wie »Hai«. »Hi« – was kann man an diesem Wort bitte »deutsch« aussprechen? Was machte ich bloß falsch? Ich trug kein Dirndl, hatte keinen Fotoapparat um den Hals und sagte nur, wenn ich einen Laden betrat, dieses läppische »Hi« als Gruß. Wie die anderen Amerikaner eben auch! Woher wissen die, dass ich Deutsche bin?

Da ich mich so schnell wie möglich anpassen wollte, merkte ich, dass Berlitz allein nicht reichte. Ich brauchte einen Menschen, der mir die richtige Aussprache beibringen konnte. Manchmal dachte ich, dass das Einzige, was mir zu einer amerikanischen Aussprache fehlte, ein kleingerolltes Taschentuch ist. Das müsste ich dann nur irgendwo ungesehen im Mundraum unterbringen. Dadurch würde wahrscheinlich dieses Nuscheln entstehen, das das hier gesprochene Englisch so amerikanisch macht. Meine Silben kamen immer noch wie aus der Pistole geschossen aus meinem deutschen Mund.

Mein Sprachlehrer war mir vom Studio (so nennt man ein Filmstudio in der amerikanischen Kurzform der Insider) empfohlen worden. »Er hat sie *alle* schon unterrichtet.« Dieses *all* schwebt am Ende bestimmter englischer Sätze wie ein Versprechen: »alle«! Und zu diesen »allen« darf ich dann auch gehören. Nur bezweifle ich, dass mein Anteil an »allen« irgendeine Bedeutung hat.

»Er« – der »sie alle« unterrichtet hat – lebte im Valley. Einem heißeren und staubigeren Teil von Los Angeles.

Los Angeles, das sind viele Kleinstädte, die nach einer Großstadt suchen. Wir haben die Westside (natürlich im Westen der Stadt, an den Pazifik angrenzend). Dazu gehören unter anderen Malibu, Santa Monica, Brentwood, Westwood, Bel Air und – natürlich – Beverly Hills. Die schöneren, schickeren und damit auch teureren Gegenden. Der große Unterschied liegt in der Temperatur, dem Grad der Luftverschmutzung und den Grundstückspreisen. Im Gegensatz zum Valley bekommt die Westseite noch eine Brise vom Pazifischen Ozean und damit frische Luft. Die fehlt dem Valley. Manchmal liegt die Luft wie eine braune Sauce über diesem Stadtteil.

Los Angeles hat drei Temperaturen: »Links« vom 405 Freeway (oder West, wie der Amerikaner sagen würde) ist es kühl, »rechts« davon (oder im Osten) ist es wärmer. Im Valley ist es heiß. Der 405 Freeway trennt die Stadt von oben nach unten oder, wie man in L.A. sagt, »South/North«. Ich hatte mir angewöhnt, jedes Mal, wenn ich den 405 überquert hatte, um nach Santa Monica zu fahren, eine Jacke anzuziehen. Das Meer macht alles kühler.

Apropos Meer. Meer war für mich gleichbedeutend mit »warm«. Gut, ich hatte mal einen Kurzurlaub an der Ostsee gemacht, und es war so kalt, dass ich im Juli nie aus meiner gelben Regenuniform herausgekommen bin; aber ansonsten war ich der Meinung: Meer ist warm. Doch nicht der Pazifik. Wenn sein Wasser die Küste von Los Angeles erreicht, ist es gerade erst von Alaska heruntergekommen und hat sich noch nicht aufgewärmt. Ich war nie eine »Meerperson«. Ich bin ein »Fluss-« oder »Bachmensch«. Das ewige Rauschen des Meeres geht mir nach einer Weile auf die Nerven. Ich liebe die Stille zu sehr.

Die Stadt ist sehr verwirrend, da riesig groß für den Neuling. Der Flughafen LAX liegt im Süden der Stadt, nahe des Pazifiks oder »unten«, wie ich früher gesagt hätte. »Oben«, im Norden, breitet sich das »Valley« aus. Der Norden verfügt über eine hügelige Kette, die sich vom Pazifik in das Landesinnere zieht und von dem berühmten, ewig langen Mulholland Drive befahren werden kann.

Das Valley wird mit der Stadt durch diverse Canyons verbunden. Da gibt es unter anderem den Benedict Canyon, den Coldwater Canyon, den Laurel Canyon, den Beverly Glen oder den Malibu Canyon. Jeder einzelne hat seine besondere Handschrift. In dieser Hügelkette leben Rehe und Kojoten, und nicht selten findet man das eine oder andere im Garten. Kojoten sind nicht unbedingt meine Freunde, da sie die Angewohnheiten haben, nicht nur Ratten und Mäuse, sondern auch Hauskatzen zu fressen; und ich hatte später mal drei, die ich sehr liebte. Einmal war so ein Kojote mitten auf der Straßenkreuzung zwischen Beverly Glen und Mulholland Drive. Das arme Viech sah aus wie ein alter Teppich und war so dürr, dass seine Rippen herausschauten. Er hielt sich mühsam auf dem Dreiquadratmeterstreifen von dünnem Wüstengras zwischen den Straßen auf und wusste nicht, wohin. Er tat mir so leid, dass ich ihm beinah eine meiner Hauskatzen geopfert hätte. (Das ist ein Witz!) Ich schmiss ihm aus reiner Verzweiflung ein paar Kekse hin, die ich noch im Auto hatte. Armer Kerl. Er war schließlich zuerst da. Wir haben uns mit unseren Häusern einfach immer breiter gemacht.

Beverly Hills ist eingeteilt in die Hills (Hügel) und die Flats, den flachen, ebenerdigen Teil von Beverly Hills, in dem sich zum Beispiel auch der berühmte Rodeo Drive befindet.

Dann gibt es den Santa Monica Freeway, der die Stadt von Westen nach Osten durchschneidet. Im Valley gibt es den 101 Freeway und diverse andere, auf denen man sich glorreich verfahren kann.

Downtown – also der Stadtkern – ist ein Bereich für sich. Als ich nach Los Angeles zog, war dieser nachts ausgestorben, bis auf die Obdachlosen, die entweder hier oder in Santa Monica einen Platz für sich ergatterten. Ansonsten gab es die Oper, ein paar Ämter, den Blumenmarkt, das Juwelierviertel und das eine oder andere gute Restaurant, und das war es dann auch schon. Jeder Tourist, der irrtümlich der Meinung war, dass Downtown der Platz ist, wo das Leben tobt, wurde enttäuscht. Los Angeles ist eben nicht so wie andere Städte.

East Los Angeles, den Osten, kenne ich nicht. Ich war in meinen sechzehn Jahren vielleicht zwanzigmal dort, und das nur auf der Durchreise. Man muss hierherfahren, um nach Disneyland zu kommen, nach Palm Springs, zu den Stadien. Das ist wie eine Insel. Meine Tochter meinte fassungslos, als ich sie danach fragte: »Wer geht denn nach East L.A.? Ich weiß nicht einmal, wo das ist!« Und damit ist eigentlich schon alles zusammengefasst. Hollywood liegt an der Grenze zum Osten. Und weiter fährt »man« nicht. Obwohl Hollywood ein Stadtteil ist, beschreibt das Wort »Hollywood« eben auch die Filmindustrie. Die ist dort allerdings schon lange nicht mehr. Die Großen haben sich mit ihren Studios nach Burbank verzogen, einem Ort im Valley.

Um sich in Los Angeles so wie in München auszukennen, braucht es wahrscheinlich vierzig Jahre. Die Stadt besteht aus 12 000 Quadratkilometern und hat im engeren Kreis 3,5 Millionen Einwohner und im Großraum nochmal elf Millionen zusätzlich. Jeder Stadtteil ist ein »Mini-München«. Es gibt Teile, in denen man sich auskennt, und andere, in denen man vollkommen verloren ist.

Mein Sprachlehrer war also im Valley, und das aus gutem Grund: Dort sind fast alle Filmstudios versammelt. Er saß in einem dunklen Zimmer, umrahmt von Autogrammfotos mit persönlicher Widmung in solch einer Masse, wie man sie eigentlich nur in einer amerikanischen Reinigung findet. Auch meine Reinigung warb mit der dreckigen Wäsche der Stars.

Mein Sprachlehrer hatte einen langen weißen Bart und wäre gut als Merlin in einem Film untergekommen. Leider konnte man seine Mundhaltung kaum erkennen, was mich als bemühte Schülerin doch sehr störte. Er starrte mich nach den ersten Sätzen amüsiert an und meinte: »What fun! A German!« (»Wie lustig! Eine Deutsche!«) Ich kam mir vor wie ein wissenschaftliches Studienobjekt. Er war es gewöhnt, englischen Schauspielern amerikanische Dialekte beizubringen und amerikanischen gelegentlich deutsche, da wird das doch mit mir armer Deutschen auch irgendwie zu schaffen sein.

Als Erstes erklärte er mir, dass ich das W völlig falsch ausspreche. Ein Amerikaner macht mit seinem Mund ein O und bläst das W dabei heraus. Unser deutsches W ist eigentlich ein amerikanisches V. Und deshalb haben die Witze, die man über die deutsche Aussprache macht, immer ein V drin: »Voter, voter« statt »Water, water«.

Das L wird häufig mit herausgestreckter Zunge gesprochen, während unseres anständig am Gaumen anliegt. Vom berühmten Th ganz zu schweigen, bei dem wir schon als Kinder in der Schule verzweifelt sind. Übrigens: Nach über sechzehn Jahren in den Staaten lacht meine Teenagertochter gelegentlich immer noch über diverse Tücken meiner Aussprache. Die Stunden – es waren über zehn – wurden auf Tonband aufgenommen (iPods gab es damals noch nicht), und ich hörte sie im Auto ab und übte mit ihnen.

Vor ein paar Jahren bestellte ich über einen Telefonversand einige Weihnachtsgeschenke. Die Dame am anderen Ende kam aus Alabama und wollte partout meine Kreditkartennummer nicht verstehen: »S'cuse me, Määäm, but I don't get it! What did tschu saiii?« Der Akzent der Südstaaten lässt sich in seiner Schwere mit dem Akzent eines Bergbauern vergleichen. Ich wiederholte die Nummer in meinem besten Englisch – immerhin lebte ich mittlerweile schon seit über zehn Jahren drüben und wurde allgemein recht gut verstanden –, und in meiner Frustration schlug ich vor, später noch mal anzurufen. »Vielleicht haben wir ja einfach eine schlechte Verbindung«, versuchte ich zu vermitteln.

»No, Mäm. You hav' an accent!«

Lachend legte ich auf. Ihr eigener Akzent war ihr natürlich noch nicht aufgefallen. Mit dem tiefsten Süden von Alabama konnte ich mich als eingewanderte Deutsche nun wirklich nicht anlegen.

Einen Vorteil hatte meine schlechte Aussprache allerdings. Ich wurde automatisch als *sophisticated* eingestuft. *Sophisticated* lässt sich mit »gebildet« nur unzureichend übersetzen. Es ist ein kompletter Lebensstil, der einen über das Mittelmaß hebt. Man hat Geschmack, ist klug und natürlich Weltbürger. Ich musste die großartigen Lobeshymnen auf meine *sophistication* jedes Mal unterbrechen. »Sorry, I am not sophisticated. I just have an accent«, versuchte ich stets zu korrigieren. Hoffnungslos.

Zugegebenermaßen ist unsere Sprache ja nicht besonders berühmt für ihren harmonischen Klang. Nicht selten haben die Bösen im Film einen deutschen Akzent, und es gibt natürlich einen Grund, warum ausgerechnet unsere Sprache die offizielle Sprache des Hundetrainings ist. Dafür ist unser korrekt ausgesprochenes Deutsch eben sehr nützlich.

Ich bekam einen Anruf von Johanna, einer neuen Bekannten. Ob ich ihr nicht helfen könnte, fragte sie mich. Sie bräuchte dringend jemanden, der deutsch spricht. Sie erklärte mir, dass sie sich einen »richtigen Deutschen Schäferhund aus Deutschland« hat kommen lassen. »Warum denn das?«, wollte ich wissen. Sie erklärte mir, dass Schäferhunde hier zum Schutz des Hauses und des Lebens gern genommen werden und dass es besonders in Deutschland die besten Trainingsanlagen gibt, die diese Hunde auf ebendiesen Job vorbereiten. Das heißt: Beiß nicht die Kinder der Eigentümer, aber halt bitte den Einbrecher so lange fest, bis die Polizei kommt. Sie hätte nun eben genau so einen Hund und hatte auch dafür selbst ein Training abgelegt, damit sie ihn richtig führen kann … nur … nur …

Nur was?

Er hat Heimweh. Ob ich nicht kommen könnte, um mit ihm etwas deutsch zu sprechen. Ihre Aussprache wäre wohl nicht ganz richtig.

Was es nicht alles gibt! Ich fuhr also hin und klopfte an der Tür. Ich hörte ein angsteinflößendes scharfes Bellen, und Johanna machte die Tür auf. Sie begrüßte mich überschwenglich – der Hund weniger, er saß und starrte mich aufmerksam an. Nur keine falsche Bewegung.

»Das ist Max«, stellte ihn Johanna vor. Ich ging auf die Knie, um in Augenhöhe zu sein, und fing an zu reden: »Ja hallo, Max, du bist aber ein schöner Hund.«

Der Wachhund Max wurde in Sekundenschnelle zu Wachs. Er fing sofort zu winseln an und versuchte, mit seinen 35 Kilo auf meinen Schoß zu klettern. Es war eindeutig, der Hund freute sich. Hoffentlich kommt hier niemals ein deutscher Einbrecher rein. Ich versuchte, Johannas Deutsch etwas zu verbessern, und wir nahmen sogar meine Stimme mit ein paar Worten auf Band auf. Nur schwer konnte er davon abgehalten werden, mir nachzulaufen.

Der arme Hund. So kann es einem gehen, wenn man kein Deutsch mehr hört. Ich hatte ja wenigstens noch das Telefon.

In Richards Haus in den Hollywood Hills on Chelan Place hing inzwischen an jedem elektrischen Küchengerät ein von mir handgeschriebener Zettel, wie man es bedient.

Auf Deutsch.

6. Erdbeben, Führerscheine
und die Fütterung und Aufzucht einer Neukalifornierin

R ichard war beruflich viel unterwegs, da er für die internationale Abwicklung einer großen Filmfirma zuständig war. Gute zehn Tage befand er sich jeden Monat auf Reisen. Und so hatte ich Zeit, mich in diesem großen Haus recht verlassen zu fühlen. Mir fehlte meine Familie. Mir fehlten meine Freunde. Mir fehlten meine Vorhänge. Wenn es dunkel wurde, traute ich mich nachts nicht mehr runter ins Erdgeschoss. Der erste Stock hatte drei Schlafzimmer und zwei Bäder. Eins davon suchte ich mir als Büro aus. Ich konnte mich nicht richtig konzentrieren, da ich mit einem Ohr immer an der Eingangstür hing, wenn ich nicht gerade Unsummen nach Deutschland vertelefonierte. Gott sei Dank gab es Nachbarn, die mich hören würden, wenn ich schreie. Hoffentlich habe ich noch genügend Zeit dafür.

Ich kam nach Los Angeles, als unsere deutsche Mauer noch stand, George Bush senior gerade zum Präsidenten gewählt wurde und Arnold Schwarzenegger als Berufsbezeichnung noch »Schauspieler« angab. Es war die Zeit der Schulterpolster und der Leggings – die unglaublicherweise zurückgekommen sind, gerade als ich sechzehn Jahre später wieder nach Deutschland zog. Ich hoffe, es hat nichts mit mir zu tun.

1988 machten Boris Becker und Steffi Graf noch Tennisschlagzeilen, Céline Dion fing gerade an, bekannt zu werden, und Roger Rabbit veränderte den Zeichentrickfilm. Und es gab *drive-by shootings*. Das heißt, dass jemand aus einem fahrenden Auto heraus erschossen wird – und dass dies relativ häufig geschieht, denn sonst gäbe es ja keinen speziellen Namen dafür. Für mich Deutsche eine schier unfassbare Vorstellung. Mir wurde dringend nahegelegt, immer die Autotür von innen zu verschließen und unter keinen Umständen in Gegenden anzuhalten, die ich nicht kenne. Alles mit dem freundlichen und aufmunternden Grinsen am Schluss: »You will be fine!«, was man mit »Wird schon alles gutgehen« sehr frei übersetzt. Zu dumm nur, dass ich alle Gegenden gleich schlecht kannte.

Und natürlich gibt es regelmäßig Erdbeben. Ich war gerade drei Wochen in Los Angeles und Richard zum ersten Mal unterwegs, als ich nachts von einem Rütteln aufgeweckt wurde. Zuerst dachte ich: »Da liegt ein Einbrecher unter meinem Bett«, aber nein, das ganze Haus schien hin und her zu rollen. Ich wusste nicht genau, was ich machen sollte. So blieb ich einfach mal auf dem Bett sitzen. Der Spuk dauerte nicht lange, und anschließend klingelte sofort das Telefon. Freunde von Richard riefen an, um sicherzugehen, dass ich auch okay bin. Nach der Bestätigung, dass ich mein erstes Erdbeben ohne großen Schaden überstanden hatte, und nachdem der Anrufer beteuert hatte: »Its only a 4.8« – gemeint war damit die Richter-Skala für Erdbeben, die nach oben offen ist –, legte ich auf. Dreimal noch klingelte das Telefon, und jedes Mal wurde mir angeboten, dass entweder jemand zu mir kommen oder ich bei ihnen übernachten könnte. Ich fand das sehr aufmerksam und war mir nicht so sicher, ob die Freunde jede neue Ehefrau anrufen würden oder nur mich, weil ich einen besonders doofen oder hilflosen Eindruck machte.

Ich habe später noch einige Erdbeben erlebt, und komischerweise verhielt ich mich dabei immer relativ entspannt. Als ich Mutter wurde, änderte sich meine Reaktion, denn ich sprang schnellstens aus dem Bett, rannte oder besser schwankte ins Kinderzimmer, um mich dort schützend über meine Tochter zu legen. Die wachte in der Regel nicht einmal auf. Wahrscheinlich ist der Grund für mein entspanntes Verhältnis zu Erdbeben der, dass ich aus Bayern komme. Obwohl ich natürlich nicht weiß, wie ich sterben werde, so glaube ich nicht, dass ein Erdbeben der Grund sein wird. Ich kann mir das auf meinem Grabstein einfach nicht vorstellen. »Sabrina, geboren in München, gestorben bei einem Erdbeben in Los Angeles.« Ein Lawinenunglück, na gut, aber ein Erdbeben? Na, wirklich net ...

Da Richard so viel unterwegs war, gab es diverse Handwerker, die Schlüssel zum Haus hatten. Einige Male wurde ich frühmorgens aufgeweckt, weil ich einen pfeifenden Mann unten im Wohnzimmer rumwerkeln hörte. Ich sagte mir dann immer, noch im Halbschlaf: »Sabrina, er pfeift. Einbrecher pfeifen nicht.« Die Herren waren immer gehörig überrascht, dass es da jetzt offensichtlich eine Frau gibt – und noch dazu eine, die plant, länger zu bleiben.

Ich war der festen Meinung, dass es besser für eine Beziehung ist, wenn man gemeinsam in ein neues Zuhause zieht, statt dass irgendwo eine Ecke für einen freigemacht wird. Ich hatte von Los Angeles keine Ahnung, und wir hatten ausgemacht, es erst einmal mit diesem Haus zu versuchen. Ich konnte es mir zwar nicht vorstellen, aber vielleicht gewöhnte ich mich ja an dieses Haus. Es war *contemporary*, also modern, und ich war es nicht. Ich wurde bayerischer, je länger ich aus Bayern weggezogen war. Ich musste Wurzeln schlagen, und die schlagen sich einfacher, wenn das Haus gemütlich ist. Zumindest für mich.

Ich saß in diesem Haus auf diesem Hollywood-Hügel und stürzte mich in das amerikanische Leben. Das geht nicht ohne Führerschein. Der amerikanische Führerschein ist dein Ausweis, deine Visitenkarte. Er zeigt, dass es dich gibt und dass du vertrauenswürdig bist. Er hat deine Unterschrift drauf und dein Foto; und wenn es dir ähnlich sieht, umso besser. Überall wird er verlangt, und er ist das Instrument, um sich auszuweisen. Schreibt man einen Scheck, wird man nach dem Führerschein gefragt. Bezahlt man mit der Kreditkarte und es sind über fünfzig Dollar, kommt automatisch die Frage nach dem Führerschein.

Ich musste meinen noch mal machen. Als ich beim DMV (Department for Motor Vehicles) meinen deutschen Führerschein vorzeigte, wurde er mit spitzen Fingern angefasst. Man darf nicht vergessen, dass knapp 80 Prozent aller Amerikaner keinen Pass haben – also noch nie das Land verlassen haben – und alles, was sich außerhalb der USA befindet, ja gar nicht so gut sein kann wie zu Hause. Und dieser Führerschein, damals noch das herrlich schlappe, große, grau geknickte Papier, konnte sich mit dem schicken Kreditkartenformat der amerikanischen Führerscheine auch weiß Gott nicht messen. Ich musste die schriftliche Prüfung noch einmal machen, was mit meinem bisschen Englisch gar nicht so einfach war; und ich habe sie nur deswegen bestanden, weil der Prüfer ein Auge zugedrückt hat. Ich hatte eine Frage komplett anders verstanden; und als ich ihm das erklärt hatte, gab er mir seine Unterschrift. Ich liebe dies an den Amerikanern. In Deutschland wäre es mir nicht passiert. Und dann auch noch die Fahrprüfung. In Amerika kommt man mit seinem eigenen Auto dorthin. Die praktische Fahrprüfung hatte ich sofort bestanden. Es wäre ja zu peinlich gewesen. Stolzgeschwellt fuhr ich nach Hause. Die erste Hürde war genommen.

Jetzt brauchte ich nur noch ein Auto, mit dem ich herumfahren konnte. Ich wollte ein typisch amerikanisches. Ich stellte mir irgendwas mit dieser Bank im Vordersitz vor. Als ich Richard davon erzählte, schaute er mich erstaunt an. Er fuhr schon seit Jahren deutsche Autos. »You want what?«, fragte er mich irritiert. Deutsche Autos sind ein Statussymbol in Los Angeles. Ich habe noch nie so viele BMW, Mercedes, Porsche und Audi herumfahren sehen wie hier. Fast alle nagelneu. Fast alle geleast. Das Auto ist neben dem Haus und den Uhren das wichtigste Statussymbol in Los Angeles. Es muss neu und teuer sein.

Ich machte mich auf die Suche nach einem amerikanischen Auto. Lincoln. Ford Mustang. Irgendjemand schlug einen Cadillac vor. Cadillac? Pink vielleicht? Gibt es da nicht ein Lied von der Spider Murphy Gang?

Keines der Autos hatte eine Bank als Vordersitz. Alle schauten gleich aus. Alle wollten ein BMW oder ein Mercedes sein. Was ist mit der amerikanischen Autoindustrie passiert? Beinah hätte ich mir einen Pontiac Bonneville gekauft, weil er einen eingebauten Kompass hatte. So was fahren normalerweise nur ältere Herren über siebzig oder Frauen mit rosa Haaren. Erst als Richard mir erklärte, dass man so einen Kompass auch extra kaufen und ihn dann am Armaturenbrett jedes Autos befestigen kann, gab ich meine Idee auf. Ich entschloss mich dann für einen Jeep. Den gab es noch als Variante mit der Bank als Vordersitz. Wir hatten ihn erst einmal für zwei Jahre geleast. Gott sei Dank. Nach zwei Jahren gab ich ihn mit Freuden zurück, denn mir wurde beim Canyonfahren immer schlecht, weil ich auf der Bank hin und her rutschte. Aber fürs Erste hatte ich ihn, und er stand aufrecht, stolz und dunkelrot in unserer Garage.

Ich hatte einen Führerschein, ich hatte ein Auto, jetzt brauchte ich nur noch Geld, genauer gesagt: eine amerikanische Kreditkarte. »Nichts einfacher als das«, dachte ich mir. Schließlich hatte ich ja neben meiner deutschen Visa auch eine American Express, und ist das nicht Amerika? Ich rief also bei American Express an, um meine Karte auf die USA umschreiben zu lassen. Kurz vorher hatte ich meine Konten in Deutschland aufgelöst und meine Ersparnisse auf ein Konto in Los Angeles überwiesen. Zu meiner Überraschung hat die deutsche American Express mit der amerikanischen American Express nichts zu tun. Es spielte keine Rolle, dass ich in Deutschland schon seit Jahren eine Kreditkarte hatte. Hier war ich ein unbeschriebenes Blatt, und unbeschriebene Blätter bekommen keine eigene Kreditkarte. Richard bot mir an, auf seinen Namen eine sogenannte »Unterkarte« zu bekommen. Das lehnte ich entrüstet ab. Ich bin dreißig Jahre alt, arbeite seit meinem sechzehnten Lebensjahr und habe immer ungern Hilfe angenommen. Ich war schließlich erwachsen und erfolgreich. Pah! Das wird doch zu schaffen sein. Ich hing stundenlang am Telefon, blätterte immer wieder verzweifelt in meinem Wörterbuch und war mir stets bewusst, dass ich mich wohl wie eine Idiotin anhörte. Ein unsicher schwafelndes dummes Mädchen – kein Wunder, dass sie mir keine Kreditkarte geben mochten. Doch ich wollte noch nicht aufgeben.

Drei Wochen später, nach unzähligen Telefonaten und diversen Meetings, wurde mir dringendst nahegelegt, Richards Angebot anzunehmen. »Wenn du hier erst mal etabliert bist, dann wird es später kein Problem geben, eine Kreditkarte zu bekommen. Aber jetzt gibt es einfach keine für dich.«

Knirsch. Knirsch.

Mein Selbständigkeitsgefühl schrumpfte merklich. Hier war ich nur Mrs. Fox. Was sag ich? Hier war ich nur Mrs. Richard Fox. Ich hatte nicht nur meinen Nach-, sondern auch meinen Vornamen verloren.

Mich gab es sowieso schon zweimal: innerlich das unsichere junge Mädchen, dick, bebrillt und ungeküsst, stehen geblieben in meiner Pubertät, das nirgendwo dazugehörte und das sich anstrengen musste, Freunde zu finden. Und dann nach außen die erfolgreiche Fernsehmoderatorin, die freundlich lächelnd so aussah, als ob das Leben leicht wäre. Jetzt kam noch eine dritte Sabrina dazu: die Frau eines Executive. Und mit der wollte ich eigentlich nichts zu tun haben.

Wie jede Stadt hat auch diese ihre Regeln. Mein Exmann, der auf der Hierarchieleiter von Hollywood recht weit oben ist, weiß, wie man sich verhält. Als Frau hat man sich dem anzupassen. Als Waage ist das fast eine Selbstverständlichkeit, als Fernsehmoderatorin eine Berufsbezeichnung. Die ersten fünfunddreißig Jahre meines Erwachsenenlebens verbrachte ich damit, mich meinem eigenen Leben anzunähern. Ich war bemüht, mich anzupassen, mögliche Konflikte zu vermeiden (sie bereiten mir Magenschmerzen und extreme Müdigkeit) und dabei nett zu lächeln und sympathisch zu wirken. All das hilft bei der Auswanderung. Und doch tief in der Seele erschüttert es auch, denn man verliert sich dabei.

Im sozialen Umfeld meines Ehemanns war ich eigentlich nicht vorhanden. Mich gab es als Dekorationsstück. Als nettes Beiwerk. Als Gastgeberin für schöne gemütliche Abendessen. Als Frau mit einem interessanten Akzent, die irgendwie einmal Fernsehmoderatorin war oder vielleicht sogar noch ist?

Ein Erlebnis machte meinen Platz in dieser Stadt für mich deutlich. Ein erfolgreicher australischer Produzent, er möge ungenannt bleiben, wollte unbedingt ein gemeinsames Abendessen mit mir und seiner Frau, damit wir uns näher kennenlernten. Ich hatte diesen Produzenten schon einige Male vorher getroffen, und er war mir immer wieder aufgefallen, weil er mich so komplett ignorierte, dass ich eigentlich nichts mit ihm zu tun haben wollte. Nur auf sein mehrmaliges Drängen hin stimmte ich diesem Abendessen zu. »Er möchte dich wirklich so gern kennenlernen«, versicherte mir Richard. Okay, okay, vielleicht hatte ich mich ja in ihm getäuscht.

Wir wählten ein Restaurant im Valley aus und trafen uns gegen 19 Uhr. Hier wird so früh gegessen wie normalerweise nur in einem deutschen Seniorenheim. Wir saßen schon, als die Tür stürmisch aufging. Er kam als Erster, erkannte Richard, winkte ihm zu, und da sah ich, wie die Tür vor der Nase seiner Frau zufiel. Er merkte es nicht einmal. Die Restauranttür öffnete sich zum zweiten Mal, und seine Frau betrat das Lokal. Sie lachte nicht über dieses Missgeschick, für mich wäre dies ein Zeichen dafür gewesen, dass es sich um ein Versehen gehandelt hätte und so gut wie nie passiert. Sie war aber auch nicht ärgerlich, ebenfalls ein Zeichen, dass es selten passiert. Sie zeigte überhaupt keine Reaktion, und das war das schlimmste Zeichen: Es passiert also dauernd. Die meisten Executives in der Filmindustrie sind es gewohnt, dass ihnen die Türen aufgemacht werden. Ihnen wird der Vortritt gelassen. Da gibt es Fahrer und Angestellte und Sekretärinnen und Assistentinnen und Nachwuchs-Executives und zukünftige Executives. Nicht selten sehe ich Ehefrau und Executive gemeinsam auf eine Tür zusteuern, und der Mann lässt der Frau nicht den Vortritt. Executives machen nur »Talents« die Tür auf oder besonders wichtigen Executives.

Mit »Talent« ist alles umschrieben, was offensichtlich künstlerisch ist: Schauspieler, Regisseure, Sänger. Drehbuchautoren sind zwar auch »Talent«, aber nicht so wichtig. Auf der Hierarchieleiter sind sie es, die am schlechtesten bezahlt werden. Wenn es in der Werbung heißt: »Ein Film von ...«, kommt dahinter der Name des

Regisseurs. Nie der Name der Drehbuchautoren. Wenn man es genau nimmt, müsste doch eigentlich der Name des Drehbuchautors draufstehen, denn schließlich ist es ja »seine« Geschichte.

Die Frau des Produzenten kam nun auch zu unserem Tisch, und wir saßen uns als Paare gegenüber. Er, dunkelhaarig, charmant lächelnd, teures Leinen, manikürte Fingernägel. Glatt, sehr glatt. Sie, etwas unsicher lächelnd, hellblond, scharf gezupfte Augenbrauen, teures Kleid, trainierte Oberarme. Zirka 10 000 Dollar um den Hals und 20 000 Dollar am Handgelenk. Nach dem üblichen kurzen »Hi, how are you?« und »Nice to meet you« begann er, mit Richard übers Geschäft zu reden.

Ich warf Richard einen »Siehst du, ich hab's dir ja gesagt«-Blick zu. Meine Aufgabe war es offensichtlich, die Frau zu unterhalten. Normalerweise werde ich für Interviews bezahlt. Dieses machte ich umsonst. Bis zum Nachtisch. Ich war damals selbst noch nicht Mutter und heuchelte Interesse an ihren Kindern und an ihrem Leben vor: »Wie alt sind denn Ihre Kinder?«, »Welche Hobbys haben sie?«, »Wo sind sie jetzt?«, »Mögen sie Filme?«, »Was ist ihr Lieblingsfilm?«, »Wann fliegen Sie wieder zurück nach Australien?« oder »Wie oft kommen Sie nach Los Angeles?« …

Sie stellte mir keine einzige Frage. Wenn ich nichts sagte, war es still am Tisch, und sie schaute entweder auf ihre Fingernägel oder den Schmuck der Damen am Nebentisch. Es war mühsam.

Nach einer Weile drehte sich der Produzent um und fragte mich: »Und, wie gefällt Ihnen L. A.?«, und kaum holte ich Luft, um zu antworten, hatte er sich wieder Richard zugewandt und redete weiter übers Geschäft.

Ich kam mir vor wie ein kleiner Hund, der kurz gestreichelt wird, damit er wieder Ruhe gibt. In mir kochte es. Ich wusste, was von mir erwartet wurde: Dass ich charmant lächelnd mich seiner Frau zuwende und so tue, als ob nichts passiert wäre. Ein Teil von mir versuchte mir das auch einzureden, der andere hatte schlichtweg die Nase von dieser Art schlechtem Benehmen voll. Und das war der Teil, der meinen inneren Dialog gewann. Also unterbrach ich ihn, schaute unschuldig und freundlich lächelnd und meinte: »Haben Sie mir gerade eine Frage gestellt?« Er drehte sich irritiert zu mir herum, als ob der nette kleine Hund plötzlich ungehörigerweise in die Ecke gepinkelt hätte.

»Yes?«, fragte er irritiert.

»Oh, Verzeihung, ich dachte, Sie hätten mich gerade etwas gefragt«, damit schaute ich naiv-unschuldig (dieser Blick hätte eigentlich einen Oscar verdient).

Er lachte verlegen und wusste nicht recht, was er mit mir machen sollte. Ich schaute ihn weiterhin unschuldig lächelnd an, als würde ich ihn nicht mit Absicht in so eine Situation bringen wollen. Richard betrachtete interessiert die Situation. Die Frau des Produzenten schien genau zu wissen, was von ihr erwartet wird, und sie blickte auf ihre Serviette auf ihrem Schoß. Es dauerte eine Weile, bis mir klar war, was hier passierte: Sie schämte sich für mich.

Sie schämte sich für mich! Dann hob sie ihren Blick, und ich schaute sie an, und ich sah jahrelanges Ignorieren. Da war etwas Gebrochenes in ihren Augen, und ich durfte für einen kurzen Moment an den unsäglichen vielen kleinen und großen Verletztheiten teilnehmen. Dann tupfte sie sich mit der Serviette die Lippen ab, zog ihre Mundwinkel auseinander, um ein Lächeln anzudeuten, und der Vorhang vor ihrer Seele schloss sich wieder.

Der Produzent dagegen hatte einen ganz anderen Blick: »Sie weiß noch nicht, was sich gehört«, sagte er mir, und ja, ich war noch die kleine Renitente. Der Produzent schaute irritiert zu Richard, wie man den Besitzer eines ungezogenen Hundes anschaut. Ich hörte Unausgesprochenes: »Ach, deine Frau ist neu. Sie weiß noch nicht, wie das geht. Das ist aber unangenehm. Nimm sie an die Leine.«

Dann schaute er wieder zu mir, zog seine Mundwinkel zur Seite, entblößte seine Zähne, seine Augen blieben kalt, und er schoss mir einen eisigen Blick zu, mit dem er bestimmt seine Sekretärin und seine Frau zur Stille zwingt. »Das gibt sich auch noch«, sagte mir dies, »warte noch ein paar Jahre.«

Er sollte recht haben.

Dann kam die Bedienung und brachte uns unseren Nachtisch. Der Bann war gebrochen.

Ich war erschöpft.

Ich entschuldigte mich, um auf die Toilette zu gehen. Sie war relativ weit vom Restaurant entfernt, und ich sperrte die Tür zu. Niemand war in der Nähe. Ich kochte. Ich hatte so die Nase voll von diesem Geschwafel, und ich war erst seit vier Monaten da. Ich musste einfach laut losschreien. Zum allerersten Mal in meinem Leben brüllte ich zornig los: »*Ahhhhhh! Was will ich nur hier?*« Ich wusch mir das Gesicht, kühlte mich auch innerlich ab und zwang mich, mich zusammenzureißen. Ich erlaubte mir nicht, tiefer in meinen Frust zu gehen. Was wäre das Ergebnis gewesen? Nach Hause zu fahren? Ich lebe jetzt hier. Irgendwie muss ich damit zurechtkommen. Schließlich bin ich alt genug. Das wird schon zu schaffen sein.

Nie wieder allerdings aß ich mit diesem Produzenten zu Abend. Er war, wie die Amerikaner sagen, auf meiner *shit list* (bitte lassen Sie mich das nicht übersetzen). Dummerweise merkte er nicht einmal, dass er auf meiner *shit list* stand. Ein paar Wochen später trafen wir uns auf einer Veranstaltung wieder, Richard war an der anderen Seite des Raums; und so erkannte mich der Produzent nicht wieder.

Ich gewöhnte mich daran, ignoriert zu werden. Ich war nicht wichtig. Ich war nicht *in the business*. Wenn sich jemand mir näherte, ob Premiere, ob Cocktail, ob Party, wurde ich nett begrüßt, abgeküsst, und dann wurde sofort über meine Schulter geschaut. Vielleicht kommt ja jemand Wichtigeres. Und in dieser Stadt kommt immer jemand Wichtigeres.

Deutschlandbarometer 1

Ich vermisste mein deutsches Zu-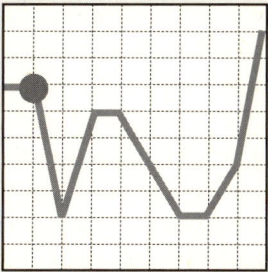
hause. Ich vermisste mein Brot,
meine Freunde, meine Familie,
meinen Beruf. Die Reihenfolge änderte sich je nach Tageszeit. Meine
Telefonrechnungen waren enorm.
Das ewige Hin-und-her-Rechnen –
in Los Angeles ist es neun Stunden
früher – war mühsam, denn meine Sehnsucht nach meinen
deutschen Freunden hörte nach 15 Uhr (Mitternacht in Deutschland) nicht auf.

Ich musste lernen, meine **1** wie ein **l** zu schreiben, weil sonst
eine 7 daraus gelesen wurde. Und meine **7**, handschriftlich
mit dem Strich mittendurch, musste ich mir abgewöhnen.

Ich hörte von meinen deutschen Freunden, was sie beruflich
machten, und ich erzählte von meinen Englischstunden und
kleinen kulturellen Begebenheiten. Insgeheim beneidete ich
sie um ihr Leben, das auch mal meines war, und sie beneide-
ten mich ganz offensichtlich um das Wetter. Deutschland
schien am Ende dieses Winters besonders trüb zu sein. »Wie
ist das Wetter bei euch?« gehörte zu den Standardfragen meiner Gesprächspartner. »Gut«, »Schön«, »Warm«, »Heiß«
wurde jeweils mit einem sehnsüchtigen Seufzen hingenom-
men. Ich unterdrückte meins.

7. Malibu, eine neue Sucht und der Zweikampf der Amerikaner mit dem Fleisch

Mittlerweile seufzte ich auch jedes Mal, wenn ich ein amerikanisches Brot vor mir hatte. Ich war Hofpfisterei-verwöhnt und konnte mich partout nicht mit diesem schlabberigen Zeug anfreunden, das hier unter dem Deckmantel Brot verkauft wurde. Wenn ich mir ein Lebensmittel aussuchen müsste, um mich den Rest meines Lebens davon zu ernähren, dann wäre es Brot. Wenn ich noch etwas dazufügen darf, dann Brot mit Butter und vielleicht noch ein bisschen Schnittlauch, viel Salz, und ich könnte sehr lange überleben. Dieses Brot hier ist *Wonder Bread* – doch es wäre ein Wunder, wenn daraus jemals Brot werden würde.

Auch mit der Butter hatte ich so meine Schwierigkeiten. Die amerikanische Butter war mir zu süß, und es dauerte ein paar Monate, bis mir klar war, dass ich die Butter in Alufolie nehmen muss (meistens aus Irland kommend), denn die ist gesalzen. Irgendwann einmal kaufte ich »I can't believe it's not butter!« (»Ich kann nicht glauben, dass das keine Butter ist«): einen hochangepriesenen Diätbutterersatz. Ich fiel drauf rein. Was macht man nicht alles für seine Figur! Wenn es schon heißt: »I can't believe it's not butter!«, dann wird das ja schon irgendwie stimmen. In der deutschen Werbung darf nicht so schamlos gelogen werden wie in der amerikanischen. Das wurde mir allerdings erst später klar.

Es schmeckte schauderhaft. Nicht im Entferntesten nach Butter, sondern nach zusammengepresstem billigstem Öl, das man sonst nur in alten Autos findet. Heute noch bin ich entsetzt, dass dieses Zeugs so angeboten wird. Wo ruft man an? Wo kann man sich beschweren? Wer erfindet so was?

Und einkaufen. Für so etwas würde man in München vielleicht eine Stunde brauchen. Hier geht fast der ganze Tag drauf. Allein schon die Hin-und-her-Fahrerei dauert ewig. Bis ich von meinem Hügel runterkam – egal, in welche Richtung, Valley oder Stadt –, brauchte ich eine halbe Stunde. Die halbe Stunde dann wieder zurück: Gesamtreise eine Stunde, die Zeit des Einkaufens nicht mit eingerechnet.

Ich hatte bei früheren Amerikareisen schon mal in Supermärkten eingekauft und war nicht mehr so beeindruckt von der Vielfalt der Produkte und der Größe der Läden. Man könnte hier Rollschuhmeisterschaften in den Gängen austragen.

Woran ich mich allerdings gewöhnen musste, war, mich vor dem Einkaufen warm anzuziehen. Egal, wie heiß es draußen ist, jeder Supermarkt fühlt sich so an, als ob jemand die Kühlschranktür aufgelassen hätte. Die Gemüseabteilung ist so runtergekühlt, als ob sich nicht nur das Gemüse, sondern auch wir uns ausgesprochen lange knackig halten sollen. Was sich dann natürlich wieder reguliert, durch die unglaublichen Mengen an Lebensmitteln, die alle nur in riesigen Kartons angeboten werden. Chips – in kleinen Mengen äußerst praktisch – gibt es hier nur in Familienpackungen für Großfamilien. Sechs Eier? Unmöglich! Mindestens ein Dutzend muss es schon sein. Begeistert war ich dagegen vom Einpackservice: Jemand steht am Rollband und räumt alles brav ein. Das Einzige, was man beantworten muss, ist die Frage: »Paper or plastic?« (»Papier oder Plastik?«) Und wenn man will, wird einem das Ganze auch noch zum Auto gebracht. Ein kleines Trinkgeld, »Tip« genannt, von einem oder zwei Dollar wird freudig entgegengenommen. Man darf nicht vergessen, dass sie meistens nur das gesetzliche Minimum verdienen, und das liegt bei 7,25 Dollar die Stunde.

Ich versuchte, Mehl zu finden, was nicht ganz einfach war. Da gab es *Camut-*, *Brown-Rice-*, *Barley-*, *Whole-Wheat-*, *Millet-*, *Spelt-* und *Pastry*-Mehl, *white* und *unbleached* sowie *all-purpose flour*. Ich habe mich dann für Letzteres – also das für alle Fälle – entschieden. Was macht man nur mit dem Rest?

Quark konnte ich gar keinen finden. Grieß? Um Himmels willen, was heißt »Grieß« auf Englisch? Dafür entdeckte ich Olivenöl in einer Spraydose: *Pam!* Ich konnte mich des Gedankens nicht erwehren, dass ich da Haarspray in meine Pfanne sprühen würde, und habe mich geweigert, dieses »neumodische Zeugs« zu kaufen. Also nein, diese Amerikaner. Öl in Spraydosen!

An den Zitronen ging ich all die Jahre achtlos vorbei. Wir hatten immer Zitronenbäume im Garten. Notfalls kann man sie beim nächsten Spaziergang mitnehmen. Zitronenbäume gibt es immer irgendwo.

Ich kaufte Brot, Obst und frisches Gemüse und neben dem Mehl auch ein paar Dosen Erbsen. Die mit den Karotten, die bei uns so verbreitet sind, gab es nicht. Nach dem Abendessen zu Hause zog Richard mit spitzen Fingern meine Erbsendose aus dem Abfall. »Was ist das?«, fragte er mich. Kennt er keine Dosen? So schlecht kann mein Englisch doch nicht sein. Ich verstand nicht alles, aber so viel, dass Essen aus Dosen in seinen Augen nicht gesund ist. Es ist entweder frisch oder – wenn es gar nicht anders geht – tiefgefroren. Aber wirklich nur, wenn es gar nicht anders geht. »Aha«, dachte ich mir. Wenigstens hatte ich die Holzschüssel für den Salat benutzt.

Ich musste mir auch angewöhnen, nicht täglich einzukaufen. Hier fährt man vielleicht zweimal die Woche zum Supermarkt, und dann ist das Auto so voll, dass nichts mehr reingeht. Mir fehlte das amerikanische Gen, um die Abendessen vorauszuplanen. Später bemerkte ich, dass auch die Amerikaner nicht vorausplanen. Jede Küche hat eine Speisekammer, und der Gefrierschrank ist gerammelt voll, so dass man immer etwas daraus vorsetzen kann. Kein Wunder, dass die Kühlschränke in Amerika so riesig sind. Allein die Zwölf-Eier-Kartons wollen untergebracht sein.

Ich war verwöhnt von der unzähligen Vielfalt der Wurstsorten in Deutschland. Hier scheint es nur fünf zu geben: Bologna, Salami, Schinken, Roastbeef und *liverwurst*. Punkt. *Liverwurst* (Leberwurst) auch nur für die jüdische Gemeinde und für die wenigen Bayern hier. Als Belag für das schlabberige Brot gibt es dann noch *tuna* (Thunfisch-) und *egg salad* (Eiersalat). Das wird dann pfundweise auf die Sandwichs gelegt. Ein gutes Sandwich ist nur dann gut, wenn man sich dabei den Gaumen auskugeln muss. Wenn ich mir ein Sandwich bestellte, bat ich stets um die Hälfte es Belags. Das war immer noch ausreichend. Es hat Jahre gedauert, bis ich den Trick der Amerikaner verstanden habe, ein faustgroßes Stück Sandwich oder einen Hamburger in den Mund zu bekommen. Als Erstes braucht man mindestens fünf Servietten. Es ist vorteilhaft, einen großen Mund zu haben und ein Mann zu sein. Männer kriegen so ein Sandwich in fünf Bissen runter. Frauen brauchen etwas länger. Es ist notwendig, sich unbedingt nach vorn über den Teller zu beugen, da unter Garantie die Hälfte rechts und links rausgeschossen kommt. Bei ganz besonders geschickten Sandwich- oder Hamburgerläden wird das Sandwich eingewickelt wie ein frischgewaschener Kinderpopo in eine Windel. Es kann nichts mehr auf der Seite rauskommen. Nur vorn ist Platz, und da ist der Mund drauf. Dann ist es äußerst wichtig, das Sandwich in der Mitte zusammenzudrücken. Damit gewinnt man die ein bis eineinhalb Zentimeter, damit man es in den aufgerissenen Rachen schieben kann.

Während dieser fünf oder mehr Bissen, die das Sandwich braucht, ist man immer wieder damit beschäftigt, sofort und aufmerksam den Mund mit den diversen Servietten zu betupfen; denn … es gibt keine saubere Art, ein anständiges Sandwich zu essen. Im Gegenteil. Wenn es nicht tropft, dann war es nicht gut.

Und bitte: Ziehen Sie nichts Teures an.

Ich aß also meine Leberwurst, gewöhnte mich an Thunfischsalat, und dann erwischte es mich: Ich wurde abhängig.

Nein, keine Drogen. Auch kein Alkohol. Nicht einmal *soap operas* im Fernsehen.

Onion dip.

Ich erinnere mich noch genau an das erste Mal. Es war der 4. Juli 1990. Wir waren zu einem Barbecue am Strand in Malibu eingeladen. Nachmittags um 4 Uhr trafen wir ein. Malibu ist eine ganz eigene Gegend. Überhaupt kann man sich hier in Los Angeles regelrechte Landstriche aussuchen:

Sie lieben es eher natürlich, mit viel Grün und Rehen? Auf in die Hügel!

Sie mögen es heiß und trocken? Willkommen im Valley!

Sie wollen Leben in der Bude? West Hollywood heißt Sie willkommen!

Sie lieben den Strand und das *California feeling*? Willkommen in Malibu!

Malibu ist durch den Pacific Coast Highway (kurz PCH genannt, eine vierspurige Autobahn) mit Los Angeles verbunden. Man kommt nur durch den PCH oder einen der Canyons nach Malibu. Brennt es dort, was leider fast regelmäßig geschieht, kommt man manchmal nicht mehr raus. Oder rein. Je nachdem. Der PCH wird geschlossen; und wenn man nicht direkt an einem der Canyons wohnt, hat man keine Straße, die nach draußen führt. Fast jedes Jahr gibt es dort Brände oder Überschwemmungen. Erstaunlicherweise lieben die Einwohner von Malibu Malibu.

Warum? Fragen Sie mich nicht.

Malibu ist wie eine kalifornische Postkarte. Jeder trägt Baumwolle. Schlappen. Irgendeine Art Hut oder Baseballmütze. Als ich ankam, gab es noch diese kleinen verhungerten Pferdeschwänze, die die Männer trugen, um als kreativ zu gelten. Grauenvolle Mode … fast vergleichbar mit den Schulterpolstern.

Die Frauen sind alle schlank und schön, die Männer alle maniküert. Es gibt, wie überall in diesem Land, die teure und die weniger teure Seite. Erstere liegt direkt am Meer. Die Häuser sind so unglaublich gebaut, dass man auf kleinstem Platz das meiste unterbringt. In der berühmten Malibu-Kolonie kosten schmale Häuser direkt am Meer einige Millionen. Es ist schick, in der Stadt ein Haus zu haben (Westwood, Bel Air, Beverly Hills) und dann ein Wochenendhaus in Malibu. Wenn man bedenkt, dass diese Häuser vielleicht eine Stunde Fahrzeit auseinanderliegen, wundert man sich. Aber die Geschäftsleute von Los Angeles haben nicht viel Zeit, und wenn man nach Malibu geht, hat man wirklich das Gefühl, man sei auf einem anderen Planeten gelandet.

Also, in diesem Beachhaus in Malibu standen bestimmte Knabbereien herum. Als Erstes das unverzichtbare Guacamole. Eine mexikanische Spezialität. Man mischt reife Avocados mit der Gabel, gibt etwas Zwiebeln, wenig kleingeschnittene Tomaten und viel Salz hinzu und – ganz wichtig – lässt einen der Kerne der Avocado in der Schüssel, damit sie nicht hässlich braun wird. Einige Schüsseln von Chips und ein blässlich beigefarbenes Gemisch, das so aussah, als ob es mit ebenfalls blässlich beigefarbenen gebrochenen Stücken gefüllt wäre. Ich wandte mich mit Grausen ab. Als ich eine halbe Stunde später wieder vom Strand zurückkam, war die Schüssel leer. Ha? Wer isst bitte so ein Zeug?

Die Hausfrau nahm die Schüssel von der Küchenablage und drehte sich um. Sie mischte ein paar Sachen zusammen, die ich nicht erkennen konnte, da ich gerade in ein Gespräch verwickelt wurde, und kurze Zeit später stand diese Schüssel wieder auf dem Tisch. Wie Blüten die Bienen anziehen, wurden die Gäste davon angezogen. Jeder nahm sich Chips und stach damit genüsslich in dieses beigefarbene Gemisch. Stille war im Raum. Sollte ich mich überwinden? Vielleicht hilft es, wenn ich die Augen zumache?

Ich überwand mich, holte mir einen Chip und schloss die Augen.

O mein Gott!

Ich will das!

Ich brauche das!

Was ist das?

Lipton's Onion Soup Mix. Also trockene Zwiebelsuppe, die schlichtweg mit Sour Cream gemischt wird. Eine Kalorienbombe. Aber eine, die es wert ist. Wie bleiben die Frauen in Malibu nur so schlank?

Von da an verzichtete ich dreimal die Woche auf mein Mittagessen. Von Schuldgefühlen geplagt, schnappte ich mir meine Lipton's Onion Soup, meine Sour Cream (wenigstens halbfett, der Unterschied ist kaum zu merken) und Chips. Ich war im Himmel. Hier konnte man es aushalten.

Dummerweise hatte der Zwiebeldip einen Nachteil. Sie ahnen es? Ja, genau. Ich sorgte dafür, dass ich an diesen *Onion-dip*-Tagen immer viel an der frischen Luft war. Aber ich sage es Ihnen, mein Dip war jede Blähung wert.

Der Durchschnittskalifornier lebt sehr gesund, und so einen *Onion dip* erlaubt er sich im Gegensatz zu mir verfressenen Europäerin nur gelegentlich. Die extrem übergewichtigen Leute sind alles mittelamerikanische Touristen. Der durchschnittliche Kalifornier nimmt nicht mehr als 1200 Kalorien pro Tag zu sich. Davon 200 in Joghurts und Starbucks-Kaffees. Brot wird geächtet. Butter auch. Sahne? Sind Sie wahnsinnig geworden? Ein Tropfen Olivenöl muss genügen. Kohlehydrate allgemein haben einen sehr schlechten Ruf. Yoga, Pilates und jede Art von Dancestudio – dem wunderbaren Gym also, bitte nicht mit einem Gymnasium verwechseln – ist notwendig. Die Funktion des Bauchmuskels und das Training desselben sind wichtige Gesprächsthemen. Der berühmte Sixpack-Bauch, genannt nach den sechs sichtbaren Muskeln, die wie die Dosenbier-Sixpacks (von oben betrachtet) aussehen, gilt als Sexsymbol. Die restlichen Kalorien gehen mit Salat (Dressing auf der Seite) und Hühnerbrust (ohne Haut natürlich) drauf. Ab und zu gibt es einen Hamburger. Dafür wird dann drei Tage lang anschließend nichts mehr gegessen.

Überhaupt war das Essen in Los Angeles so eine eigene Sache. Allein schon, wie der Durchschnittsamerikaner mit seinem Fleisch umgeht. Die schneiden es nicht, die kämpfen damit, ringen damit, als wenn es noch am Leben wäre. Es ist ein Zweikampf, der gewonnen werden will, und dafür muss die Gabel senkrecht im Fleisch stecken, und die Hand, zur Faust geballt, umkrampft das andere Ende der Gabel. Den Blick entschlossen auf den Teller gerichtet, wird das Fleisch dann energisch durchgeschnitten. Triumphierend erhebt man mit der linken Hand die Gabel und legt mit der anderen Hand das Messer erschöpft an den Tellerrand zurück. Dann wandert die Gabel von der linken in die rechte Hand, und der linke Arm verschwindet verschämt unter dem Tisch. Angeblich ist deswegen mal ein amerikanischer Spion in Russland erwischt worden, weil er zwar die Sprache, die Gewohnheiten und die Gesten verstand, aber beim Essen die linke Hand auf dem Schoß ruhen ließ.

Überhaupt hat sich die Idee nicht durchgesetzt, dass man beides, Messer wie Gabel, gleichzeitig benutzen kann. Dutzende von Kindern saßen an unserem Tisch, und ich habe ihnen humorvoll und augenzwinkernd erklärt, wie denn die Europäer essen. Das wollten sie natürlich ausprobieren, um es beim nächsten Mal sofort wieder zu vergessen.

Das amerikanische Frühstück ist ebenfalls sehr gewöhnungsbedürftig. Es ist entweder zu süß, Oatmeal und Muffins, oder für meinen Geschmack zu deftig: Würstl und Speck. Es dauerte lange, bis ich die Bagels entdeckte. Eine Art Semmel mit Loch in der Mitte. Weiche Eier gibt es auch kaum, wahrscheinlich deswegen, weil man hier keine Eierbecher kennt. So habe ich mir manchmal aus Verzweiflung damit geholfen, mein weich gekochtes Ei in das Loch des Bagels zu stellen. Sehr zur Belustigung der anderen Anwesenden. Ich war eher stolz auf mich. Es ist nämlich gar nicht so einfach, eine passende Gerätschaft für ein weiches Ei auf einem normalen amerikanischen Frühstücksbuffet zu finden.

Als ich später Mutter wurde, sollte ich mich mit einem Gemisch konfrontiert sehen, mit dem Generationen von amerikanischen Kindern aufgewachsen sind: *Peanutbutter and jelly*. Erdnussbutter und Marmelade.

Die Erdnussbutter kommt zuerst auf den Toast (schwabbelig, hellbraun) und darüber dann die Marmelade (am liebsten lila: Trauben). Ich kannte nur Nutella, und das ließ ich gerade noch als »Erdnussbutter« durchgehen, aber die amerikanische ist nicht so durchgerührt wie Nutella, sondern hat kleine Erdnussstückchen drin – und das Ganze mit der Marmelade … igittigitt.

Den Kindern schmeckt's.

Als ich nach Los Angeles kam, galt es gerade als irrsinnig gesund, regelmäßig seinen Darm zu entleeren. Nein, nicht mit der normalen Methode, zu Hause, Toilette und so. Nein, da gibt es bestimmte Praxen, und da geht man hin. Dann wird einem ein Schlauch mit einer Kamera in den Allerwertesten geschoben und ein Monitor angemacht. Dort kann man nun sehen, was sich da innen im Darm angesammelt hat. Das wird dann dementsprechend kommentiert. Angeblich ein sehr interessantes Programm. Mit Hilfe von Druck und Wasser, das neben der Kamera aus einem Schlauch kommt – mehr Details will ich Ihnen und mir ersparen –, wird der Darm schließlich sauber entleert. Es soll nur am Anfang schmerzhaft sein, offensichtlich gewöhnt sich der Darm irgendwie dran. Danach fühlt man sich leichter.

Um genau 150 Dollar.

Ich glaube, man muss in Kalifornien geboren sein, um das mitzumachen.

Wie Sie sehen, lassen sich die Kalifornier nicht mit dem Rest der Amerikaner vergleichen. Sie sind gesund. Sie machen Sport. Sie kümmern sich um *the environment* – die Welt und was dazugehört. Sie essen Hühnerbrust. Ich habe in meinen fünfzehn Jahren Ehe Tausende von Hühnerbrüsten bearbeitet. Häufig machte ich zwei Gerichte am Abend – ja, ich weiß, doof gelaufen –, weil Hühnerbrüste mir zum Hals raushingen. Ich befürchtete, dass ich irgendwann einmal selbst ein Ei legen würde. Klar, jede erfahrene Ehefrau wird jetzt mit dem Kopf schütteln und mir sagen, dass ich in der Erziehung des Ehemannes völlig versagt habe, und ich kann das nur mit gesenktem Kopf bestätigen. Zu meiner Verteidigung kann ich lediglich sagen, dass es sich hierbei nicht allein um einen Mann handelte – und meiner war stur genug –, sondern ich gegen die ganze besiedelte Westküste ankämpfen musste. Ich bitte also um mildernde Umstände!

Eine Schlacht habe ich wenigstens gewonnen: die gegen die Klimaanlage. Allerdings nur in unserem Zuhause. Beim Rest des Landes habe ich auch hier versagt. Als wir das erste Mal miteinander verreist sind, wollte Richard nachts im Hotel die Klimaanlage anmachen. Ich starrte ihn an und wusste: Das ist einer von diesen Momenten, die die Zukunft entscheiden werden. Sie kennen solche Momente, nicht wahr? Die Zeit bleibt stehen, man hört vage eine Geige im Hintergrund und ein eindringliches Trommeln, und man weiß, was man jetzt sagt, wird entscheiden, wie es weitergeht; und ich sagte zu Richard: »Ich kann hier nicht schlafen, wenn das Ding an ist.« Er schaute mich an – bei ihm blieb die Zeit wohl auch stehen, und er hatte genau den gleichen Gesichtsausdruck wie ich ein paar Sekunden vorher –, zögerte für eine Weile … und machte sie dann doch aus. Dafür, finde ich, hatte er ja dann einiges an Hühnerbrüsten verdient.

Amerikaner lieben ihre Klimaanlagen. Dabei ist ihnen völlig egal, dass manche dieser Dinger einen wahnsinnigen Krach machen. Ich bin leider zu empfindlich dafür. Aber »meine« Amerikaner kühlen gern zur Vorsicht erst einmal alles nahe an den Gefrierpunkt herunter. Im Theater, im Kino, auf Veranstaltungen: Es ist so eiskalt, wenn man reingeht, dass man sich ohne Wintermantel oder zumindest ohne Schal sowieso nicht hineintraut. Auf meine wiederholte Frage nach dem Grund für dieses extreme Herunterkühlen heißt es immer und ausschließlich und von jedermann: »Es wird warm, wenn es voll wird.« Das muss in irgendwelchen Schulbüchern stehen. Wie sonst kann es jeder als Argument benutzen? Mein Einwand, die Aircondition erst dann anzumachen, wenn es denn warm wird, löste beim Gegenüber nur ein gnädiges Schmunzeln und die Worte »You must be German« aus.

Ich habe es immer wieder probiert, immer wieder den Ober gefragt, ob denn jemand den Gefrierschrank aufgelassen hätte. Ich habe immer wieder demonstrativ einen Schal um meine Schultern gezogen. Es hat nichts genutzt. Ich schaute flirtend, krank, verzweifelt – es ist völlig egal. Der Ober, Besitzer des Restaurants oder Theaters schaut mich nur mitleidig an und lässt die Aircondition genauso laufen wie vorher. Später habe ich dann Tische nicht unter der Blaseöffnung der Aircondition bestellt oder in einer warmen

Ecke. Da man ja keine Hunde in Restaurants mitnehmen darf, hatte ich auch niemanden, der meine Beine aufwärmen konnte. Meine Hoffnung setzte ich auf das Jahr 2000, als uns der Strom ausging. Aus Gründen, die nicht ganz geklärt sind – die einen behaupteten, es wäre schlechtes Management, die anderen, eine pure Absicht, um später mehr Geld verlangen zu können –, hatten wir nicht genug Strom. Das passiert hier übrigens häufiger. Irgendwie freute ich mich, denn jetzt, so war mir klar, wird die Aircondition auf eine normale Temperatur reduziert, denn Heizung und Kühlung verbrauchen den meisten Strom. So eine kleine Glühbirne fällt da im Verhältnis gar nicht ins Gewicht. Aber das würde ja bedeuten, dass die heilige Kuh angegriffen wird, und … das wurde sie nicht. Wir wurden alle aufgefordert, die Lampen auszumachen. Nur die Lampen auszumachen! Nicht die Aircondition runterzudrehen, geschweige denn, sie abzustellen. So fand ich mich in halbdunklen Supermärkten wieder, in denen man trotzdem noch sofort die Gemüseabteilung finden konnte, denn die war, wie üblich, nahe an den Gefrierpunkt runtergekühlt. Ich war nicht still in meinem Unverständnis. Ich wollte das mit anderen besprechen, und jeder zuckte immer nur mit den Schultern. Ich schrieb sogar der *Los Angeles Times*, die auch nichts mit mir zu tun haben wollte. Wieder so ein Europäer, der den Amerikanern erklären will, wie das Leben zu leben geht.

In einem Buch beschrieb ein Engländer seinen Aufenthalt in den Staaten (leider fand ich selbst nach längerem Suchen nicht mehr heraus, wer er war und wie das Buch heißt). Auch er war von der Aircondition und der Masse an Eiswürfeln irritiert. Doch er fand des Rätsels Lösung. Ich war gespannt, die hätte ich auch gern gewusst. Er schrieb so ähnlich wie: »Die Amerikaner benutzen deswegen so gerne Eiswürfel …« – na, dachte ich mir, da bin ich aber jetzt neugierig! –, »… weil sie sie mögen!«

Ihm ist auch nichts Besseres eingefallen.

Ja. Die Amerikaner lieben ihre Eiswürfel. Meistens sogar mit gefiltertem Wasser gemacht, weil das Leitungswasser so unglaublich nach Chlor schmeckt und riecht, dass es eigentlich nur zum

Abspülen benutzt werden sollte. Jeder Kühlschrank hat einen »Icemaker«. Ich habe sogar mal Babyfläschchen gesehen, in denen ein Eiswürfel schwamm. Jede Suppe, die zu heiß ist, bekommt einen Eiswürfel hinein, um runtergekühlt zu werden. Übrigens eine großartige Idee. Ich komme aus einem Land, in dem da einfach geblasen wird.

Los Angeles ist eine Wüstenstadt. Und da wird es nachts empfindlich kühl. Wir haben alle Jahreszeiten an einem Tag: Morgens ist es Herbst, mittags ist es Sommer, am Spätnachmittag Frühling und nachts nicht selten Winter. Ich gewöhnte mir an, mich »wie eine Zwiebel zu kleiden«: immer eine Schicht über der anderen, um mich entweder aus- oder anzuziehen. Ich verließ das Haus nie ohne Schal oder Jacke. Es zog immer irgendwo.

Gelegentlich bekamen wir Einladungen – geschäftlich oder privat –, die Großveranstaltungen gleichkamen. Vor-Oscar-Partys, große Geburtstagsfeiern, Hochzeiten. Die Einladung war so wie deutsche Einladungen auch. Ich war nur nicht auf Zelte vorbereitet. Hier ist fast alles unter Zelten und/oder halb im Freien. Es scheint sich bei den Kaliforniern selbst noch nicht herumgesprochen zu haben, dass es abends kalt wird. Die ersten Male kam ich mit meinen deutschen dünnen Seidenkleidchen hier an und fror mir den Hintern ab. Schulterfrei? Geschlitzt? Kurz? Dünn? Alles unpraktisch. Nach einem Jahr, in dem ich mir fast Frostbeulen zugezogen hatte, gewöhnte ich mir an, anzurufen: Sind wir draußen oder drinnen? Und ab dann war ich vorbereitet wie auf eine Nordpolexpedition. Ha! Ich fing an, mir Abendkleider nach ihrem Warmhaltefaktor auszusuchen. Rollkragen? Lange Ärmel? Extra warme Samtjacke? Danke, bitte einpacken.

8. Der Unterschied zwischen Freunden und Bekannten, wahllose Küsse und sensible Bewegungen

Richard hat viele Freunde und Kollegen. Ich war gewohnt, Menschen, die nicht zur Familie gehören, in drei Kategorien einzuteilen: Freunde, Kollegen und Bekannte. Hier, in Los Angeles, gibt es nur eine: *friends*. Meistens werden sie auch noch als *dear friends*, also »liebe Freunde«, vorgestellt. Offensichtlich ist damit nicht gemeint, dass die anderen nicht »lieb« sind, sondern diese sind besonders wichtig. Dummerweise benutzt man jenes *dear* auch als Höflichkeitsformel, und so wird jeder fast automatisch zum *dear friend*. Nachdem Richard mir eine unendliche Anzahl von Menschen als »This is my very good friend« oder »… my dear friend« vorgestellt hatte, brauchte ich Hilfe. Ich legte ihm einen durchnumerierten Zettel von 1 bis 20 hin und bat ihn, seine Freunde in der Wichtigkeitsreihenfolge aufzuschreiben. Ich erklärte ihm, dass wir in Deutschland zwei Kategorien haben: Freunde und Bekannte. Bei uns sind Bekannte Menschen, die man kaum oder noch nicht gut genug kennt, um sie in der Kategorie »Freund« einzuordnen. »Bekannte« heißen im Amerikanischen *acquaintances*, doch dieser Begriff wird so gut wie nie verwendet. Es ist wahrscheinlich das am seltensten benutzte Wort in der amerikanischen Sprache. Der Kalifornier sagt es so selten, weil es in seinen Augen eigentlich eine Beleidigung ist: Er ist mir nicht wichtig genug, ich kenne ihn kaum; und ein Freund wird er auch nicht. Selbst »Kollegen« *(colleagues)* wird kaum gesagt. Ein Kollege ist eben ein Freund, mit dem man zusammenarbeitet. Auch eine nette Art, das Betriebsklima zu verbessern.

Ich wurde herumgereicht. Ich kam aus dem Land des Händeschüttelns und wachte im Land des Küssens auf. Ich wurde geküsst und geküsst und geküsst. Ich küsste an einem Abend Leute, die ich nicht kannte, die ich noch nie gesehen hatte und die ich vielleicht nie mehr sehen würde. Meine Mutter hat in einem Jahr nicht so viele Küsse von mir bekommen wie jeder x-beliebige Dinnerpartner an einem Abend.

Normalerweise wird einmal geküsst.

Beim zweiten Mal ist man Europäer.

Beim dritten Mal Franzose.

Leute, von denen ich mir nicht mal die Namen merken konnte, begrüßte ich nach einer Weile in diesem Land so innig, als wenn sie meine besten Freunde wären. Ich merkte, dass ich mich zu sehr akklimatisiert hatte, als ich den Klempner mit einem Küsschen rechts und links begrüßen wollte. Ihn schien es nicht zu stören. Meine Schwester Susanne, die gerade zu Besuch war, fürchtete um meinen Verstand.

Richard wollte mich seinen Freunden und Kollegen vorstellen, und davon gab es viele. Am Anfang dachte ich, das gibt sich nach einer Weile. Bis ich merkte, dass es für Richard völlig normal ist, fünfmal die Woche auszugehen. So ging ich am Anfang noch recht entspannt mit, denn ich erwartete, dass ich diese neuen Bekannten häufig sehen würde.

Im ersten Jahr ähnelten sich die Fragen: Woher komme ich, wie haben wir uns kennengelernt, was halten die Deutschen von den USA, wie geht Deutschland mit der Hitlerzeit um, gibt es Unterricht in den Schulen zum Thema »Nazizeit«? Hartnäckig hielt sich das Gerücht, die deutschen Schulen der Nachkriegszeit hätten dieses Thema übergangen. Vehement versuchte ich, es richtigzustellen. Ich erklärte, dass es in meiner Generation ganz klar war, nachzufragen, was denn die eigenen Eltern, die eigenen Großeltern getan hatten. Dass dies diskutiert, besprochen und nicht versteckt wird. Dass man in der Schule darüber spricht. Dass ich mittlerweile drei Referate über Hitler geschrieben hatte. Man schien beruhigt. Sie sahen meine eindringlichen Blicke, meine entschuldigenden Gesten, meine Sorge, die mir ins Gesicht geschrieben stand. Ein Jahr später hörten diese Fragen plötzlich abrupt auf. Vielleicht hatte ich ja genug erklärt.

Los Angeles hat eine große jüdische Gemeinde. Viele Künstler fanden hier nach ihrer Flucht aus Nazideutschland eine zweite Heimat. Ich wusste, dass ich beobachtet wurde. Ich war das typische deutsche Fräulein: leider ein bisschen zu arisch. Ich wollte einen guten Eindruck machen. Nicht nur meinetwegen, sondern mit mir saß mein ganzes Land am Tisch. Wie sensibel ich mit dem Thema umging, wird nicht nur mir angerechnet, sondern meinen Landsleuten. Und ich wollte keine Fehler machen. Wenn das Gespräch auf dieses Thema kam, wünschte ich mir immer aus tiefstem Herzen: »Hoffentlich ist deren Familie noch rechtzeitig rausgekommen.«

Meistens nicht.

Einen Regisseur – er möge unbenannt bleiben – und seine Frau lernte ich auf solch eine Weise kennen. Beide seit Jahren mit Richard befreundet, trafen auf mich. Beide Juden, beide großzügig, beide in ihrer Familiengeschichte schwer traumatisiert durch Nazideutschland. Nach zehn Jahren unserer Freundschaft erzählten sie mir bei einem Abendessen, dass sie meinetwegen zum ersten Mal eine Einladung zu einer Premiere eines seiner Filme nach Deutschland annähmen.

»Meinetwegen?«, fragte ich ganz erstaunt.

»Ja, wir haben uns gedacht, wenn du so nett bist, dann kann der Rest von Deutschland auch nicht so schlimm sein.«

Trotz des so liebevoll gemeinten Kompliments brach ich mitten im Restaurant in Tränen aus.

Einige Monate vorher hatte mir eine junge Sängerin – schwarz und wunderschön – gesagt, dass sie ein paar Monate zuvor in Westberlin bei einem Engagement war. Ich fühle mich als Deutsche seltsamerweise immer außerordentlich verantwortlich für alle Besucher auf deutschem Erdboden, und weil wir gerade dabei sind, auch für alle deutschen Produkte, die von »meinen« Amerikanern gekauft und benutzt werden (besonders Autos wie BMW, Mercedes oder

Porsche, aber auch für Gummibärchen und gute solide Handwerksarbeit). Ich bin froh und dankbar, wenn die Leute mit ihren Autos und ihren Waschmaschinen außerordentlich zufrieden sind. Doch diese junge Sängerin erklärte mir mit großen erschrockenen Augen, dass sie sich nachts kaum aus dem Hotel getraut habe, aus Angst vor Neonazis. Auch hier konnte ich mein Erschrecken nicht verbergen. Es ist schmerzhaft, wenn die eigene Heimat so einseitig erlebt wird.

Ich hatte in Deutschland nur einen jüdischen Freund. Er trug keine Yarmulka (oder Kippa, wie man die runde jüdische Kopfbedeckung auch nennt). Er war Freitagabend immer verfügbar, und ich wusste nur, dass er Jude war, weil bei ihm zu Hause kein Weihnachten gefeiert wurde. Ich war nicht vertraut mit den jüdischen Gebräuchen. Ich wusste vage, was »koscher« bedeutet. Ich hatte keine Ahnung, dass man Milch nicht mit Fleisch mischen darf und dass es strenggläubige Juden gibt, die sogar zwei Kühlschränke sowie getrenntes Besteck und Geschirr haben, damit Milchprodukte und Fleisch sich niemals berühren. Ich kannte keine Feste, keine Rituale, keine Gebräuche. Und natürlich gibt es das eine oder andere Fettnäpfchen, in das man tritt.

Ich kochte immer viel zu Hause, und es freute mich, wenn ich unseren Gästen traditionelle Gerichte aus Deutschland vorsetzen konnte. Ich machte die Knödel wie die Spätzle selber, zeigte ihnen, wie ein richtiger deutscher Kartoffelsalat aussieht und nicht diese komischen hier, die mit der Schale zusammengematscht in den Auslagen der Feinkostläden liegen. Ich gewöhnte mich sogar an die kalifornische Eigenart, die eingeladenen Gäste vorher anzurufen, um zu fragen, ob sie irgendwelche *diatery requirements* (Diätvorgaben) haben, damit ich mich mit dem Menü dem anpassen konnte. Manche aßen kein Fleisch, andere reagierten allergisch auf Milchprodukte. Es ist nicht einfach, einen Kalifornier zu verkösten. Deshalb gibt es auch immer und überall das einzig Sichere: Hühnerbrust.

Meine Gäste allerdings gaben mir Zeit, mich an das kalifornische Nationalgericht zu gewöhnen, und sagten meistens, dass sie alles äßen. Natürlich wusste ich nicht immer, wer von unseren Gästen nun jüdisch war oder nicht. Ich war auch nicht daran gewöhnt, mir darüber Gedanken zu machen. Der typische Deutsche isst, was ihm vorgesetzt wird. Unsere Eltern sind im Krieg aufgewachsen. Auch ich bin so aufgewachsen, dass man alles aufisst, was auf den Teller kommt. Ein halbgeleerter Teller war eine Sünde.

Ich kochte mich durch das Menü eines bayerischen Restaurants, und irgendwann gab es auch einmal einen richtig bayerischen Schweinebraten mit Kruste. Der übrigens gar nicht einfach zu bekommen war. Hier gibt es keine Haut zum Schwein. Das ist unanständig. Wann immer ich einen Metzger – selbst in den tollen Supermärkten – fragte, schaute er mich an, als hätte ich ihm ein unanständiges Angebot gemacht. »Sie wollen *was?*« Die Amerikaner haben zur Haut am Schwein ein ähnliches Verhältnis wie zur Haut am Penis. Die schneidet man frühzeitig ab.

Ich allerdings wollte sie unbedingt behalten. Ein Metzger hatte Mitleid mit mir, denn er hatte so was schon mal gehört, dass man in Deutschland die Haut dranlässt. Er versprach mir, dass ich in einer Woche das Schwein mit Haut abholen kann. Ich war selig.

Die Kruste war köstlich.

Alles war bis auf den letzten Rest aufgegessen.

Am Abend, als wir ins Bett gingen, meinte Richard beiläufig, dass es Michaels, eines der Gäste, erster Schweinebraten war.

»Warum?«, fragte ich naiv.

»Er ist Jude.«

Mein Herz blieb stehen. O nein, dass mir das passiert! Ausgerechnet mir, einer Deutschen. Ich konnte die ganze Nacht kaum schlafen. Was wird er von mir denken? Hat er vielleicht nur aus Höflichkeit …?

Am nächsten Tag rief ich ihn an; und es war ein Wunder, dass er durch meine aufgeregte Stimme überhaupt eine Entschuldigung ausmachen konnte. Ich klang so, als ob durch meinen Schweinebraten die jahrelangen sensiblen Beziehungen zwischen Israel und Deutschland schlagartig beendet wären.

Er beruhigte mich. Lachte darüber. Er hätte den Schweinebraten schon nicht gegessen, wenn er es nicht gewollt hätte. Nein, so höflich wäre er dann auch nicht. Er isst ja auch gelegentlich Schinken.

Mir fiel auf, wie schnell ich mich an das Wort *Jewish* – »jüdisch« – gewöhnte. »I am a Jew«, wird relativ selten gesagt. Man ist *Jewish*. Ein »No, thanks, I can't come, I am Jewish« wird häufig als Erklärung gegeben, um eine Freitagabendeinladung abzulehnen, da der Sabbat, Samstag, der heilige Tag der Juden ist und dieser schon am Abend zuvor mit einem traditionellen Essen meist innerhalb der Familie verbracht wird. Das jüdische Leben ist in Los Angeles normal. Man mag vielleicht Jom Kippur und Rosh Hashanah nicht ganz unterscheiden können, weiß aber genau, was eine Bar Mizwa oder Bat Mizwa ist, nämlich dreizehnjährige Jungs oder zwölfjährige Mädchen und das große Fest ihres ersten »Tora-Aufrufs«, was unserer Firmung ähnlich ist.

»Ich bin Jude« habe ich in Deutschland kaum gehört. »Jude« klingt auf Deutsch plötzlich ganz anders. Es schwingen andere Töne mit. Töne, die von Schmerzen erzählen, Bedauern, tiefer Traurigkeit und auch Unsicherheit. Da liegt keine Selbstverständlichkeit darin, sondern ein Statement. »Er ist ein Jude« kommt uns nicht so normal über die Lippen wie »Er ist ein Österreicher«. Hier in Los Angeles wird das ganz normal und mit einer Leichtigkeit gesagt. »I am Jewish« klingt genauso wie »Ich bin Arzt«.

Ich war gelegentlich zu einer »Briss« eingeladen. Im jüdischen Glauben gibt es einen Schwur, also ein Versprechen zwischen Gott und den Juden. Dazu wird der neugeborene Junge am achten Tag nach der Geburt in einem Fest beschnitten. Das wird gefeiert wie eine Taufe, nur mit dem Unterschied, dass es da statt des Weihwassers eben ein spezielles Instrument gibt, welches im Beisein der Eltern und der eingeladenen Freunde von einem Mohel – einem speziell dafür ausgebildeten orthodoxen Juden – gehandhabt wird und das männliche Baby von seiner Vorhaut trennt. Dazu steht man im Wohnzimmer um das Baby herum, betet und schaut aufmerksam zu. Das Ganze hat eher die Stimmung eines Geburtstagsfestes kurz vor dem Ausblasen der Kerzen. Angeblich soll das nicht besonders weh tun. Erst durch den engen Geburtskanal – und dann auch das noch! Soll die Gegend da nicht besonders sensibel sein?

Ich konnte nie hinschauen. Ich habe immer versucht, mich außer Hörweite aufzuhalten. Ich denke mir, wenn Gott den Männern eine Vorhaut gegeben hat, warum soll er sie dann nach acht Tagen wieder zurückhaben wollen?

Ich merke, dass meine Finger zögern, wenn ich etwas über jüdische Traditionen auf Deutsch tippe. Die Vorsicht ist so tief in mir eingelegt, dass mir die Leichtigkeit fehlt, die meine jüdischen Freunde haben. Ich, als Deutsche, korrigiere mich selbst. Frage mich, ob ich etwas Humoriges über eine Beschneidung schreiben darf. Meine jüdischen Freunde würden das nicht verstehen. Sie lachen am lautesten darüber. Es gibt eine Unmenge jüdischer Witze, die meistens von Juden erzählt werden. Man erkennt vielleicht die Normalität einer Gruppe erst dann, wenn sie selbst lachen kann über die Witze, die man über sie macht. Hier sind Juden normal.

Wie blonde Frauen.

9. Geschäftsessen, *valet parking* und warum man hier nicht lange beim Abendessen sitzt

Ich war es nicht gewohnt, berufliche Abendessen zu haben. Als Fernsehmoderatorin habe ich mich immer bemüht, Distanz zu meinen Vorgesetzten zu halten. Im Nachhinein gesehen, war das wohl etwas übertrieben, auch Vorgesetzte sind Menschen. Aber da es gerade in meinem Beruf bei Frauen gern heißt, sie hätten sich »hochgeschlafen«, wurde ich einfach übervorsichtig. Hier war das anders. Business-Dinners sind selbstverständlich. Es ist immer ein Regisseur oder ein Produzent in der Stadt, den man zum Abendessen einlädt.

Wenn ich hier nur das männliche grammatische Geschlecht verwende, dann hat das nichts mit sexistischen Äußerungen zu tun. Die meisten Produzenten und Regisseure sind Männer.

Das Gesprächsthema bei all diesen Abendessen: Filme oder Deutschland. Die meisten Dinnergäste waren höflicher als der australische Produzent, und ich war Teil der Konversation. Hier liebt man Filme. Wäre es eine Paarbeziehung, würde man von einem gegenseitigen Abhängigkeitsverhältnis sprechen. Wer im Filmgeschäft arbeitet, ist fast gezwungen, jeden Streifen zu sehen. Das dauert. Die meisten sehen ihre Filme gern im Kino, damit sie auch die Reaktion des Publikums mitbekommen. Viele haben Screeningrooms zu Hause, also private kleine Kinos mit großartigen tiefen Liegesitzen, einer Leinwand, die über eine fünf Meter breite und zweieinhalb Meter hohe Wand reicht.

Ich mag Filme. Die ohne Gewalt. Ich bevorzuge die Art des Todes wie in alten Western: Die Pistole wird gezogen, da knallt was, dann fällt der andere um, und ein bisschen Blut rinnt aus seiner

Weste. Jetzt dagegen sehe ich im Zeitlupentempo, wie die Kugel durch die Haut fetzt und die rechte Herzkammer aufstößt und schwallartig das Blut aus sämtlichen Öffnungen herausquillt, nicht ohne lange und intensiv die schmerzlichsten Zuckungen im Gesicht zu vernehmen. Dann wird nochmal geschossen und etwas aufgeschlitzt, und es gibt ein Gemetzel – dem Inhalt einer bayerischen Blutwurst nicht unähnlich. Ich vertrage das nicht. Solche Bilder graben sich in mein Gedächtnis ein, und da will ich sie nicht haben. Was das Filmeanschauen schon dramatisch reduziert. Meine Lieblingsfilme sind: »Sissi« (erster bis dritter Teil), »Pillow Talk« (»Bettgeflüster«) und »Amelie«. Sie sehen, mit mir ist da kein Staat zu machen.

Ich rede auch gern über Filme. Fünf oder sechs Minuten lang. Da fangen die hier erst an. Sie reden zuerst über den Film, den sie gerade gesehen haben, dann über den vorherigen des Regisseurs oder den geplanten nächsten. Danach geht es um die Schauspieler, die Handlung, gelegentlich irgendwelche Klatschgeschichten. Und so weiter und so weiter und so weiter …

Der schlimmste Abend war mit einem ausländischen Produzenten. Einem Franzosen. Ein sehr netter älterer Herr. Richard und ich trafen ihn allein im Friars Club, einem der ältesten Privatclubs des Showbusiness.

Er sprach langsam.

Er sprach sehr langsam.

Er sprach so langsam, dass ich mich am Ende des Satzes nicht mehr erinnern konnte, wie der Anfang war. Was ich so faszinierend an Richard finde, ist, dass ich ihn nie ein schlechtes Wort über irgendjemanden habe sagen hören. Ich kam aus dem Fernsehmetier, wo immer gern geklatscht wird, und hatte mir das noch nicht abgewöhnt. So saß Richard geduldigst neben diesem Mann, während meine Beine wie die eines unruhigen Teenagers zu zappeln begannen.

Wir hatten noch nicht einmal den Wein bestellt, da war mir klar, was auf uns zukommt. Richard fragte ihn, welchen Wein er trinken möchte. Wir schauten ihn aufmerksam, höflich lächelnd an, und er lehnte sich zurück, holte tief Atem und meinte in seinem starken französischen Akzent milde zu uns lächelnd: »Well, there is white and there is red wine ...« (»Also, es gibt roten und weißen Wein ...«)

Ich starrte ihn an. Meine Gesichtszüge entglitten mir, was in dem gedämpften Licht des Restaurants nicht zu sehen war, und ich hörte fassungslos zu, wie er uns roten und weißen Wein erklärte. Nun, ich bin kein Connaisseur und habe erst zehn Jahre vorher mit Hängen und Würgen von meiner lieblichen Spätlese gelassen, aber für so doof konnte er uns doch nicht halten.

Zehn Minuten später – die Bedienung war mittlerweile schon dreimal da gewesen, und Richard hatte sie immer wieder weggeschickt – wurden wir gerade über die Unterschiede in den Trauben aufgeklärt. Meine Beine hörten schlagartig auf, sich zu bewegen. Alles hörte schlagartig auf, sich zu bewegen. Die Zeit blieb stehen und sollte einfach für eine Ewigkeit nicht weiterwandern.

Am Ende dieses unglaublich langen Dinners – wir waren schon beim Nachtisch – machte ich einen fatalen, unverzeihlichen Fehler: Ich fragte ihn doch tatsächlich, worum es in seinem nächsten Film geht. Richard zuckte zusammen.

Der Produzent lehnte sich wieder zurück. Ich hatte keine Regung mehr übrig und hörte nur noch, wie das Wasser über mir zusammenschwappte.

Mein Gegenüber holte tief Luft, bestellte noch einen Tee und meinte: »Ach, mein neuer Film. Ja, wo soll ich da anfangen?«

Nirgendwo! Nirgendwo!, rief es in mir, und ich versuchte verzweifelt, den Kopf wieder über das Wasser zu bekommen, fühlte jedoch, dass der Sog mich immer stärker nach unten zog. Mit letzter Kraft wollte ich mich noch einmal wehren und schlug vor, uns lieber nicht die Überraschung zu verderben: »Wir sehen den Film ja bald im Kino.«

»Ich werde das Ende nicht verraten«, sagte er darauf generös. Ich öffnete den Mund, ohne dass irgendein Ton herauskam, und gab

mich hin. Auch dieser Abend würde irgendwann einmal vorbeigehen.

»Stellen Sie sich eine leere Landschaft vor. Nicht ganz leer, sondern nur ein bisschen leer. Da ist noch Platz rechts und links im
Bild. Die Stimmung ist orange. Gelborange. Mildes Gelborange.
Von weitem hören Sie eine Geige. Eine tränenreiche Geige. Sie spüren, irgendetwas Schreckliches ist passiert, und die Traurigkeit
übermannt Sie fast. In diesem Gelborange. Vergessen Sie das Gelborange nicht. Es ist nicht so fröhlich, wie sich die Farbe anhört. Es
ist wie … wie … Graugelborange. Und dann kommt da ein Auto.
Ein Oldtimer. Aber keiner dieser teuren Oldtimer, eher so ein mit-
telalterlicher. Tiefes, tiefes Dunkelblau. Eine leichte Schramme auf
dem rechten Kotflügel, die unbestimmt ist. Nicht so tief, dass sie
einem gleich auffällt, und doch tief genug, dass sie einem nicht ent-
gehen kann. Das ist das erste Bild.«

Hilfe, das überlebe ich nicht. Warum ist da nie ein Erdbeben,
wenn man eins braucht? Wie viele Bilder hat ein Film? Zweihundert, dreihundert, viertausend?

Jahre später und dementsprechend gealtert, zahlten wir und ver-
ließen das Restaurant.

Im Auto drehte ich mich zu Richard um und sagte zu ihm: »Wenn
du dich nicht sofort über diesen Abend beschwerst, dann lasse ich
mich scheiden.«

Er beschwerte sich.

Regel Nummer eins: Niemals und unter gar keinen Umständen
lade zu einem Business-Dinner nur eine Person ein. Bring immer
noch eine zweite Person mit, sonst könnte es tragisch enden.

Natürlich waren nicht alle Abendessen so fürchterlich wie dieses.
Gerade wenn es um deutsch-amerikanische Unterschiede ging,
wurde viel erklärt und viel gelacht. Ich wiederholte häufig meine
Begeisterung über eine Reise durch Kalifornien, die mich auch zum
Death Valley geführt hatte. Zwölf Stunden kalifornische Wüste. In
der Mitte ist eine Toilette. Dort gab es Toilettenpapier. Wer, so fragte
ich meine Amerikaner, fährt da jeden Tag sechs Stunden rein und

wieder raus, nur um das Toilettenpapier aufzufüllen? Das nenne ich Service!

Apropos Toiletten. Einer meiner neuen Bekannten kam gerade von einer Deutschlandreise zurück. »Erkläre mir die deutschen Toiletten«, fragte er mich.

Deutsche Toiletten? Was gibt es da zu erklären? Man macht den Toilettendeckel auf, setzt sich – oder nicht –, und dann spült man runter und macht den Toilettendeckel wieder zu. Wo ist das Problem? Ich schaute verwirrt.

»Warum habt ihr diese Auffangschale in euren Toiletten? Könnt ihr euch nur schwer von euren Ausscheidungen trennen?«

Auffangschalen? Wie bitte?

»Ja, diese Stufe, die ihr da habt. Da bleibt es dann liegen wie in einer Badewanne.«

Das war mir bisher überhaupt nicht aufgefallen! Sämtliche amerikanische Toiletten haben schlichtweg nur ein Loch mit Wasser, während unsere damals meist noch diese Schale hatten, in der unsere Ausscheidungen dann zur Besichtigung freigegeben waren.

Warum machen wir das? Warum gibt es das überhaupt? Fiebernd suchte ich nach einer Erklärung; und das Einzige, was mir auf die Schnelle einfiel, war ein Gesundheitsaspekt. Schließlich fragt der Arzt auch immer, wie der Stuhl aussieht, und wenn er gleich in der Versenkung verschwindet, ist das ja nicht mehr zu kontrollieren, oder? Mir wurde allerdings klar, wie seltsam das für unsere amerikanischen Gäste klingen musste.

Meine Freunde waren mit meinen Erläuterungen nicht ganz zufrieden. Sie schüttelten den Kopf und versuchten, eine eigene Erklärung zu finden.

»Gibt es da ein Verabschiedungsritual, und ihr sagt liebevoll: ›Bis später‹?«, wurde ich gefragt. Oder eine andere Vermutung: »Vielleicht habt ihr Deutschen ja die Toilettenbürsten erfunden?« Grund genug hätten wir schließlich mit dieser Toilettenkonstruktion. Einer sinnierte, dass wir Deutschen eben ein besonders sorgfältiges Volk sind, und da will man einfach wissen, was man denn so der Nachwelt hinterlässt. Ich bestand dagegen auf meiner »Ärzte-erklärung«. Geglaubt hat mir keiner.

Ehepaare sitzen bei Partys und Dinners immer zusammen, etwas eher Ungewöhnliches in Europa. Mittlerweile weiß ich auch, warum. Sie sehen sich so selten. Und wenn sie nicht wenigstens beim Abendessen zusammensäßen, dann würden sie überhaupt keine Zeit miteinander verbringen.

Sehr komisch fand ich auch immer die Begrüßung der Bedienung: »Hallo, ich bin Tom.« Strahlendes Lächeln, blitzende Zähne. »Ich bin heute Ihr Ober.« Und wir antworten natürlich brav, als ob wir ihn schon lange kennen würden: »Hi, Tom!« Dann er: »Wir haben heute noch besondere Spezialitäten, die nicht auf der Karte stehen.« Jedes anständige Restaurant, das etwas auf sich hält, hat *specials*, die nicht auf der Karte stehen. Und die muss sich die arme Bedienung dann auch noch merken: »Wir haben Baby-Arugula mit gartenfrischen italienischen Tomaten und einem Hauch von Basilikum. Dazu gibt es handgefütterte Hühnchen, natürlich nur die Brust, ohne Haut und ohne Fett, auf unserem Holzkohlengrill zur Perfektion gegrillt mit einer Prise Oregano. Vorher vielleicht noch ein Spargelsüppchen – ohne Sahne natürlich – aus unserer Farm in Santa Barbara. Handgepflückt von unserem Chef.« Das ist aber noch nicht alles. Das geht so weiter, bis man zehn Minuten mit offenem Mund zugehört hat und am Schluss nicht mehr weiß, was er am Anfang gesagt hat: »Wo kommt nochmal die Hühnerbrust her?« Ich glaube, es ist ein Training für den Schauspielunterricht, denn selbstverständlich sind sie alle noch nicht entdeckte Mimen.

Was mich sehr irritierte, war, dass man nach dem Essen nicht lange gemütlich zusammensitzt. Ich kenne unendlich lange herrliche Abendessen in Restaurants, bei denen da noch eine Flasche Wein und hier noch was bestellt wurde. Nicht selten hat man sich so festgequatscht, dass man als Letzte das Restaurant verließ.

Ich war gewöhnt, dass man einen Tisch für das Abendessen bestellt, und der ist dann frei und da. Ich wurde in Deutschland nie gefragt, ob wir alle vollzählig sind und, falls nicht, gebeten zu warten, bis der Rest der Gäste auch da ist. Sind die wahnsinnig geworden? Ich will hier nicht am Eingang rumstehen. Ich habe eine Reservierung! Hören Sie nicht: Ich habe eine Reservierung!

Second seating ist das alles erklärende Zauberwort. Ein Tisch wird am Abend zweimal vergeben. Das erste Mal (eher früh) und das zweite Mal (eineinhalb Stunden später). Das bedeutet, dass einem genau neunzig Minuten bleiben, um sich zu setzen, zu wählen, zu reden, zu trinken, zu essen, den Kaffee zu trinken – und wenn man keinen haben will, wird einem die Rechnung serviert, immer mit dem Kommentar: »Lassen Sie sich Zeit.«

Ha! »Take your time.« Dass ich nicht lache. Die wollen mich loswerden. Ich dachte am Anfang, dass es sich einfach um eine extrem unhöfliche Art einzelner Restaurants handelt, Gäste zum Aufstehen zu bewegen. Einmal legte ich mich mit einem Ober an, indem ich ihn fragte: »Wollen Sie, dass wir gehen?«

Er war natürlich zutiefst schockiert. Das war extrem unhöflich – von mir. Heute weiß ich das, damals fand ich *ihn* unhöflich. So etwas würde ein Amerikaner nie über die Lippen bringen. Und natürlich sagte er, was jeder höfliche Amerikaner antworten würde: »Nein, natürlich nicht. Ich bitte Sie. Möchten Sie noch einen Kaffee?«

»Kaffee« ist das Codewort für »Rechnung«. Bei uns sagt man: »Ich hätte gern die Rechnung.« Oder von mir aus auch: »Zahlen, bitte.« Hier fragt der Ober: »Möchten Sie noch Kaffee?« Wenn Sie dazu nein sagen, dann kommt die Rechnung. Ich versuchte es irgendwann mal mit einem »Nicht im Moment, vielleicht später« und hoffte, dass ich damit die Präsentation der Rechnung verhindern könnte. Nein. Sie kommt trotzdem.

Man erkennt, wie schnell ein Restaurant seine Gäste loswerden will, an der Menge der *busboys*. So heißen die Hilfen, die die Tische decken, die Teller abräumen und Wasser bringen. Eine Kurzform des lateinischen *omnibus*, was »für alle« bedeutet und wohl damit zu tun hat, dass sie alles machen müssen, was so in einem Restaurant anfällt. Die Bedienung – in der Regel entweder ein Schauspieler, Regisseur oder Drehbuchautor – ist für die Aufnahme der Bestellungen zuständig. Die Hostess – meistens eine Frau – begrüßt die Gäste und bittet sie entweder, zu warten (falls die »Party« noch nicht komplett ist), oder wenn jemand wichtig ist, wird sie die Gruppe zum Tisch führen. Gibt es viele *busboys*, dann heißt dies, dass man schneller die alten Teller abgeräumt hat und der Gast bereit ist für den nächsten Gang. Dazwischen hat er dann zirka drei Minuten, um zu verdauen. Kann man schneller den neuen Gang servieren, zahlen die Gäste schneller. Zahlen die Gäste schneller, dann kann man denselben Tisch vielleicht dreimal am Abend benutzen.

Besonders angesagte Restaurants haben häufig eine lange Warteschlange. Später mied ich sie. Wenn ich essen gehe, dann habe ich keine Lust, eine halbe Stunde auf meinen Tisch zu warten. Natürlich gibt es auch hier das »Stammgast«- oder das »Ich bin aber wichtig«-System. Es ist wichtig, den Host oder die Hostess (also diejenigen, die die Tische vergeben) gut zu kennen. Ein kleines Gespräch über das Wetter, ein Kompliment über die Frisur, egal, was, die Hostess oder der Host muss sich nur an jemanden erinnern können. Kommt man öfter, ist das natürlich einfacher. Ich konnte und wollte mich an diese Warteschlangen nicht gewöhnen. Mein Fehler war natürlich auch, dass ich mich still zurückzog und nicht im Weg stehen wollte. Was gar nicht so einfach ist. Richard macht das nicht. Er bleibt vor der Hostess einfach stehen, bis er seinen Tisch bekommt. Wolfgang Pucks »Spago's« am Sunset Boulevard in West Hollywood war damals mit »Morton's« das Toprestaurant. Bei einem der ersten Besuche meiner Mutter wollte ich sie und meine Tante dorthin führen. Vom »Spago's« hatte meine Mutter mal etwas im deutschen Fernsehen gesehen. Mir war ehrlich gesagt nicht klar, warum das als so chic galt. Damals war Spago's noch am Sunset Boulevard und noch nicht in das wesentlich schickere Ambiente von Beverly Hills gezogen. Das Mobiliar bestand in meinen Augen aus Gartenmöbeln, und die neue Mode, dass die Küche offen ist und man den ganzen Krach vom Kochen mitbekommt, fand ich auch nicht besonders spannend. Es war gerammelt voll, es wurde nicht leerer, und wir bekamen einfach unseren Tisch nicht. Zweimal machte ich mich auf, um die Hostess zu fragen, wie lange es noch dauern würde. Meine Mutter und meine Tante waren fast siebzig Jahre alt und standen an der Bar wie Besucher von einem fremden Planeten. Dann reichte es mir. Wir fuhren in ein anderes Restaurant. Richard war nicht in der Stadt. Als er davon hörte, beschwerte er sich telefonisch. Ich wollte nicht mehr hingehen. »Wenn die uns zu lange warten lassen, dann eben nicht«, war meine Einstellung. »Das Essen ist aber gut«, war Richards Meinung.

Selbst bei großen Festen und Events wird sehr schnell nach dem Abendessen der Saal leer. Ich habe natürlich auch hierüber meine Theorie entwickelt. Es liegt am *valet parking*, eine eigentlich großartige Erfindung: Man kommt an irgendeinem Restaurant an, macht sich keine Gedanken darüber, wo man parkt, lässt den Schlüssel stecken, bekommt einen Zettel, und dann kann man sich seelenruhig auf das Abendessen konzentrieren. Wenn man fertig gegessen hat, gibt man den Zettel wieder ab, zahlt sein Trinkgeld, bekommt sein Auto und fährt nach Hause. Mir war klar, dass sich das in Deutschland nicht durchsetzen wird, denn dem deutschen Autofahrer ist sein Auto heilig: »Was, Sie wollen meinen Wagen? Wie lange haben Sie schon den Führerschein? Wo parken Sie ihn? Und Sie werden doch wohl nicht im Auto herumfahren, während ich esse!«

Was bei Restaurants wunderbar funktioniert, ist bei solchen Großveranstaltungen eine etwas mühsamere Angelegenheit. Denn viele Autos sind abgegeben worden; und je mehr Leute gleichzeitig die Veranstaltung verlassen, desto länger ist die Schlange, in der man steht, um auf sein Auto zu warten, bis es vorgefahren wird. Deshalb versuchen viele, »die Ersten« zu sein, und verlassen diese Feste, so schnell sie können. Ich habe einmal eine Stunde auf meinen Wagen gewartet und konnte plötzlich verstehen, warum man die Veranstaltungen dann vielleicht nicht mehr genießen kann.

Mein Englisch wurde zwar besser, aber um diese Sprache wirklich zu verstehen, braucht es mindestens ein Jahrzehnt im Lande, wie mir mein Englischlehrer versicherte. So erfreute ich mein Umfeld immer wieder mit meiner Interpretation der Dinge. An einem Abend zum Beispiel waren wir – nachdem wir vom Restaurant mal wieder »rausgeschmissen« worden waren – in eine Bar weitergezogen, und ein Mann stand allein vor uns, an einen Pfosten gelehnt. Ein paar Minuten später kam eine hübsche junge Frau herein, umarmte ihn und wollte ein Gespräch beginnen. Er ließ sie kaum ausreden, sondern meinte nur: »Let's get late.« Da wir beide direkt dahinter standen, hörten Richard und ich das Geplänkel der beiden mit, und bei »Let's get late« schaute mich Richard neugierig an.

Mir fiel sein Blick auf, und ich fragte verwundert zurück: »Yes?«

Er fragte mich, ob ich das Gespräch der beiden verstanden hätte. Ich nickte, irgendwann einmal müssen sich die sechs Stunden Berlitz täglich ja schließlich auszahlen.

»Was genau hast du verstanden?«, fragte er mich, natürlich auf Englisch, und ich erklärte es ihm: »They probably wanted to go to a party that already has started and he suggested that they should show up late.« (»Wahrscheinlich wollten sie noch auf eine Party gehen, und dann hat er ihr vorgeschlagen, ein bisschen später hinzugehen.«)

Richard grinste, und ich wusste, ich habe schon wieder etwas falsch verstanden.

»Just do me a favour, if anybody should ask you to get *laid*, don't say yes.« (»Tu mir nur einen Gefallen, wenn es dir jemand vorschlägt, sag nicht ja.«)

Ich hatte es immer noch nicht kapiert. »What?«, fragte ich erstaunt.

Laid ist das Partizip von »hinlegen«, leicht zu verwechseln mit *late*, obwohl das »t« sehr viel härter ausgesprochen wird, was aber mir als Deutscher nicht aufgefallen ist. Der Mann wollte mit der jungen Frau ins Bett.

Gott sei Dank war ich schon verheiratet. Die Dating-Szene hätte ich nicht überlebt.

10. Von »Ich mag dich« und »I love you«, von Freundinnen und der Liebe der Amerikanerinnen zu ihrem Frauenarzt

Die Vergangenheit ist wie ein fremdes Land. Vieles wird dort anders gemacht. Wenn ich auf meine erste Zeit in Los Angeles zurückschaue, dann fällt mir auf, wie abgehetzt ich innerlich war.

Ich wollte mich anpassen.

Ich wollte dazugehören.

Ich wollte etwas tun.

Und das alles am liebsten jetzt, und wenn das nicht geht, dann halt sofort.

Ich habe seit meinem sechzehnten Lebensjahr gearbeitet, und hier war meine Arbeit Englischstunden nehmen. Ich verdiente kein Geld, sondern gab es nur aus. Ich war gerade mal einen Monat in Los Angeles und kam mir schon unproduktiv vor. Das eine Jahr Wartezeit auf die Greencard hing wie ein Damoklesschwert über mir.

Das Eigenartige an Frauen, die durch die Frauenbewegung geprägt worden sind, ist die Dualität ihrer Wünsche. Ich war gern unabhängig und verdiente mein eigenes Geld. Die Ehe meiner Eltern war nicht glücklich, und meine Mutter hatte keinen Ausweg gesehen, weil sie nicht wusste, wie sie ihre drei Kinder allein hätte großziehen können. Das hatte mich natürlich geprägt, und so schwor ich mir, noch sehr jung, dass mir das niemals passieren würde. Mein Beruf war meine Freiheit. Ich wollte nicht bleiben müssen, weil ich keine Wahl hatte. Und doch, tief in mir, war ich damals erschöpft von diesem vierzehn Jahre langen Kampf um meine Unabhängigkeit. Ich wünschte mir einen Mann an meiner Seite, an den ich mich anlehnen konnte. Der mich auffängt, wenn es brennt. Doch dies wollte ich selbst mir gegenüber nicht zugeben. Diese Gedanken bewegten sich wie ein kleiner unentdeckter Schwefelbrand, der noch nicht viel Aufsehen erregte. Erst viele Jahre später wurde mir klar, wie schön es war, dass Richard für mich gesorgt und mir die Zeit der Mutterschaft möglich gemacht hatte, ohne dass ich mir um unsere Versorgung Gedanken machen musste. Er war gerührt, als ich mich bedankte.

Mir fehlten meine Freundinnen. Ich hatte immer schon großartige Frauen um mich herum. Wer mich mal als Freundin hat, wird mich schwer wieder los. Ich rufe an, ich lade ein, ich frage nach. Und das machte ich hier auch.

Nach ein paar Monaten hatte ich fünf Frauen in Los Angeles, für die ich sehr dankbar war.

Als Erstes meine Freundin Carolin, auf deren Hochzeit ich Richard kennengelernt hatte. Leider war sie nur in Los Angeles, um ihren zweiten Sohn Kelly auf die Welt zu bringen, und unsere Zeit zusammen in derselben Stadt sollte kurz sein. Aber gerade anfangs half es mir sehr, hier eine deutsche Freundin zu haben. Nach stundenlangem Englischreden war ich abends häufig so erschöpft, dass ich kein Wort mehr herausbrachte. Carolin rettete mich. Ich konnte wieder in einer Sprache sprechen, in der ich mich normalerweise nicht anstrengen muss.

Carolin stellte mir Elyssa vor. Elyssa ist eine lebhafte brünette Schauspielerin, die in ihrem Beruf immer kämpfen musste. Sie erklärte mir die frustrierende Seite ihres Jobs. Des Immer-wieder-Anklopfens. Des Immer-wieder-abgelehnt-Werdens. Des immer wieder gehörten »Wir rufen Sie an« …, um dann – wie nach einem One-Night-Stand – nie wieder etwas von diesen Leuten zu hören. Sie war lebhaft und warm, und ich konnte sie anrufen, wenn ich »die Amerikaner« mal wieder nicht verstand.

Dann gab es Lesli, Richards erste Frau, mit der er zehn Jahre zuvor kurz verheiratet war. Sie hatte Richard damals in Japan kennengelernt, und die zwei Amerikaner in der Fremde taten sich nicht nur freundschaftlich zusammen, sie heirateten auch. Lesli war seinerzeit Tänzerin und hat sich zur Regisseurin ausbilden lassen. Sie ist heute eine der wenigen Regisseurinnen, die in Los Angeles konstant und durchgehend arbeiten. Ich mochte sie auf den ersten Blick.

Wie Carolin, »meine« erste New Yorkerin. Sie war wie ich frisch verheiratet. Die Vizepräsidentin von Lorimar, einer Filmproduktion, hörte später auf zu arbeiten und kümmerte sich um ihre zwei Töchter. Sie kannte die Filmindustrie, und mit ihrem scharfen Witz half sie mir häufig. Sie wurde wie ich nach ein paar Monaten Ehe schwanger. Unsere Kinder sind heute noch engste Freunde. So wie wir.

Und Frances Schoenberger. Sie hatte ich schon vorher gekannt. Vor meiner Fernsehzeit arbeitete ich als Fotoredakteurin bei Burda, und Frances war »unsere Frau in Hollywood«. Sie wohnte nur ein paar Straßen über mir und kümmerte sich rührend um mich. Jeder, der nach Hollywood kam, vertraute auf Frances' Hilfe, die sie großzügig gab. Sie hatte eine sehr lässige Art, Feste zu geben und Menschen miteinander bekannt zu machen. Später konnte ich beobachten, wie selbstverständlich ihre Hilfe gefordert wurde, wie selbstgefällig ihre Kontakte gelegentlich benutzt wurden. Frances, die als Deutsche schon zehn Jahre vor mir nach Los Angeles gekommen war und hier auch erfolgreich arbeitete, half mir mit vielen kleinen und großen Ratschlägen. Ich bin ihr sehr dankbar dafür.

Carolin hatte mittlerweile ihren zweiten Sohn Kelly bekommen, und eines Nachmittags beobachtete ich Richard, wie er mit Kellys zwei Jahre älterem Bruder Miles spielte. Wir hatten nur kurzfristig über Kinder gesprochen. Wir sind unsere Basiswerte Familie, Glauben, Zukunft wie auf einer Checkliste vor unserer Ehe durchgegangen:

Kinder? Ja oder nein. Vielleicht irgendwann mal.

Glauben? Zurzeit nicht aktiv, was sich bei mir später ändern sollte.

Freunde? Gern.

Arbeit? Richard versprach, dass es weniger wird. Er konnte es nicht einhalten.

Kinder hatte ich eigentlich, wenn überhaupt, für später geplant. Doch jetzt wäre eigentlich eine gute Zeit dafür. Arbeiten konnte ich sowieso im Moment nicht. Umziehen müssten wir wahrscheinlich ohnehin, da das Haus und ich uns immer noch nicht aneinander gewöhnt hatten. Englisch lernen könnte ich auch noch als Schwangere.

Well?

Zwei Monate später war ich schwanger.

Ich brauchte einen Frauenarzt. Ich hörte mich bei meinen neuen Bekannten um, und einige empfahlen ihren Arzt mit den Worten »I love my gynocologist«. Führt das nicht ein bisschen zu weit? Ich wollte ihn ja nicht lieben, ich wollte nur, dass er mich untersuchte und mein Kind anständig auf die Welt bringt.

Amerikaner gehen mit dem Wort *love* sehr viel freier um als wir.

Ein Deutscher verliebt sich: »Ich mag dich.«

Nach einem halben Jahr: »Ich mag dich wirklich gern.«

Nach einem Jahr: »Ich lieb dich.« (Beachten Sie bitte die Kurzform »lieb«.)

Kurz vor der Hochzeit: »Ich liebe dich.« (Achtung, Achtung! Bitte sofort aufnehmen, das kann es schon gewesen sein …)

Die Amerikaner lieben neben dem Frauenarzt ihren Wagen, die neue Küche, das neue Handy, ihren Job, ihr Haus und natürlich auch die Kinder. Und die mehrmals am Tag. »I love you« wird als »Tschüs, bis später«, »Schlaf gut« oder »Ach, ist es schön mit dir« verwendet. Kinder hören es gute zehn Male am Tag. Mein Lieblings-»I love you« hatte ich ein paar Wochen zuvor in einem teuren Laden gehört. Eine Dame, typisch Beverly Hills, schmachtete die Verkäuferin an, während sie eine braune Lederhandtasche in ihrer Hand hielt: »If you have this bag in black, I will love you forever.«

(»Wenn Sie die Tasche jetzt auch noch in Schwarz haben, dann werde ich Sie für immer lieben.«)

Am Anfang hat es mich sehr irritiert. Ich betrachtete das als Zeichen dafür, dass die Amerikaner einfach oberflächlicher sind. Wer kann schon wirklich alles lieben? Aber vielleicht sind wir Deutschen doch ein bisschen zu weit auf der anderen Seite des Spektrums. Ein etwas häufiger gesagtes »Ich liebe dich« würde uns wahrscheinlich nicht schaden.

Ich entschied mich für den Frauenarzt meiner Freundin Carolin, der immerhin ihre zwei großartigen Söhne auf die Welt gebracht hatte. Er hieß Dr. Liu. Sie liebte ihn auch nicht, sondern fand ihn einfach nur gut. Wir trafen uns in seiner Praxis im Cedar-Sinai-Krankenhaus. Wir unterhielten uns ein bisschen, und dann wurde ich von der Arzthelferin in den Behandlungsraum geführt. Sie bat mich, mich auszuziehen und dies – damit legte sie mir einen Stapel Papier auf den Schoß – anzuziehen. Ich entkleidete mich und schaute mir den Stoß an, der da vor mir lag. Ein Teil war recht einfach auszumachen. Es war eine Art Hemd, vorn offen, offensichtlich zur Brustuntersuchung. Das andere war ein sieben Meter mal ein Meter langes Teil, für das ich weiß Gott keine Verwendung finden konnte, und so öffnete ich es erst einmal. In diesem Moment kam Dr. Liu herein.

»Es muss wohl heute Ihr Geburtstag sein?«, fragte ich ihn.

Er schaute überrascht.

»Ich glaube, ich bin Ihr Geschenk, oder wofür habe ich sonst all dieses Einwickelpapier bekommen?«

Er lachte und erklärte mir, dass amerikanische Frauen das über ihre Beine legen, um den Arzt nicht zu sehen und auch nicht, was er da macht.

Komisch, dachte ich mir. Fühlen die das nicht?

Amerikanische Ärzte haben im Allgemeinen eine sehr interessante Art, mit ihren Patienten umzugehen. Es wird uns alles bis ins kleinste Detail erklärt. Jede Spritze wird vorher angekündigt, etwa:

»Also, ich werde Ihnen jetzt hier eine Spritze geben, das könnte etwas wehtun; und wenn dann die Medizin in Ihren Venen sich ausbreitet, dann wird es Ihnen wahrscheinlich heiß, und Ihr Po fühlt sich wie eingefroren an.« Ich merkte förmlich, wie sich alles schon vorher zusammenzog.

Als ich Jahre später eine Laseroperation für meine extrem kurzsichtigen Augen haben sollte, wurde mir genauestens geschildert, wo sie wann reinschneiden und was ich dann fühlen würde. Nachdem sie mir auch noch ein Video davon zeigen wollten, reichte es mir. Es ist schlimm genug, dass jemand meine Hornhaut kurzfristig abschnibbelt, aber ich will das nicht vorher in allen Einzelheiten sehen.

Der Grund dafür ist die Bereitwilligkeit der Amerikaner, alle gern zu verklagen. Deshalb versucht sich jeder abzusichern, und »der schlimmste Fall« wird geschildert: »Bei dieser Operation können Sie entweder sterben, ins Koma fallen, halb- oder ganzseitig gelähmt werden.« Das Ganze gemildert durch einen extrem vertrauenerweckenden Blick.

Bei einem Urlaub musste ich mal folgende Klausel unterschreiben: »Bei Wildwasserfahrten kann es passieren, dass Sie sterben, verschwinden oder extrem nass werden. Jede Art von Outdoor-Aktivität kann dazu führen, dass Sie einen oder mehrere Körperteile verlieren.«

Es entsteht manchmal der Eindruck, dass der Durchschnittsamerikaner nicht gern schuld ist. Schuld ist am liebsten der andere.

Ich bin gestolpert? Die Stadt hat die Bürgersteige zu hoch gebaut.

Ich habe einen heißen Kaffee beim Autofahren zwischen meine Beine geklemmt und mich dann beim Bremsen verbrüht? McDonald's hat den Kaffee zu heiß gemacht, und ich kriege 2,9 Millionen Dollar. (Wirklich in einem Fall passiert!)

Mein Kind hat sich am Spielplatz ein Bein gebrochen? Der Klettermast ist nicht sicher genug zusammengebaut. Der Architekt wird verklagt.

Einmal ist mir eine Frau ganz leicht hinten auf mein Auto draufgefahren. Ein paar Kratzer an der Stoßstange, sonst war nichts passiert. Ich wollte mich verabschieden, und die Frau konnte ihr Glück nicht fassen. »Sind Sie sicher?«, fragte sie mich immer wieder. »Ja, ich bin Deutsche. Machen Sie sich keine Sorgen. Wir verklagen nicht so schnell.«

Aber jetzt war ich erst einmal schwanger. Ich hörte von Lamaze-Kursen (ausgesprochen: »Lamaas«). Der Name wurde einem zugeraunt wie der Geheimtipp für ein tolles Restaurant. »Habt ihr euch schon zu einem Lamaze-Kurs angemeldet?«, wurden wir gefragt. Wir schauten uns überrascht an. Lamaze? Nie gehört. Ferdinand Lamaze, ein französischer Arzt, hat es hier in Los Angeles zu einiger Berühmtheit gebracht. Um ein Baby zu bekommen, ist es notwendig, vorher mit dem zukünftigen Vater einen Lamaze-Kurs zu besuchen. Der ist fast noch wichtiger als der Kindersitz, der im Krankenhaus vorzuzeigen ist, sonst darf man sein neugeborenes Kind nicht mitnehmen. Mit Lamaze lernt man zu atmen. So zu atmen, dass man eine natürliche Geburt erleben kann, ohne auf künstliche Schmerzmittel zurückzugreifen.

Was haben die Leute nur gegen Schmerzmittel? Wenn Männer Kinder kriegen müssten, dann würde der ganze Prozess schon längst in einer Art induziertem Koma stattfinden. Ich fand es faszinierend, dass wir acht Abende mit jeweils zwei Doppelstunden damit verbringen sollten, die höchstens 24 Stunden Geburt zu überstehen, aber dass es keine einzige geforderte Stunde gibt, um Erziehungsmethoden zu lernen, die immerhin mindestens die nächsten achtzehn Jahre betreffen und aus einem Kind einen hoffentlich emotional gesunden Menschen machen.

Zwei Monate vor der Geburt beginnen die Lamaze-Kurse. Wir trafen uns in einem Nebengebäude der Klinik, und die Stunde wurde von einer Krankenschwester gegeben. Es gab Filme und Bilder und Plastikbabypuppen, und uns wurde gezeigt, was uns erwartet. Das Herrliche für mich daran war, dass ich andere Mütter getroffen habe, die ebenfalls wie ich schwanger waren. Dann wurde geatmet:

Der Vater saß hinter der Mutter, während wir uns an ihn anlehnten und laut vor uns hin hächelten. Wir übten unser Lamaze-Atmen, das uns vor den größten Schmerzen bewahren sollte.

Amerikaner haben eigentlich nichts gegen Schmerzmittel. Deutsche sind da ein bisschen anders. Hier, in Los Angeles, ist man der Meinung, dass man Schmerzen nicht aushalten muss. Nimm was, wenn es dir weh tut. In Deutschland gewinnt eher das »Stell dich nicht so an«-Konzept. Bei Geburten ist das aber ein bisschen anders, da gibt es offensichtlich einen Geheimcode. Natürliche Geburt heißt: »Ich war tapfer genug und habe das alles, wie unsere Vorfahren schon vor Tausenden von Jahren, durchgestanden.« Und das wird dementsprechend bewundert.

Für die weniger Tapferen gibt es dann eben die diversen Schmerzmittel, und die werden einem von den Krankenschwestern regelrecht aufgedrängt, wie das Epidural. Eine Rückenmarksspritze, die einem während der Wehen so gesetzt wird, dass man quasi vom Unterleib an taub ist. Eine großartige Idee. Dummerweise machte ich mir Sorgen, ob die nicht aus Versehen danebenstechen und ich dann für den Rest meines Lebens gelähmt bin. Ein Problem, um das ich mich später kümmern wollte. Ich hatte ja noch Zeit.

Ich war gerade mal ein paar Wochen schwanger und kam kaum noch aus dem Bett. Bevor ich nach Amerika gekommen war, war ich ein Workaholic. Ich moderierte wie gesagt das Frühstücksfernsehen, das hieß um 4 Uhr aufstehen, ins Studio, Sendung von 6 bis 9 Uhr. Anschließend Konferenzen. Um 13 Uhr nach Hause. Essen. Kurzer Mittagsschlaf. 15 Uhr aufstehen. Vorbereiten für die Sendung. Einlesen, Interviews vorbereiten, Vorgespräche. Recherchen. 22.30 Uhr Tagesthemen. 23 Uhr ins Bett. Und das sechs Tage die Woche. Wenn ich eine Woche frei hatte, dann moderierte ich in anderen Städten andere Sendungen. Mein Körper war erschöpft, und als ich schwanger wurde, drehte er mir den Saft ab.

Mein Tagesablauf sah mittlerweile so aus (meine Englischstunden auf einmal die Woche für zwei Stunden reduziert):

8.00 Uhr: kurz den Kopf heben, um Richard zu verabschieden, der ins Büro fuhr.

12.00 Uhr: aufstehen und Zähne putzen und dann vor lauter Erschöpfung einfach nur noch mal kurz hinsetzen und die Kekse anknabbern, die ich wegen der Morgenübelkeit gleich neben dem Bett plaziert hatte.

15.00 Uhr: Irgendwie muss ich noch mal eingeschlafen sein. Jetzt wird es aber Zeit, was zu essen. Im Schlafanzug in die Küche. Frühstück/Mittagessen.

15.30 Uhr: ein paar Telefonate erledigen und Faxe schicken. Staubsaugen. Küche aufräumen. Wäsche in die Waschmaschine.

16.30 Uhr: kurz mal hinsetzen.

18.00 Uhr: O Gott, ich muss eingeschlafen sein! Wie viel Uhr ist es? Duschen, anziehen, jede Menge Rouge. Damit ich nicht so aussehe, als ob ich den ganzen Tag nichts getan hätte.

Ich war müde. Und ich konnte nichts dagegen tun. Es war so, als ob mein Körper mir sagen wollte: »Wenn wir hier nicht massiv zurückfahren, dann kriegen wir das Baby nicht groß. Und da du das freiwillig nicht machen willst, stellen wir dich erst einmal ruhig.«

Richard machte sich Sorgen. Wenn ich mal wieder um 20.30 Uhr todmüde über meinem Teller hing, versuchte ich ihn mit erschöpfter Stimme zu überzeugen: »Ich bin normal nicht so. Du wirst sehen. Ich bin eigentlich immer fleißig.« Und damit verabschiedete ich mich und kroch ins Bett.

Wir wollten uns beide überraschen lassen und das Geschlecht unseres Kindes nicht vor der Geburt herausfinden. Zwangsläufig kommt die Frage nach einer Beschneidung auf. In Amerika wird der Durchschnittsschniedel beschnitten. Aus Sauberkeitsgründen. Ich bin der Meinung, wenn man die Ohren waschen kann, dann kann man auch den Penis sauber kriegen. Fast ganz Europa scheint ja damit kein Problem zu haben. Wie gesagt: Muss denn nach dem

Drama der Geburt wirklich dringend notwendig auch noch ein Teil von der Vorhaut abgeschnitten werden? Ist das wirklich der richtige Einstieg in die Welt: »Ja, Schatz. Gewöhn dich dran. Es ist nicht mehr so gemütlich wie in Mamas Bauch. Zuerst musst du dich durch die Hüften quetschen, dann wird dir der Mund ausgespült, dann wirst du sauber geschrubbt wie ein gebrauchtes Auto, und dann … schneiden wir dir noch ein Stück Haut ab. Aber das merkst du gar nicht. Übrigens, willkommen in der Welt.«

Achtung: Die männlichen Leser werden an dieser Stelle wahrscheinlich die Beine überkreuzen.

Da es bei uns ja auch keine religiösen Gründe gab, fühlten wir uns hier nicht verpflichtet.

Eine Bekannte entschloss sich mit folgender Begründung dafür: Wenn der kleine Bub schon große Schwierigkeiten hat, dass seiner nicht so groß wie Papas ist, dann soll er wenigstens nicht auch noch anders ausschauen. Auch ein Argument. Ich hätte nie gedacht, dass ich mal in den kreativen Prozess einer Penisgestaltung eingreifen müsste.

Ein paar Jahre später rief mich eine amerikanische Bekannte von einer Reise mit ihrem neuen französischen Liebhaber an. Nach einigem Hin und Her merkte ich, dass ihr etwas auf dem Herzen lag.

»Ist alles okay?«, fragte ich sie.

»Nein, nicht wirklich. Ich glaube … er hat irgendeine Krankheit.«

»Was hat er denn?«, fragte ich nach.

»Keine Ahnung. Irgendwas ist bei ihm *unten* nicht in Ordnung.«

»Was stimmt denn da nicht?«

»Kann ich dir nicht genau erklären.« Sie druckste herum. »Er sieht irgendwie krank aus.«

Ich hatte einen Verdacht.

»Bist du in der Nähe eines Faxgeräts?«, fragte ich sie.

»Ja, hier im Hotel ist ein Businesscenter.«

»Okay, ruf mich mit der Faxnummer zurück und dann bleib daneben stehen, bis du das Fax bekommen hast. Versprich mir das, ja?«

Ich machte eine kurze Zeichnung und schickte sie per Fax. Eine Minute später klingelte das Telefon: »Ja, genau. So sieht er aus! Was hat er denn?«

»Willkommen in Europa«, meinte ich nur. »Fast alle Männer dort schauen so aus.«

(PS an den verehrten Leser, die verehrte Leserin: Letzteres ist natürlich keine persönliche Erfahrung, ich habe nur davon gehört …)

»Das ist normal? Er ist nicht krank?«

Als ich das bestätigte, hörte ich nur noch ein freudig aufgeregtes »Ich muss los« und »Klick«.

Seitdem hatte sie sehr viel mehr Freude an ihrem französischen Liebhaber.

Richard und ich verschoben die Entscheidung über Beschneidung oder nicht erst einmal auf später. Wir hatten eine Chance von fünfzig zu fünfzig, dass das Kind ein Mädchen würde und sich uns das Problem nicht stellte.

Mittlerweile mussten wir aber unser Haus auf das beschnittene oder unbeschnittene Kind vorbereiten. Und dazu gibt es *childproofing experts*, also Leute, die dafür sorgen, dass das Kind sich weder den Kopf an einer spitzen Kante anhaut noch mit irgendwelchen scharfen Objekten in einer Steckdose herumhantiert. Das ist ein Beruf. In Kalifornien.

Mir wurde einer empfohlen. Ich machte einen Termin mit ihm aus, und er kam zu uns nach Hause. Er war so arrogant, dass es eine Weile dauerte, bis er sich äußerte. Er betrachtete uns und ging kopfschüttelnd durch das Gebäude. Gelegentlich zog er verschreckt die Luft ein und ließ uns mit einem »Oh, no« dubios in der Luft hängen. Wir folgten dann seinem Blick, um ungefähr zu erahnen, was ihn da in so großen Schrecken versetzt hat. Der Blick zur Treppe rauf und runter, das war klar. Die Balustrade, von der man vom oberen Stockwerk nach unten ins Wohnzimmer sehen konnte, war uns als potenzielle Todessturzschanze natürlich auch schon aufgefallen. Warum er allerdings das Telefon im Kinderzimmer mit einem Kopfschütteln und einem »Ts, ts, ts« bedachte, wurde uns erst später klar, weil er uns dann irgendwann einmal gnädigerweise aufklärte, dass sich das Kind an der Schnur erdrosseln könnte. Wollen wir hoffen, dass es nicht so blöd ist.

»Also, wenn das Baby hier das erste Jahr überlebt, dann ist es ein Wunder«, meinte er herablassend.

»Dafür haben wir ja Sie«, meinte Richard kühl, um ihn wieder auf eine normale Größe zu stutzen. Drei Stunden später waren wir aufgeklärt. Jede Schranktür wurde versiegelt und war nur durch komplizierte Drück-schieb-und zieh-Mechanismen zu öffnen. Die Toilette – hoffentlich muss niemand dringend – war so schwer zu öffnen wie Schlaftablettenverpackungen aus der Apotheke. Jede scharfe Kante bekam einen weichen Gummiüberzug. Jede der un-zähligen Steckdosen einen Rotierungsverschluss. Als er uns für den Kühlschrank ein Schloss andrehen wollte, meinten wir einstimmig: »Das Risiko nehmen wir auf uns.« Dafür ernteten wir einen Blick, der uns sagte: »Na, Sie werden schon sehen, was Sie davon ha-ben.«

Bei einem Blick auf die Rechnung merkten wir, wie teuer es wird, hier ein Kind zu bekommen. Allein das *childproofing* machte schon 580 Dollar!

Willkommen in Hollywood.

11. Makler, Abfallvernichter und die lange Suche nach einem ländlichen Haus in Beverly Hills

Gegen Ende der Schwangerschaft kam auch meine Lebenskraft zurück. Offensichtlich war das Kind gesund und groß genug, dass sich mein Körper wieder mehr auf mich verlassen konnte. Richard und ich hatten beschlossen, uns nach einem neuen Zuhause umzusehen. Vielleicht doch lieber einstöckig.

Ich hatte noch nie in meinem Leben eine Immobilie gekauft und versuchte, es mir nicht anmerken zu lassen. Jeder scheint hier neben einem Doktor, einem Friseur und einer Maniküre auch einen »Real Estate Agent«, also einen Immobilienmakler, zu haben. Als ich mich bei Bekannten etwas umgehört hatte, wurden mir diverse empfohlen, jeweils mit den Worten »I love my agent«. Mittlerweile hatte ich mich ja schon daran gewöhnt, dass wir jeden lieben, der uns hilft, und ich war bereit, ihn oder sie auch zu lieben, wenn ich dafür ein passendes Haus fände.

Das Makeln hier ist gänzlich anders als in Deutschland. Hier hat man natürlich auch mehr zu verkaufen, weil die Kalifornier die Angewohnheit haben, ihr Haus ihrem Lebensstandard anzupassen, und der ändert sich, besonders in dieser Stadt, äußerst schnell.

Da kann bei einem bislang erfolgreichen Produzenten mit einem Vier-Schlafzimmer-und-fünf-Badezimmer-Haus über Nacht gerade noch genug Geld für ein Apartment übrig bleiben (Wohnzimmer und Küche etc. werden nie mitgerechnet, nur die Summe der Schlafzimmer spielt einen Rolle, vom Rest geht man aus). Ein bis dato unbekannter Schauspieler bekommt die Rolle seines Lebens und wird auf die »A-Liste« katapultiert – schon braucht er ein neues, natürlich größeres Domizil.

Ein Kind mehr: ein neues Haus.

Kinder im College: wieder ein neues Haus, diesmal kleiner.

Jeden Dienstag und Sonntag werden die Häuser, die zum Verkauf stehen, für ein paar Stunden zur Besichtigung aufgemacht. Man erkennt die Häuser daran, dass vor ihnen kleine Fahnen mit der Aufschrift »Open House« wehen. Jeder Real Estate Agent in dieser Stadt kennt alle Häuser und Apartments, die zum Verkauf stehen. In Deutschland gibt es so eine allgemeine Informationsquelle nicht, was bedeutet, dass jeder Makler »seine« Häuser beschützt, damit sie ihm kein anderer Kollege »wegnimmt«. Maklergebühren werden vom Verkäufer bezahlt. In der Regel 5 bis 6 Prozent des Verkaufspreises. Das ist verhandelbar. Da jeder Verkäufer und jeder Käufer seinen eigenen Makler hat, teilen sich die beiden Makler die Gebühr. Deshalb ist es beiden recht, wenn sie so viele andere Kollegen wie möglich kennen, denn je schneller ein Haus verkauft wird – umso besser.

Richard wollte unbedingt wieder auf die Hügel. Dort ist es ruhiger. Die Häuser stehen weiter auseinander. Man hört keinen Nachbarn im Garten nebenan reden, und kein Hot-Dog-Barbecue-Geruch dringt zu einem herüber. Es ist dort *private* – etwas, was besonders Kalifornier zu schätzen wissen. Ich brauchte es nicht so privat. Ich habe gern Nachbarn um mich herum, und da ich mich an die Kriminalitätsrate in Los Angeles noch nicht gewöhnt hatte (1053 Ermordete in L.A. und Umgebung in jenem Jahr), war mir ein bisschen weniger Privatsphäre eigentlich gerade recht. Ich wäre am liebsten in ein Apartment am Sunset Boulevard gezogen. Eines von denen, die meine Freundin Carolin für die paar Monate gemietet hatte, als sie auf die Geburt ihres Sohnes Kelly wartete. Ihres war über dem Sunset Plaza – zwischen Beverly Hills und West Hollywood – und hatte wenigstens ein einigermaßen europäisches Flair, so dass ich dort gern erst einmal ein oder zwei Jahre verbracht hätte. Ich wollte die Stadt ja erst kennenlernen und hatte keine Ahnung, in welcher Richtung ich mich orientieren sollte. Da Richard seinen Tag entweder in fremden Ländern oder im Valley – wo die meisten

Filmstudios sind – verbrachte, wollten wir nicht zu weit weg wohnen. Das Valley, an das ich mich gern gewöhnt hätte, besonders die Hügelseite, kam für Richard nicht in Frage. Es war ihm zu heiß.

Also wohin? Viel Auswahl blieb uns nicht. Alles musste östlich vom 405 Freeway liegen, sonst hätte sich Richards Fahrzeit von einer halben Stunde ins Büro leicht verdoppelt.

Die Hügel von Bel Air, Beverly Hills, West Hollywood oder Hollywood – das waren unsere Optionen. Hollywood war damals ein schreckliches, unsauberes touristisches Nirwana. Ich traute mich nachts kaum von meinem Berg runter – Richards erstes Haus war in Hollywood – und konnte mir nicht vorstellen, mit meinem Kinderwagen zwischen den Touristen-Sexshops, den Drogenabhängigen und den vielen Obdachlosen spazieren zu fahren. Von hier wollte ich auf jeden Fall weg. Doch wohin? Hilfe kam von Ron de Salvo, unserem Real Estate Agent. Er war Mitte vierzig, dunkelhaarig, charmant und sehr sympathisch. Das Verhältnis zwischen »seinem« Real Estate Agent lässt sich mit dem eines Arztes oder Anwalts vergleichen. Er ist auf »unserer« Seite. Er wird uns beraten und sagen, wo wir hinziehen sollen und wo nicht. »Location, location, location« (Standort, Standort, Standort) ist das Mantra jedes Maklers. Lieber das kleinste Haus an einer teuren Straße als das teuerste Haus an einer billigen. Häuser sind hier Geldanlagen. Es ist die Sicherheit in einer unsicheren Welt. Und eine klug gekaufte Immobilie kann einem beim Wiederverkauf viel Gewinn einbringen. Der Makler sieht, ob und was an dem Haus nicht stimmt, er verhandelt für uns, und er wird dieses Haus, das wir jetzt hier irgendwann einmal kaufen, ein paar Jahre später wieder mit uns verkaufen. Damals konnte ich mir das noch nicht vorstellen. Natürlich behalten wir das Haus für eine lange Zeit. Was für eine seltsame Angewohnheit, Häuser wie Autos zu verkaufen? Ich konnte es mir nicht vorstellen.

Ron ist schon seit mehr als zwölf Jahren im Real-Estate-Business und weiß, wer wann was für wie viel verkauft oder gekauft hat. Er klärte mich auf, dass es selbst an Straßen-»Blocks« – also der

Gesamtheit der Häuser, die zwischen zwei Seitenstraßen stehen – Teile gibt, in denen »man« nicht wohnt. Er weiß, wer die Nachbarn sind und warum das Haus drei Jahre zuvor verkauft worden ist. Er weiß von Häusern, die bald zum Verkauf stehen, und von solchen, bei denen man die Besitzer vielleicht überreden kann. Er weiß einfach alles. Ich dagegen wusste nichts. Ich wusste nicht einmal, wohin ich ziehen wollte. Ich wusste nicht, welche Gegenden mir gefallen, und ich wusste nicht, unter welchen Gesichtspunkten man ein Haus kauft. Ich dachte mir, wenn es uns gefällt und wir es uns leisten können, dann kaufen wir es eben.

Ron schüttelte den Kopf. »Schau«, meinte er, »es kommt darauf an, ob es in der richtigen Gegend liegt und die richtige Ausstattung hat. Um ein Haus hier erfolgreich wiederzuverkaufen, muss es bestimmte Kriterien erfüllen.«

»Und die wären?«

»Es muss Holzböden haben, das Bad muss aus Marmor sein, wir brauchen mindestens drei Schlafzimmer und vier Bäder und selbstverständlich einen offenen Kamin im Wohnzimmer sowie im *Master*-Schlafzimmer. In der Küche unbedingt Sub-Zero-Kühlschränke, und am besten einen *industrial stove*.«

»Einen Industrieherd? Was ist denn das?«

»Einen von den Herden, die man auch in Restaurantküchen findet. Bevorzugt aus Stahl.«

Sehr gemütlich, dachte ich mir. Wir saßen in seinem sehr schicken Mercedes-Cabrio, und er fuhr mit mir die Gegenden ab, die in Frage kommen. Als Erstes fuhr er mit mir nach Bel Air. Bel Air hat zwei riesige Einfahrttore. Das östliche und das westliche, was man nur daran erkennt, dass es draufsteht. Mittendrin das wundervolle Bel Air Hotel, das romantisch in diesen Hügeln liegt und gern für Hochzeiten reserviert wird. Wir fuhren durch das eine Tor hinein und – wie es schien – Jahre später durch das andere wieder hinaus. Ich war gealtert. Ich kam mir vor wie achtzig. Diese Gegend lässt einen schwächeln. Außerdem hatte ich völlig die Orientierung verloren. Jede Straße teilt sich in zwei weitere Straßen, die sich wiederum in zwei Straßen teilen. Das Einzige, was noch ein bisschen hilft, sind die verschiedenen elektrischen Einfahrtstore. Manche hatten Steinrahmen, einige solche aus Metall, manche waren hell, andere dunkel. Doch eines hatten sie fast alle gemeinsam: Man konnte nicht hindurchschauen. Man sah über den dicken, hohen Büschen oder Mauern gelegentlich verschämt ein Dach hervorlugen, aber so gut wie nie das Haus dahinter. Es machte den Eindruck, als ob bis auf die Gärtner niemand hier lebte. Es gab keine Läden, keine Plätze, keinen Park. Es gab keine Gehwege und keine Vorgärten. Dafür jede Menge Mauern, dicke, undurchsichtige, hohe Büsche und einzelne Hunde, die bellten, wenn man mit dem Auto vorbeifuhr.

Hier will ich nicht leben. Außerdem würde ich mein Haus nie wiederfinden. Ich strich Bel Air energisch von der Liste.

Dann machten wir uns auf den Weg nach West Hollywood. Hollywood ist eingeteilt in Hollywood, North Hollywood, East Hollywood und West Hollywood. Was mit South Hollywood passiert ist, weiß kein Mensch. Das gibt es einfach nicht. Es gab eine Gegend in West Hollywood, die mir sehr gut gefiel. Südlich vom Sunset Boulevard. Am Santa Monica Boulevard. Es hatte gemütliche Häuser, Cafés, Restaurants … fast wie eine richtige Stadt.

Ron grinste: »This is our gay community.«

Gay heißt nicht nur »homosexuell«, sondern auch »fröhlich«. Er hat das erste gemeint. Mich hätte es nicht gestört. Selten sind Frauen sicherer als in schwulen Gegenden, aber dummerweise war West Hollywood südlich von Sunset eben nicht in den Hügeln. Die Hügel von West Hollywood, die gibt es hier auch, waren extrem steil. Steiler noch als in Hollywood, wo wir im Moment wohnten. Also, der Kinderwagen wäre nur mit schweren Schulterhalftern am Abrutschen gehindert worden. Und hier in West Hollywood – am Sunset Boulevard – wimmelt es von Clubs, die zu meiner Zeit »Diskotheken« hießen.

Außerdem ist meine neue Freundin Elyssa, die Schauspielerin, dort gerade in ihrem Haus überfallen worden. Sie fuhr eines Abends gegen 22 Uhr nach Hause und öffnete ihre Garage. Hier in Kalifor-

nien – wie fast überall in den Staaten – befindet sich eine Tür innerhalb der Garage, die in die Küche führt. Sehr praktisch für den Einkauf. Man muss die ganzen Tüten nicht durch den Vordereingang
schleppen. Gerade als sie aus dem Wagen stieg, sprang ein Mann mit
gezogener Waffe in die Garage und schrie: »Open the door«, und
damit meinte er die Küchentür, denn er wollte ins Haus.

Elyssa, eine äußerst schnell und klug denkende Frau, schmiss
ihre Tasche nach draußen und schrie: »Mein Geld ist in der Handtasche!«

Der Kerl, etwas verwirrt, drehte sich um, lief nach draußen, um
die Tasche zu finden, und Elyssa rannte in die Küche, sperrte die
Tür ab und rief »911« – die Notfallnummer der Polizei.

Als mir Elyssa davon erzählte, kam ich mir vor, als würde ich
gerade eine Geschichte aus einem Krimi hören. Ich hatte bis dato
noch nie jemanden getroffen, der eine Pistole aus der Nähe gesehen
hatte, geschweige denn damit bedroht wurde. Für Elyssa war es
nicht das erste Mal. Ein paar Jahre vorher ist sie in New York überfallen worden. Ebenfalls mit einer Pistole.

Ist das normal? Wird mir das auch passieren? Elyssa erzählte die
Geschichte von ihren zwei Angriffen mit dem einer guten Schauspielerin entsprechenden Talent und Drama, machte dabei aber doch eher
den Eindruck, als ob das normal sei und ich mich eben darauf vorbereiten müsse. Sie war es auch, die mir dringend nahelegte, immer und
unter allen Umständen die Autotüren von innen zu verschließen. Ob
ich noch nicht gehört hätte, dass immer mehr Diebe an Ampeln einfach die Tür aufreißen, dich zwingen auszusteigen und dann mit deinem Auto plus deiner Handtasche losfahren?

Nein, das hatte ich noch nie gehört.

Ich war noch zu sehr damit beschäftigt, die *drive-by shootings*
zu verdauen oder, die Teenagervariante, dass Steine von Brücken
auf die fahrenden Autos geschmissen werden. Elyssa machte eine
Kunstpause und warf einen Blick auf meinen schwangeren Bauch:
»Und pass bloß auf, wenn du mit dem Kind unterwegs bist. Das
nehmen sie dann einfach mit.«

Ich legte meine Hand schützend auf meinen Bauch und schwor mir, nie mehr mit unverschlossener Tür zu fahren. Dabei erinnerte ich mich an eine Warnung des ADAC, dass dies gefährlich sein kann, weil man bei einem Unfall die verschlossene Tür von außen nicht öffnen kann. Was soll's? Lieber sterben wir bei einem Unfall gemeinsam im Auto, als dass ein Dieb mit meinem Neugeborenen wegfährt.

Natürlich passieren solche Sachen überall, nur: Für mich war West Hollywood das Epizentrum, und deshalb fühlte ich mich nicht gerade dorthin gezogen, aber ich wollte noch nicht aufgeben. Ron fuhr mit mir in den Laurel Canyon hinein. Der Laurel Canyon windet sich durch die Hügel, über den Mulholland Drive runter und verbindet, wie die anderen Canyons auch, Los Angeles mit dem Valley und damit den Filmstudios. Wir fuhren den Canyon entlang, damit ich mich ein bisschen umschauen konnte. Die Häuser klebten an den Hügeln, und ich stellte mir vor, wie das erste Erdbeben sie wie Kirschen von den Bäumen runterschüttelt.

Funky nannte Ron diese Gegend. Und auch ohne Wörterbuch war mir klar, was er meinte: Das hier war ein köstliches Gemisch aus der Flower-Power-Zeit. Das künstlerische Flair war förmlich herauszuschmecken. Alles ein bisschen heruntergekommen, leicht schäbig und »Boheme«. Auf dem halben Weg hoch zum Mulholland gab es sogar einen kleinen Laden mit einer Reinigung, doch auch hier mal wieder keinerlei Gehwege. Ich wollte mich gerade damit anfreunden, als mich Ron auf die Höhe der Hügel aufmerksam machte. »Im Winter ist es hier recht dunkel. Du hast dann vielleicht von 11 bis 14 Uhr Licht.«

Um Gottes willen! Daran hatte ich natürlich überhaupt nicht gedacht. Ron fuhr wieder zurück Richtung Sunset Boulevard und bog kurz vorher nach links ab. Ich starrte auf zwei weiße Säulen, die ein riesiges Schriftbild trugen, das mir in Buchstaben, die altgriechisch ausschauen sollten, erklärte, dass ich jetzt auf den »Mount Olympus« fahre. Mount Olympus?

Obwohl ich mich brav neben Ron auf dem Sitz hielt und auch

aufmerksam die Häuser anschaute, hatte ich innerlich mit dieser Gegend auf jeden Fall abgeschlossen. Das halt ich nicht aus, täglich an diesem Schild mit der Aufschrift »Mount Olympus« vorbeizufahren. Da schäme ich mich zu sehr.

Ron schaute mich aufmunternd an. Ich schüttelte den Kopf und schaute kurz auf das Schild. Ron nickte. Er verstand mich. Er verstand mich so, wie mein Arzt mich versteht. I love my Real Estate Agent.

Als Nächstes: Beverly Hills.

Beverly Hills? Ich weiß nicht, muss das sein? Leben wollte ich dort eigentlich nicht. Ich wollte, dass unser Kind irgendwie normal aufwächst, was in dieser Stadt sowieso nicht einfach ist, aber Beverly Hills? Es war mir schon peinlich genug, dass meine Adresse im Moment »Hollywood, Kalifornien« war; dass es »Beverly Hills, Kalifornien« werden konnte, das mochte ich mir erst gar nicht vorstellen.

Ron wollte es mir trotzdem zeigen. Die Flats, also die flache Gegend südlich vom Sunset, gibt es zweimal. Einmal zwischen Sunset und Wilshire Boulevard. Und dann die kleinere und weniger teure Version von Wilshire Boulevard südlich bis zum Olympic Boulevard. Wenn man bedenkt, dass man *in walking distance* – also »auf Steinwurf« – nahe den teuersten Geschäften wohnt, kann das allerdings auch sehr kostspielig werden. Am Sunset Boulevard ist das berühmte Beverly Hills Hotel, und dahinter beginnen die Hügel von Beverly Hills. Beverly Hills wurde erst 1906 geboren, benannt nach einer Stadt in Massachusetts, der es ähnlich werden sollte, was nicht passierte. Das Land war vorher als *new Spanish* angesehen worden und gehörte dann auch mal zu Mexiko. Nach einem kurzen Ölboom, der nicht viel brachte, sollte Beverly Hills eher als ländliches Gebiet entwickelt werden.

Das Faszinierende an den Häusern war, dass jedes anders aussah. Viele davon sind im spanischen Stil gebaut, mit einem kleinen Innenhof, Springbrunnen und kleinen Fenstern, um die Hitze draußen zu lassen. Da gibt es die imposanten weißen Häuser mit großen, massiven Säulen und innen ganz in Marmor, die von den Persern, die nach dem Sturz des Schahs in Massen nach Los Angeles kamen, bevorzugt wurden. Flache, moderne Gebäude, die wie Schuhkartons aussehen. Kleine, verwunschene Häuser mit einem *front porch*, also einer Terrasse davor, häufiger in den Südstaaten zu finden als hier. Wir haben Tudorhäuser, deren Ahnen in England stehen, mit einem Ziegelbau, der hier immer sehr deplaziert aussieht. Hier ist ein Architekt eindeutig weniger reglementiert als beim deutschen Hausbau.

Im Gegensatz zu Bel Air war Beverly Hills nicht eingemauert, und die Vorgärten machten den Eindruck, als ob hier tatsächlich jemand lebte. Die Straßen waren zwar relativ leer, aber doch sah man ab und zu jemanden joggen oder seinen Hund spazieren führen. Die Hügel gingen sanfter den Berg hinauf. Es gab sogar den einen oder anderen Park und Straßen, die mit Palmen umsäumt waren. Andere mit Ahornbäumen, Ulmen oder Eschen.

Der nächste Canyon, in den Ron mich führte, war der Coldwater. Sehr viel weniger *funky* als der Laurel Canyon daneben. Ich konnte es kaum glauben: Am Eingang zum Canyon gab es doch glatt einen Kinderspielplatz mit einer großen Wiese dabei und einen kleinen passenden Kindergarten. Der Canyon begann mit einem sanften Aufgang und verfügte über Bürgersteige. Selten habe ich mich so gefreut.

Die nächsten Wochen verbrachte ich mit Ron. Er war neben meinem Mann derjenige, den ich am häufigsten sah. Jede Woche kamen neue Häuser auf den Markt, und dienstags und sonntags fuhren wir los.

Ich rechnete den Dollar immer noch in D-Mark um und konnte es nicht fassen, wie teuer diese Stadt ist. Ein Haus für eine Million Dollar war nicht selten eine Bruchbude und der Garten so groß wie ein Handtuch. Für denselben Preis bekam man in Wisconsin drei Berge, einen Fluss und diverse Haupt- und Nebengebäude.

Andere Häuser dagegen sahen wie Hotels aus. Eingangstür groß. Nicht selten ein Brunnen in einer Art Eingangshalle und eine geschwungene Treppe nach oben. Unten Küche, Wohnzimmer und *family room.* Die Sache mit dem Familienraum musste mir noch erklärt werden, ich dachte irrtümlich, dass man dafür doch das Wohnzimmer habe. Aber nein, das Wohnzimmer wird eigentlich nur für Gäste aufgemacht. Das erinnerte mich an die gute Stube in den Bauernhäusern Bayerns, die auch nur für solche Gelegenheiten geöffnet werden. Ansonsten hält man sich im family room auf. Dort ist der Fernseher, da sind die gemütlichen Couchen, da hat man die Bücherregale.

Oben im ersten Stock – in den Staaten ist das der zweite, das Erdgeschoss der erste – sind dann die Schlafzimmer mit den diversen Bädern.

Fast alle Häuser wirkten sehr steril auf mich. Sie waren entweder sehr modern und kalt oder total heruntergekommen und moderten still und leise vor sich hin. Ich suchte etwas, was Ron mit *country house* – also etwas Ländliches – übersetzte, und dieser Stil war damals nicht in Mode. Viele Häuser waren perfekt eingerichtet. Da gab es die großartigsten Blumenarrangements, die man in dieser Üppigkeit sonst nur als Seidenblumendekorationen findet. Selbst die Familienfotos sahen gestellt aus.

Als ich Ron darauf ansprach, schaute er überrascht. »Oh, das ist die Handschrift der Innenarchitekten.« In die Welt dieser Berufsgruppe war ich bisher nicht vorgedrungen. Ich richtete meine Wohnungen immer noch selbst ein, und das war es auch, was mir in all diesen Häusern fehlte: das Unperfekte. Dies durfte sich nur ungestört in den *family rooms* aufhalten.

Ron zeigte mir auch Häuser, die in sogenannten *gated communities* waren. Das bedeutet, dass sich vor einer bestimmten Häusergruppe, gelegentlich auch einer Einbahnstraße, ein riesiges Tor mit einem nicht zu kleinen Pförtnerhaus befand. Dies war die einzige Ein- und Ausfahrt. Jeder Gast musste sich ankündigen. Dann ruft der Pförtner ins Haus hoch und erkundigt sich, ob Besuch erwartet wird. Inzwischen sitzt man tatenlos im Auto herum und kommt sich wie ein potenzieller Einbrecher vor, bis man dann großzügig hineingewinkt wird. Nicht selten wohnten hinter diesen *gated commu-*

nities Berühmtheiten, die auf der Karte »Map to the Stars« zu finden waren und keine Lust hatten, dreimal am Tag einen Bus mit Touristen vor ihren Häusern stehen zu haben. Das konnte ich gut verstehen. Das Problem hatte ich nicht. Mich suchte hier keiner.

Und obwohl ich in Los Angeles doch mehr Angst als in München oder Hamburg hatte, konnte ich mich mit der Idee eines großen Eingangstors überhaupt nicht anfreunden. Ich würde mich dahinter wahrscheinlich eher eingesperrt fühlen als sicherer, und so verzichtete ich auf weitere Besichtigungen.

Ron versuchte, mich zu beraten: »Du wirst dich hier so sicher fühlen«, meinte er und erklärte mir noch, wie viel besser wir unser Haus verkaufen können, wenn es in einer *gated community* liegt. Es war nichts für mich. Außerdem, wer will denn schon ans Verkaufen denken? Ich bin doch noch nicht einmal eingezogen.

Endlich fanden wir was. Die Besitzer waren gerade verstorben, und an einer Seite des Hauses sah man die Überreste eines Hühnerstalls. Es war auf jeden Fall *country*. Es war ums Eck gebaut und hatte einen herrlichen Blick auf Los Angeles. Der Pool war nierenförmig in der Mitte – den entsetzten Augenaufschlag unseres *Childproofing*-Experten konnte ich mir vorstellen. Wohnraum, Esszimmer und Küche gingen harmonisch ineinander über. Von außen sah es ein bisschen mitgenommen aus. Innen war es unsäglich verplüscht, mit mittlerweile blassen Blumentapeten und hohen, dicken Teppichen, die irgendwann einmal blau gewesen sein müssen. Das Schlafzimmer wie das Esszimmer waren halbrund, ein Teil vom Wohnzimmer ebenfalls. Die Bäder alle sehr klein, aber, so versicherte mir Ron, da lässt sich noch was anbauen. Es hatte zwei Schlafzimmer, ein Zimmer, das als Büro benutzt werden konnte, und eine kleine Abstellkammer, die mir als *maid's room* präsentiert wurde. *Maid* heißt »Putzfrau«, und ich konnte mir nur vorstellen, dass sie hier ihre Utensilien unterbringt. Nein, so klärte mich Ron auf. Viele Häuser hätten solch einen Raum, in dem die Haushälterin dann wohne.

»Wohnt?«, fragte ich entsetzt. »Dieses Kämmerlein ist doch viel zu klein. Da passt ja gerade mal ein Bett rein.«

Ron zuckte mit den Schultern. Wir hatten keine Pläne, dass eine Haushaltshilfe bei uns wohnt. Was wir allerdings brauchten, war ein Gästezimmer, und dieses war auf jeden Fall zu klein.

In Kalifornien sind Gästezimmer nicht selten Häuser. Man mag seinen Besuch, aber nicht so nah. Auch bei diesem Haus schlug Ron sofort vor, ein Gästehaus rechts neben der Garage anzubauen.

»I think it is a tear down«, meinte Ron, was so viel bedeutet wie, dass man das ganze Haus abreißt und etwas Neues draufbaut. Wie kann man ein Haus kaufen, um es anschließend abzureißen? Er meinte, es komme auf das Grundstück an und es sei manchmal billiger, alles abzureißen, als mühsam umzubauen. Mir war nicht klar, wie häufig das hier gemacht wird. In dieser Riesenstadt Los Angeles gibt es nur knapp 900 Häuser und Gebäude, die unter Denkmalschutz stehen. Die meisten können – nach vorheriger Erlaubnis – einfach abgerissen werden. Ich fand dieses ländliche Haus gerade schön. Es war nur zehn Minuten vom Kinderspielplatz beim Coldwater Canyon entfernt, hatte den schönen Straßennamen »Lago Vista« (Blick auf den See) – den es natürlich nicht gab – und sah so aus, als ob es nette Nachbarn hätte. Es war gemütlich, warm und nicht zu groß. Und es hatte Fenster, die nach Vorhängen geradezu schrien. Genau das Richtige. Ich war überrascht, dass es auch Richard gefiel, weil es doch so ganz und gar nicht seinem alten Haus entsprach, aber wir spürten, dass wir uns hier wohl fühlen würden.

Ein paar Wochen später stellte sich heraus, dass Ron mit seinem *Tear-down*-Urteil gar nicht so falsch gelegen hatte. Der Umbau war nicht viel billiger als ein Neubau. Vieles musste erneuert werden, und nachdem wir mit einem Architekten Pläne geschmiedet hatten, wussten wir, dass wir zirka neun Monate brauchen würden, bis wir einziehen könnten. Ich fand es äußerst passend, dass auch die Geburt unseres neuen Zuhauses neun Monate dauern sollte.

Wir hatten einiges vor. Der Pool musste zugeschüttet werden, weil er dem Anbau des Familienzimmers im Weg stand. Natürlich planten wir das neue Bassin am Ende des flachen Teils auf dem hinteren Grundstück rechteckig, damit man es auch mit einem sogenannten *pool cover* verdecken konnte, um gerade Unfälle mit Kindern zu vermeiden. Wir wurden dazu verpflichtet, Betonpfähle tief in die Erde zu rammen, damit uns der Pool beim ersten Erdbeben nicht den Hang hinunterrutscht und nicht unten, am Ende unseres Grundstücks hundert Meter tiefer, die Nachbarn beim Frühstück überrascht. Die Küche wurde mit einem halbrunden Anbau erweitert, um für den berühmten *family room* Platz zu machen, der bei mir einfach nur »große Küche« hieß. Ich mochte immer schon Küchen, in denen man auch gemütlich sitzen konnte. Und auf der anderen Seite der Garage kam ebenfalls ein halbrunder Bau mit einer kleinen Terrasse dran, inklusive eines Badezimmers und einer kleinen Küche für den – hoffentlich – recht zahlreichen Besuch aus Deutschland. Habe ich bereits erwähnt, dass ich weder ein Haus gebaut noch umgebaut hatte, dass ich die Sprache kaum verstand und keine Ahnung hatte, welche *hinges* (Scharniere für die Schränke) ich aussuchen musste? Zusätzlich war ich mittlerweile im achten Monat schwanger, und mir stand ein weiteres Abenteuer bevor, von dem ich auch keine Ahnung hatte.

Ich dachte allerdings an meine Nachbarn. Ich hatte vier, die den Krach und den Staub des Umbaus über neun Monate mitkriegen. Ich schickte allen vieren einen großen Blumenstrauß mit einem Brief, in dem ich uns vorstellte und um Entschuldigung für den Lärm bat. Ich bin Deutsche, ich wollte einen guten Eindruck machen, und ich wollte unbedingt nette Nachbarn haben, die bei einem eventuellen Hilfeschrei auch kommen würden. Ich konnte es mir nicht leisten, dass sie vielleicht beleidigt vor dem Fernseher sitzen und meinen: »Ne, lass sie mal schreien. Wir haben schließlich neun Monate mit dem Baulärm leben müssen.«

Ron erklärte mir, dass hier fast niemand seine Nachbarn kennt. Ich schaute ihn fassungslos an. Wie ist das möglich?

Das Problem ist die Garage und der Kücheneingang. Wenn man

will, dann muss man nie seine Nachbarn sehen. Man fährt mit dem Auto zum Tor, macht es mittels Tastendruck auf, öffnet die Garage mit einem weiteren Tastendruck, und dann schleppt man alles durch die Küchentür, die in der Garage ist.

Ich wohnte mal für ein Jahr neben Robert Redford, der das Haus unseres Nachbarn für diese Zeit gemietet hatte. Ich habe ihn weder gesehen noch irgendetwas vom angrenzenden Grundstück gehört. Ich hatte zu dieser Zeit Besuch aus Deutschland, und eine Freundin spielte stundenlang im Vorgarten mit unserem Hund, um einen Blick auf Robert Redford zu erhaschen. Er zog ein, wie er auszog. Ungesehen. Und wir hatten uns schon so darauf gefreut, dass er sich in meine Freundin verliebt, sie dann herzieht, nebenan wohnt und Rob, sie und wir gemütliche Abende auf der Terrasse haben würden … Na ja, ist nichts draus geworden. Er hatte schon eine deutsche Freundin. Das habe ich gehört. Gesehen habe ich auch sie nicht.

Als zum ersten Mal die Bauarbeiter kamen und mit relativ wenig Aufwand einige Wände niederrissen, wollte ich meinen Augen nicht trauen: Statt aus Stein oder Beton waren die Mauern aus Holz. Wir hatten eine Holzhütte für ein Vermögen gekauft! Wo bleibt die deutsche Wertarbeit? Ich bin schließlich die Tochter eines Handwerkers, mein Vater war Raumausstatter – also Polsterer und Tapezierer –, und irgendwie habe ich das in meinen Genen.

Das Haus erinnerte mich an die Geschichte mit den drei Schweinen und dem Wolf: Pusten hätte gereicht.

Ich gewöhnte mir an, jeden Tag auf die Baustelle zu fahren, nachdem ich Horrormeldungen vernommen hatte, dass sämtliche Handwerker verschwinden, wenn man mal eine Weile nicht auftaucht. Das wollte ich vermeiden. Wir hatten einen *contractor* – Bauleiter –, der dafür zuständig war, dass die Vorgaben des Architekten erfüllt wurden und dass sämtliche Handwerker das taten, was sie tun sollten. Ich war mit der Auswahl von Küchen, Küchengeräten, Böden, Waschbecken, Türklinken, Toiletten und Armaturen beschäftigt. Dummerweise gefielen mir fast nur europäische Produkte – sie machten einfach einen stabileren Eindruck –, und das war nicht nur teurer, sondern auch unpraktisch. Ersatzteile und so. Daher entschied ich mich gelegentlich für amerikanische Teile, und das Aussuchen dauerte sehr viel länger, weil ich mich mit der Auswahl nur schwer anfreunden konnte und immer wieder etwas von der deutschen Qualität vor mich hin murmelte. Bei amerikanischen Türklinken hat man irgendwie nichts in der Hand. Die Fenstergriffe gehen anders auf. Die Waschmaschine hier in Los Angeles bot mir als Auswahl »kalt, kalt«, »kalt, warm« oder »warm, warm« an. Ich kannte »Kochwäsche«, »Buntwäsche«, »pflegeleicht«, »Feinwäsche«, »Wolle« und »95 Grad« bis »30 Grad« sowie »kalt«. Wie viel Grad ist bitte »warm«? Und wie heiß ist »heiß«?

Begeistert war ich aber von einer amerikanischen Erfindung, die sich im Küchenwaschbecken versteckt. Ein paar Wochen vorher war ich bei einer Freundin Richards zum Abendessen eingeladen, und wir saßen zu sechst gemütlich um den Esstisch. Am Schluss sprang ich natürlich auf, um mit aufzuräumen. Schließlich wollte ich einen guten Eindruck machen. Ich beobachtete Jane, wie die einfach sämtliches nicht Aufgegessenes in das Küchenwaschbecken entleerte und es dann in den Ausguss stopfte, der statt Löchern, wie bei uns, eine faustgroße Öffnung hatte. Das verschwand dann auch darin. Was ich allerdings nicht bemerkte, war, dass sie dazu einen Knopf drückte, der dieses Zerkleinerungsgerät, versteckt unter dem Waschbecken, anmachte. Ich folgte ihr brav nach und versuchte ebenfalls, meine Essensreste in diesen Ausguss zu stopfen. Meine verschwanden aber nicht. Irgendwie war das schon voll. Was mache ich falsch? Was bin ich: hilfsbereit aber doof? Ich bemerkte, wie Jane mir aufmerksam zusah, und ich fühlte hinter meinem Rücken eine leichte Verwunderung ob meiner Finger, die tief in diesem Loch verschwunden waren.

»Nicht zu tief«, warnte sie mich, und mit einem leicht besorgten Ton in der Stimme meinte sie, dass wir »ihn jetzt vielleicht doch anmachen« sollten. Anmachen? Ich zog meine Finger raus, Jane öffnete den Wasserhahn, den man dazu öffnen muss, weil dieses Wundergerät sonst gleich kaputtgeht, und drückte den Knopf. Mit einem Krach verschwand alles. Es wäre doch wirklich schade um meine Fingerspitzen gewesen.

Keine verstopften Abflüsse mehr: So einen Abfallvernichter wollte ich auch. Dazu kam natürlich auch noch ein riesiger Sub-Zero-Kühlschrank, in dem unsere Haushälterin Platz gehabt hätte, wenn wir denn eine gehabt hätten. Der Gefrierschrank war ähnlich groß, und offensichtlich erwartete man hier diverse Katastrophen, für die man kulinarisch gewappnet sein muss. Erdbeben zum Beispiel.

Mittlerweile hatte ich mich auch schlaugemacht, was man braucht, um wirklich erdbebenfest zu sein, und ich hatte alles genauestens geplant: In Richards wie in meinem Auto gab es einen Rucksack mit jeweils zwei paar Turnschuhen (seine Größe, meine Größe, da man ja nie weiß, wer von uns gerade welches Auto fährt), einen Anorak, der uns beiden passen würde, eine Notfalldecke (dünn), diverse Astronautenriegel und Notrationen, eine Regenhülle, eine Taschenlampe mit Handbetrieb und ein kleines Transistorradio.

Warum das alles? Wenn es ein Erdbeben gibt und Sie sind nicht daheim, dann kann es sein, dass Sie den Wagen verlassen müssen, um nach Hause zu gehen. Dazu brauchen Sie beispielsweise anständige Schuhe. Vielleicht sind Sie ja gerade mit Ihrer Abendgarderobe unterwegs, und mit so einem Sechs-Zentimeter-Absatz geht es sich schlecht. Das Ganze ist natürlich auch in einem Rucksack verpackt, damit Sie alle Ihre Utensilien mitschleppen können. Klug, nicht wahr?

Im Lago-Vista-Haus baute ich auch einen Schrank ein, der von draußen aufzumachen war und in dem Vorräte für zwei Wochen ordentlich verstaut waren. Dosen, Zündhölzer, Batterien, ein Mini-ofen, große Wasserflaschen. Später, als wir drei Katzen, einen Hund und einen Papagei hatten, kam auch noch das Tierfutter hinzu.

Warum von draußen? Falls das Haus während eines Erdbebens

zusammenfallen sollte – was angesichts der Holzkonstruktion für mich immer wahrscheinlicher wurde –, kommt man von innen nicht mehr an den Schrank. Wenn er aber von außen geöffnet werden kann, dann schon! Das muss man alles wissen, wenn man in Los Angeles leben will. Draußen am Gashahn hing wie vorgeschlagen der »Gashahn-Abdrehhaken«, denn das ist das Erste, was einem eingetrichtert wird: Dreh das Gas nach einem Erdbeben ab, weil sonst alles – mit dir natürlich – in die Luft fliegen kann.

Ich habe übrigens nie jemanden kennengelernt, der jemals so auf ein Erdbeben vorbereitet war wie ich. Natürlich gibt es nach jedem *earthquake* in sämtlichen Nachrichtensendungen genaueste Anweisungen, was man denn tun sollte, um sich generell darauf vorzubereiten (siehe Rucksack im Auto, siehe Vorrat im Extraschrank – Sie haben doch hoffentlich nicht gedacht, das wäre *mir* eingefallen?). Aber wie gesagt: Niemand, den ich in all den Jahren in Los Angeles getroffen habe, hat das gemacht. Außer mir.

Selbstverständlich habe ich den Rucksack nie benutzt, und natürlich habe ich noch einen dritten hinzugefügt mit den Sachen für unser Kind, die selbstredend regelmäßig ausgewechselt wurden, da es ja auch aus Turnschuhen rauswächst.

Lachen Sie nicht.

Wer weiß, wahrscheinlich ist nie etwas passiert, weil ich so gut vorbereitet war. Oder vielleicht bin ich einfach nur zu deutsch.

Ich bin nun mal obrigkeitshörig.

Ich mache, was man mir sagt.

12. Babyduschen, warum es sich auf Englisch so schlecht stöhnt und die Hilfsbereitschaft der Amerikaner

Manche Frauen lieben es, schwanger zu sein. Ich nicht. Mein Busen nahm ungeahnte Ausmaße an und wurde nur durch die Schwellungen an meinen Beinen übertroffen. Ich hatte nicht dieses Strahlen, das angeblich schwangeren Frauen zu eigen ist. Ich glänzte nur, weil ich zu viel Schwangerschaftsstreifencremes verwendete. Ich fühlte mich weder sexy, noch hatte ich Lust. Ich ernährte mich vom dritten bis zum achten Monat von gebackenen Kartoffeln mit viel Sour Cream und noch mehr Schnittlauch, die im letzten Monat von einem Heißhunger auf japanisches Essen abgelöst wurden.

Der einzige Vorteil an meiner Schwangerschaft war mein plötzlicher Sauberkeitsfimmel, der zu meiner und meiner Mutter größten Überraschung erwachte. Meine Mutter hatte immer von meiner »malerischen Unordnung« gesprochen, und ich muss zugeben, dass das sehr liebevoll ausgedrückt war.

Ich war schlampig. Solange die Tür zum Schrank noch zuging, war es mir egal, wie es dahinter aussah. Ich machte mich über meine Freundin Carolin lustig, deren Schrank man auch im geöffneten Zustand noch vorzeigen konnte. Ich hielt sie für extrem penibel. Welche Abgründe tun sich da in einer Persönlichkeit auf, wenn man so ordentlich ist! Dieselben, die sich jetzt auch bei mir zeigen sollten.

Ich weiß noch genau, wann es losging. An einem Wochenende saß ich mit Richard in einem kleinen Restaurant zum Mittagessen. Ich wusste gerade mal, dass ich schwanger war, und ich war wohl in Vorbereitung auf mein Kind richtig hungrig. Ich hatte mir Vorspeise, Salat, Hauptspeise sowie zweimal Nachtisch bestellt und freute mich riesig, endlich mal essen zu können, ohne darüber nachzudenken, was mir an den Hüften hängen bleibt. Die Bedienung lächelte mir freundlich zu, drehte sich um, und dann verging mir der Appetit. Sie hatte eine Laufmasche im Strumpf! Wie fürchterlich, wie schrecklich, wie unmöglich! Dick und zäh zog sie sich von der Ferse über ihre Wade, und der Anblick reichte, dass ich keinen Hunger mehr hatte.

Eine kleine, fast unhörbare Stimme im Hinterkopf flüsterte mir zu: »Bist du jetzt komplett wahnsinnig geworden? Tu doch nicht so, als ob du noch nie eine Laufmasche gehabt hättest. Das ist doch wirklich kein Grund, nichts mehr zu essen.«

Ich wusste natürlich, wie unrecht ich der armen Frau tat. Ihr Bein sah – ohne Hormone betrachtet – nicht wirklich schlimm aus. Ich konnte meinen Appetit allerdings nicht mehr mit Logik überzeugen. Ich sah Unordentliches und war nicht mehr hungrig. Punkt.

Ab jetzt konnte ich nur noch in sauberen Räumen, von sauberem Geschirr und natürlich ordentlich arrangiertes Essen zu mir nehmen. An dem Abend kam ich nach Hause, und ich sah dunkle Fingertappen an den Türklinken, eine einsame Spinne an der Ecke in der Garage und drei Fussel auf dem Fußabstreifer. Jeder Fleck, jede Unordnung kam plötzlich mit einem Scheinwerfer und Ausrufezeichen. Da war mir klar, dass mein Leben nie wieder so sein würde, wie es war. Der jahrelange Wunsch meiner Mutter erfüllte sich: Ich wurde ordentlich.

Ich war wohl im siebten Monat schwanger, da luden Carol und ihr Mann uns zu einem Barbecue (BBQ) ein. Als uns die Tür geöffnet wurde, sah ich sieben Frauen vor mir, die ich alle kannte und die begeistert »Surprise!« (»Überraschung!«) riefen.

Carol hatte eine *baby shower* für mich organisiert. Richard verabschiedete sich sofort wieder – denn bei *baby showers* (wörtlich: »Babyduschen«) haben Männer eigentlich nichts verloren – und er nahm Carols Mann gleich mit. Dann musste man mir erst erklären, was eine *baby shower* ist. Ob es so was nicht in Deutschland gäbe, wurde ich etwas mitleidig gefragt. Ich schüttelte den Kopf.

Bei *baby showers* werden keine Säuglinge geduscht, sondern man wird »ge-*showered*« – also überschüttet – mit Geschenken. Und zwar für das Baby. Dazu werden die Freundinnen der zukünftigen Mutter eingeladen. Ich war sehr gerührt. Ich sah die Frauen vor mir, die ich in den letzten sieben Monaten kennengelernt hatte und die mich als ihre Freundin betrachteten. Ich weinte ein bisschen, umarmte diese tollen Frauen, tätschelte meinen Bauch und freute mich.

Manchmal, wenn Richard unterwegs war, besuchte ich Carol und fuhr den Ventura Boulevard im Valley entlang, um zu ihr zu kommen. Nachts in einer fremden Stadt herumzufahren machte mich einsamer. Eine eigenartige Stimmung legte sich über meine Seele, wenn ich diese Strecken im Auto fuhr. Ich war auch immer Festbeleuchtung auf den deutschen Straßen gewohnt. In regelmäßigen Abständen eine anständige Straßenlaterne, die so hell ist, dass man auch etwas wiederfindet, was man auf der Straße verloren hat. Hier gab es höchstens ein Achtel des Lichts, das in München nachts leuchtet, selbst mitten in der Stadt. Ich fühlte mich weniger sicher, weniger städtisch. Selbst die Lichter von den Wohnungen und Häusern ließen in mir kein Gemeinschaftsgefühl aufkommen. Hinter jedem Haus lebte eine Familie, die hier vielleicht lange wohnte, deren Mitglieder sich ewig kannten, und ich fuhr allein im Auto und war neu hier.

Ich bin selten über längere Strecken melancholisch; das ist ein Gemütszustand, den ich mir kaum erlaube. Wann immer ich mich selbst dabei erwischte, holte ich mich wieder zurück: »Reiß dich zusammen!«, verordnete ich mir, und dann suchte ich mir im Radio einen Sender mit Musik, zu der ich laut singen konnte.

Richard war weiterhin viel unterwegs, und ich machte mir Sorgen, ob ich denn das Kind hier allein auf die Welt bringen müsste. Jedes Mal, wenn meine Gedanken in diese Richtung wanderten und ich mir vorstellte, dass mir auf Englisch Fragen gestellt würden, die ich vielleicht nicht verstünde, oder Komplikationen auftreten sollten, bei denen ich mich entscheiden müsste, zog ich mich energisch wieder zurück: »Hör auf. Denk an was anderes!« Ich kam mir immer noch etwas verloren vor, versuchte aber, mir nichts anmerken zu lassen. »Durchhalten« war früher meine Devise gewesen, und daran klammerte ich mich fest. Und ich hatte ja auch ein paar Frauen, die mir helfen würden. Alles wird gut.

Drei Wochen vor dem Geburtstermin – Richard war in Rom – hatte ich seltsame Rückenschmerzen. Da dies mein erstes Kind war und ich keine Ahnung hatte, wie diese Niederkunft vor sich gehen würde, war ich etwas besorgt. Ich war bei Carol zum Abendessen eingeladen und beriet mich mit ihr. Sie war erst im sechsten Monat schwanger, ebenfalls mir ihrem ersten Kind, und sie wusste es auch nicht besser. Hier war mein Dilemma: Flüge von Europa in die USA beginnen vormittags. Abends gehen keine Flüge mehr. Falls die Rückenschmerzen meine Wehen ankündigten – die ja im Durchschnitt zwölf Stunden dauern –, würde es Richard noch pünktlich zur Geburt schaffen, wenn er in ein paar Stunden in den Flieger steigt. Das heißt, bei Richard war es jetzt 6 Uhr morgens (europäische Zeit), und wenn er nicht an diesem Vormittag ins Flugzeug steigt, dann bekomme ich das Baby ohne ihn … falls ich überhaupt jetzt schon Wehen kriege.

Richards Reisen waren immer wichtig, und ich stellte mir vor, wie blöd es wäre, wenn das nur ein »falscher Alarm« ist. Aber was, wenn nicht? Ich allein im Krankenhaus. Vater bei der Geburt nicht dabei. Nach langem Hin und Her riskierte ich es. Ich rief ihn an, und er machte sich sofort auf den Weg nach Hause.

Die Geschichte wird immer gern erzählt: Richard flog von Rom nach Frankfurt, um dort umzusteigen. Die Maschine in Rom hatte Verspätung und kam äußerst knapp in Frankfurt an. Lufthansa wusste Bescheid und ließ die Maschine nach Los Angeles eine Viertelstunde warten, damit der eventuell werdende Vater auch noch mitkommt. Mit großem Hallo wurde er im Flieger begrüßt: Der Kapitän hatte den Passagieren den verspäteten Abflug erklärt.

Von mir wurde er mit kleinerem Hallo begrüßt. Ich kam mir ein bisschen doof vor, da ich zwar immer noch den dicken Bauch, aber eben keinerlei Rückenschmerzen mehr hatte. Doch falscher Alarm. Von da an blieb der Mann zu Hause.

Das Kind wollte und wollte nicht kommen. Ich war auch drei Wochen zu spät geboren worden, offensichtlich sollte sich das in der Familie weiter durchsetzen. Dann endlich war es so weit. Ich befand mich im Krankenhaus und wartete. Da meine Fruchtblase geplatzt war, mussten wir auf die Wehen warten, und die kamen einfach nicht. Zwölf Stunden später wurden sie eingeleitet, mit einer Wucht, auf die ich mich nicht langsam vorbereiten konnte. Aber wer kann das schon?

Cedar Sinai ist eines der besten Krankenhäuser in Los Angeles, und dort wird auch ausgebildet. Was zur Folge hatte, dass alle zwanzig Minuten eine Schar von jungen Ärzten und die, die es werden wollen, kommt und dir zwischen die Beine schaut. Später hörte ich die herrliche Geschichte von einer frischgebackenen Mutter, die große Schmerzen in den Brüsten hatte. Am Morgen nach der Entbindung versuchte sie vergeblich, eine Schwester herbeizuklingeln – schließlich fand sie draußen im Gang einen Arzt. Sie öffnete ihr Nachthemd, zeigte ihre geschwollenen Brüste und den Warzenhof, der eine für sie seltsame Farbe angenommen hatte, und meinte zu ihm: »Herr Doktor, bitte schauen Sie sich das an. Sieht das normal aus?« Dieser nahm sich Zeit und betrachtete sie eingehend, dann meinte er: »Für mich sehen sie großartig aus, aber ich bin auch nur der Elektriker« …

Ich konnte diese Frau gut verstehen. Ich hatte auch den Rest an Schamgefühl verloren und nahm es fast als selbstverständlich zur Kenntnis, dass schon wieder jemand Fremdes im weißen Kittel in das Geburtszimmer trat, mich mit einem vagen Kopfnicken begrüßte und dann interessiert zwischen meine Beine starrte. Langsam kam ich mir wie eine Nutte in einer Peepshow vor.

Ich weiß nicht, ob ich mehr gestöhnt oder vielleicht sogar geflucht hätte, wenn ich das Kind auf Deutsch bekommen hätte. So musste ich jeden Satz erst in Gedanken übersetzen, und jeder Schmerz und jedes Gefühl kamen zeitversetzt über die Lippen. Es ist seltsam, wenn man ein tiefes körperliches Erlebnis hat und dabei versucht, einen klaren Satz in einer fremden Sprache auszudrücken. Es stöhnt sich so schwer auf Englisch.

Dann kam das Kind (Epiduralanästhesie ja), es war ein Mädchen (Beschneidung nein). Sie hatte Haare, und zwar viele, und eine kräftige Stimme. Ich erinnere mich noch, wie fasziniert ich war, dass sie da aus mir rauskam. Ich hätte nicht überraschter sein können, wenn Dr. Liu sie aus einem Hut gezaubert hätte: ein Kind! Nein, so was!

Schwangere Frauen verlieren angeblich Gehirnzellen. Das kann ich nur bestätigen.

Ich freute mich, dass sie Finger und Zehen hatte (mir träumte kurz zuvor, dass sie keine Finger hatte), und zählte kurz nach, ob sie auch alle dran sind. Dann wurde sie mir auf den Bauch gelegt und wir beide mit warmen Decken zugedeckt. So lagen wir erst einmal für eine Weile. Hier ist sie: built in America, with German parts.

Unsere Julia!

Wir wollten einen Namen haben, der international ist. Ein paar Wochen vorher war ich von *Bild am Sonntag* interviewt worden, und man fragte mich nach dem Namen des Kindes: »Wenn es ein Mädchen wird, soll sie ›Julia‹ heißen, wenn es ein Junge wird, ›Jordan‹ [ausgesprochen: ›Tschordan‹].« Meine Mutter rief mich nach der Veröffentlichung ganz entsetzt an: »Du willst das arme Kind doch nicht ›Jordan‹ [ausgesprochen wie der israelische Fluss] nennen!« Damit war »Jordan« gestrichen. Wir erweiterten unsere Kriterien: Wir brauchten einen Namen, den man weder in der einen noch in der anderen Sprache verhunzen konnte. In den Staaten kann man alles als Namen verwenden. Damals war das in Deutschland nicht möglich. Meine Eltern hatten seinerzeit, 1958, große Schwierigkeiten, »Sabrina« unterzubringen. Das Standesamt wollte gerade mal eine »Sabina« durchgehen lassen, aber mein Vater ließ sich nicht abwimmeln. »Sabrina« war zu der Zeit in Deutschland fast unbekannt, und bis heute habe ich keine »Sabrina« kennengelernt, die älter ist als ich. Als Jungennamen liebte ich »Spencer«. (Ist Ihnen aufgefallen, wie leicht ich das Wort »lieben« mittlerweile benutzen kann?) Sämtliche Freunde fanden ihn fürchterlich. »Spencer«, wurde ich aufgeklärt, so heißen alte Männer. Mein Einwurf, dass die irgendwann ja auch mal jung gewesen sein müssen, wurde ignoriert. Falls es ein Mädchen wird, wollte ich sie am liebsten »Samantha« nennen. Ich finde die Abkürzung »Sam« für ein Mädchen so spannend. Aber da gab es bereits eine Samantha Fox, die für ihre nackte Oberweite bekannt war. Ich hatte schon genügend Schwierigkeiten, dass mein »Sabrina Fox« gelegentlich in ein »Samantha Fox« umgewandelt wurde; und so bekam Julia »Samantha« nur als dritten Vornamen. Der zweite war »Claire«, der Name meiner Schwiegermutter.

Ich wurde mit Julia in mein Zimmer geschoben, und wir machten uns daran, unserer Familie und unseren Freunden von Julia zu erzählen. Wir riefen zuerst Richards amerikanische Familie in New York an. Meine Schwägerin, die wir mit der freudigen Nachricht überraschen wollten, überraschte uns: »How wonderful! You got a baby girl the day the wall came down.«

»Which wall?«, fragte ich erstaunt.

»Your wall!«

(»Wie wundervoll. Ihr habt eine Tochter bekommen am Tag, als die Mauer fiel!« – »Welche Mauer?« – »Eure Mauer!«)

Heute war der 9. November 1989, und es gab noch ein zweites wundervolles Ereignis, von dem wir so gar nichts mitbekommen hatten.

Weiß Gott, dass »meine« Mauer fiel, das hatte ich mir nicht vorstellen können. Ich nahm es als gutes Omen für Julia. Vielleicht wird sie ja auch einmal Menschen zusammenführen und Mauern einreißen.

Verzeihen Sie mir meine Sentimentalität … wir können es ja immer noch auf die Hormone schieben.

Am nächsten Morgen wurde ich aus der Klinik geschmissen. So kam es mir zumindest vor. In Deutschland war ich selbst bei einer Blinddarmoperation für acht Tage im Krankenhaus. Hier in den Staaten geht man am nächsten Tag nach Hause. Außer es gibt Komplikationen, und die gab es bei uns Gott sei Dank nicht.

Ich hatte mir in einem Wahn eine Jeans mitgenommen, die vor meiner Schwangerschaft schon ziemlich locker saß. Ich bekam sie gerade bis zu den Kniekehlen. Wirklich! Nur bis zu den Kniekehlen. Ich war entsetzt. Ich kam mir doch schon so viel schlanker vor. Vielleicht hatte ich ja Zwillinge und da ist noch eines drin? Ich ging mit dem gleichen Schwangerschaftskleid nach Hause, mit dem ich in die Klinik gekommen war, und ich sah nicht viel anders aus als am Vortag, außer dass jetzt eine Stoffwindel an meiner Schulter hing.

Den ganzen Nachmittag über klingelte es an der Haustür. Pakete und Blumensträuße wurden abgegeben. Im Haus sah es so aus, als ob jemand gestorben wäre. Praktischerweise wurden bei den Blumensträußen die Vasen gleich mitgeliefert! Eine großartige Idee. Ein einfaches Stecksystem in den kleinen Lieferwagen sorgte dafür, dass das Wasser nicht herausschwappte.

Gegen 18 Uhr klingelte es wieder an der Haustür. Eine Bekannte kam mit einer Tasche vorbei und wollte in die Küche. Sie hatte uns ein Abendessen mitgebracht. Köstlichen Salat, herrliches Hühnchen – sie kannte Richard gut – und knackiges Gemüse. Ich war gerührt. Das ist wohl das Nützlichste, was man einer jungen Familie schenken kann.

Am nächsten Morgen klingelte es wieder. Eine Cateringfirma stand vor der Tür mit ebenfalls frisch gemachtem und eingepacktem Essen. Die Karte eines Freundes von Richard lag dabei. Die nächsten fünf Tage wurden wir zweimal am Tag mit Essen versorgt. »Congratulations on the birth of your baby girl« stand auf dem Ballon, der gleich mitgeliefert wurde. Die Nachbarin kam ein paar Stunden später und brachte Kuchen. Wieder wurden Blumen mit Vasen gebracht und Geschenke abgegeben. Ich dachte, es ist

Weihnachten. Immer wieder klingelte das Telefon. Jeder bot seine Hilfe an.

Wahrscheinlich liegt es daran, dass diese Nation aus Einwanderern entstanden ist, deren Überleben davon abhing, dass man sich mit seinen Nachbarn vertrug und sich gegenseitig hilft. Wir Deutschen dagegen haben in unseren Genen Burgen und Stadtmauern, um uns vor den Gefahren von außen zu schützen. Vielleicht haben wir sie ja immer noch, oder vielleicht sind die Amerikaner einfach nur ein bisschen praktischer als wir Deutschen.

Carol, meine New Yorker Freundin, bekam vier Monate nach mir ihre Tochter Diane. Sie hatte sie mit Kaiserschnitt geboren; man sagt in dieser Stadt, dass die meisten Ärzte Kaiserschnitte vorzögen, damit sie später nicht von irgendwelchen Eltern verklagt würden, falls was schiefläuft. Angeblich kommen besonders Kinder von Rechtsanwälten durch Kaiserschnitt auf die Welt. In Carols Klinik durften die ersten Tage nur der Ehemann oder enge Familienangehörige. Das sollte mich nicht abhalten. Ich wollte sie besuchen. Schließlich war sie eine meiner wenigen Freundinnen. Ich brachte Julia mit und stellte mich als Carols Schwester vor. Mein deutscher Akzent war nicht ganz kompatibel mit Carols New Yorker Akzent, und die Schwester in der Aufnahme zögerte etwas, als sie mir den Besucherausweis ausstellte. »Schwester?«, fragte sie misstrauisch. Ich schaute sie mit offenem Blick an und meinte, mit den Augen rollend: »Well, ich verstehe, was Sie denken … das passiert uns öfter. Unser Vater … er hatte eine Affäre, und ich bin das andere Kind.«

Die Empfangsschwester riss die Augen auf und meinte neugierig: »O mein Gott, wie ist denn das passiert?«

Mittlerweile fiel mir nichts mehr ein … und so nickte ich ihr nur verschwörerisch zu und meinte: »Glauben Sie mir, das wollen Sie nicht wirklich wissen.« Sie wollte, aber ich schaute nur schmerzvoll. Sie gab mir den Ausweis.

Carol konnte es kaum fassen, dass ich sie als ihre Schwester mit einer sechs Wochen alten Julia im tragbaren Autositz in ihrem Zimmer besuchte. Zwei Minuten später kam ihre richtige Schwester Sarah. Carol ist dunkelhaarig, ich blond und Sarah rothaarig. Mittlerweile hatte sich in der Klinik herumgesprochen, dass Carols Vater ... na ja, Sie wissen schon – und eine weitere Krankenschwester wollte uns gar nicht mehr verlassen. Sie warf einen Blick auf die Rothaarige und meinte: »Ich nehme an, Ihr Vater hatte noch eine dritte Affäre?« Wir nickten. Ich wurde kurzfristig von Schuldgefühlen geplagt. Carols Vater lebte schon seit Jahren nicht mehr, und nur wegen meiner Schwindelei ist der arme Mann jetzt ein Ehebrecher. Ich entschuldigte mich innerlich.

Sechs Monate später zogen wir von dem »braunen Haus« nach Lago Vista. Es gab noch nichts Grünes im Garten. Statt saftiger dunkelbrauner Erde hatten wir grauen Feinstaub auf dem Boden. Doch das war mir gleich, ich wollte nicht mehr warten. Meine Adresse war nun offiziell Beverly Hills. Obwohl ich mich daran gewöhnt hatte, war es mir doch selbst bei meinem Umzug zurück nach Deutschland immer ziemlich peinlich.

Wir hatten ein gemeinsames Zuhause. Hier gab es keine Ecke, die mal schnell von Richard für mich freigeräumt worden war. Keine fernöstlichen Möbel. Kein Fenster ohne Vorhang.

Die Kuhlampe kam mit.

Eine Woche nach dem Einzug wurde mir gesagt, dass jetzt der Rasen käme. Ich nahm an, dass man ihn aussät, und ich fragte, wie lange man denn nicht draufsteigen sollte. In ein paar Tagen, so versicherte mir der Gärtner, ist er benutzbar.

Benutzbar? Ich konnte es nicht glauben. So schnell kann selbst in Kalifornien kein Gras wachsen. Zwei Stunden später hielt ein riesiger Lastwagen vor unserem Haus, und der Rasen kam. Schön geschnitten wie Fliesen, grün, saftig, als wenn er schon immer da gewesen wäre. Am Abend hatte ich einen Garten. Ich glaube, ich habe eine gute halbe Stunde nur kopfschüttelnd vor Begeisterung verbracht. Diese Amerikaner!

13. Beverly Hills, kurzes Duschen und die Sehnsucht nach deutschen Dachdeckern

Beverly Hills ist eine eigene Stadt mitten in Los Angeles und hat sogar seine eigene Polizei. Auf knappen 15 Quadratkilometern tummeln sich 33 000 Einwohner, und einige davon wollte ich gern kennenlernen. Ich war auf der Pirsch. Ich jagte Nachbarn.

Eines der Küchenfenster ging zur Straße hinaus, und ich ertappte mich dabei, dass ich häufig gerade aus den Fenstern sah, bei denen man die Straße überblicken konnte, denn hier gingen gelegentlich Leute spazieren. Das kam nicht besonders häufig vor und nur dann, wenn die Leute einen Hund hatten. Und das war meine Chance. Ich stürzte mich auf jeden, der vorbeikam. Ich tat nicht mal so, als wenn ich »zufällig« aus dem Haus kam. Ich riss die Küchentür zum Vorgarten auf, spurtete durch die Einfahrt zur Garage und rief schon beim Gehen: »Hi, I am Sabrina. I am your new neighbor. Do you want to come in?«

Die meisten waren schlicht so überrascht von mir, dass sie fast willenlos mitgingen. Erst später erkannte ich, wie ungewöhnlich mein Verhalten war. Für meine Nachbarn war ich einfach ein wirklicher »Alien«. Eine Fremde, die genauso gut von einem anderen Planeten hätte kommen können.

Los Angeles und ich hatten uns noch nicht angefreundet. Ich lebte hier, weil Richard hier lebte, aber nicht, weil es mir besonders gefiel.

Ich lief immer noch mit dunklen Jacketts herum und stach heraus wie ein Bekleideter im FKK-Club. Ich hatte mich an die Uniform der Kalifornier noch nicht gewöhnt. Sie trugen entweder

Shorts oder Jeans mit T-Shirts und Turnschuhen oder die besagten langen, kleingemusterten Kleider, fast knöchellang mit Cowboystiefeln drunter. In München gab es damals noch Miniröcke und Leggings, und die hatte ich ebenfalls mitgenommen. Ich versuchte es auch mal mit so einem Kleid, fühlte mich dabei aber so, als ob ich gerade auf dem Bauernhof vom Melken käme. Die Cowboystiefel noch als echte Beigabe.

Doch das Wetter versöhnte mich mit allem. Es war einfach herrlich, mit Julia in den Park gehen zu können oder im Garten zu frühstücken. Und obwohl es nicht so war, wie ich mir das vorstellte – konstant blauer Himmel und angenehme Temperaturen –, kam doch die Sonne fast jeden Tag heraus. Zu meiner Überraschung werden Pools kaum benutzt. Richard und ich luden am Wochenende ab und zu Leute zu einem BBQ am Pool ein, und ich hatte immer Handtücher bereitgelegt und die Liegen aufgestellt; doch die Einzigen, die im Bassin schwammen, waren die Europäer. Wahrscheinlich benutzt man ihn weniger, wenn man selbst einen hat. Später sollte dasselbe auf mich zutreffen.

Ich war auch erstaunt über die Art der Freizeitgestaltung: *dinner and a movie*. Das war alles, was diese Stadt anzubieten schien. Wenn man jemanden fragte, ob man gemeinsam etwas machen will, hieß es immer: »Great! Dinner and a movie?« Als Julia im Teenageralter war, schleppte ich sie – gegen ihren Willen natürlich – einmal im Monat in die sehr wohl vorhandene Kulturszene von Los Angeles. Da gab es Theaterstücke, die in prachtvollen alten Häusern à la Gloria Swanson im Stadtkern von Los Angeles stattfanden und bei denen man in der Pause von einem Drei-Gänge-Menü verwöhnt wurde, nicht ohne dann von bewaffneten Wächtern zurück zum Auto gebracht zu werden, das auf einem bewachten Parkplatz stand. Es gibt großartige Comedy-Shows, sehr gute kleine wie große Theater, exzellente Jazzkonzerte in kleinen, nicht verrauchten Clubs. Selbst die Oper von Los Angeles hat in den letzten Jahren Eindruck gemacht.

Wenn wir europäische und amerikanische Freunde gleichzeitig

eingeladen hatten, waren die Amerikaner immer die Ersten, die heimgingen. Wie von unsichtbarer Hand nach Hause gezogen, hieß es ab 22.30 Uhr: »Zeit zu gehen!« Die deutschen Gäste blieben stets länger. Das frühe Ende eines Abends war mir schon auf unserer Hochzeitsfeier in Los Angeles aufgefallen. Ich wollte mit der Band persönlich sprechen, um mit ihnen auszumachen, was und wie lange sie spielen. Ich fragte den Bandleader am Telefon (auf Englisch natürlich): »Ist es denn möglich, dass Sie bis um 4 oder 5 Uhr morgens spielen?«

Pause am anderen Ende der Leitung.

»Wie lange wollten Sie, dass wir spielen?«, fragte er, als ob er mich nicht ganz verstanden hätte.

»Bis 4 oder 5 Uhr.«

»A. m.?«

Klar »a. m.«. Als der frühe Morgen der langen Nacht.

»Warum? Geht das nicht? Wie lange spielen Sie denn normalerweise?«

»Bis um 11 Uhr.«

23 Uhr? Ich fing an zu lachen. Also, das ist völlig ausgeschlossen, dass die Band nur bis 11 Uhr spielt. Nein, das geht natürlich gar nicht. Sein Gegenvorschlag war, dass sie auf jeden Fall so lange spielt, wie ich es brauche, und damit gab ich mich dann auch zufrieden.

Die Band hörte um 23.15 Uhr auf. Da waren gerade noch neun Gäste übrig. Ich meinte traurig zu Richard: »Deine Freunde mögen mich nicht.«

Er tröstete mich. »Das ist L.A., das bist nicht du.«

Mittlerweile lebte ich ja schon ein paar Jahre hier und stellte fest, dass der einzige Abend, an dem der Durchschnittskalifornier noch nach Mitternacht aufbleibt, Silvester ist. Es ist mir völlig schleierhaft, wie Los Angeles in den Ruf gekommen ist, eine Partystadt zu sein.

Ich hatte es in Deutschland immer genossen, wenn jemand einfach so mal vorbeikam. Hier gibt es so was nicht. Niemand kommt

»einfach so« vorbei. Und obwohl ich es immer wieder fast flehentlich allen meinen neuen Freunden mitteilte, wollte wohl so niemand
daran glauben. Treffen in Los Angeles werden nicht selten über Wochen, wenn nicht Monate vorher ausgemacht. Mir fiel auf, dass meine neuen Bekannten wenig Zeit hatten. Die Tage wie die Abende
waren bis ins Detail verplant, und natürlich musste man immer die
Fahrt hinzurechnen. In München oder Hamburg habe ich mir darüber nie groß Gedanken gemacht. Hier fing ich an, darüber nachzudenken. Von Beverly Hills nach Malibu ist es etwa eine Stunde. Von
München aus wäre ich da in Augsburg. Einmal Augsburg hin und
zurück für einen Kaffee oder eines der üblichen kurzen Abendessen? Eher nicht.

Die Amerikaner arbeiten viel. Sie haben zwei bis drei Wochen
Urlaub im Jahr und nicht selten zwei Jobs. Stellen Sie sich vor, Sie
sind in diese Stadt gezogen, weil Sie es im Filmbusiness nach oben
schaffen wollen. Sie wollen dorthin, wo auch alle anderen hinmöch-
ten: nach oben. Das »Oben« erkennt man an dem Haus, dem Auto,
der Uhr, dem Bekanntenkreis und dem Tisch im Restaurant. Und
das alles wollen Sie auch. Um dahin zu kommen, müssen Sie bestimmte Risiken eingehen und, vor allen Dingen, eines tun: sehr
viel arbeiten. Es wird früh aufgestanden, dann geht es in das Fit-
nessstudio (morgens oder abends), wenn man nicht – wie viele
hier – selbst eins zu Hause hat, und dann wird gearbeitet. Jeder hatte zwei oder drei Projekte, mit denen er beschäftigt ist. Abends geht
es ums *networking*, also das Vernetzen von Personen und Beziehungen.

Diese Stadt sieht immer so lässig aus, doch sie ist es nicht. Der
Eindruck täuscht. Es liegt an den T-Shirts.

Ich fing an, mich langsam an den anderen Lebensstil zu gewöhnen.
Dazu gehörte es auch, vorsichtig mit Wasser umzugehen. Wasser,
von dem wir in Deutschland fast immer zu viel zu haben scheinen,
gibt's hier zu wenig. Ich lernte, mich innerhalb einer Minute zu duschen, weil ich zum Einseifen und Haarewaschen das Wasser ab-

stellte. Die große Badewanne benutzte ich kaum, denn ich fühlte mich schuldig, wenn ich so achtlos diese riesigen Wassermengen benutzte. Beim Kochen oder in der Spüle ließ ich das Wasser im Waschbecken nie laufen. Die Spülmaschine ging nur an, wenn sie gerammelt voll war. Der Pool hatte Gott sei Dank eine Abdeckplane, die auch das Verdunsten des Wassers reduzierte.

In Kalifornien muss Wasser konserviert werden. Allein was mein Rasen im Garten verbrauchte, trieb mir die Schamröte ins Gesicht. Los Angeles ist eine Wüstengegend; und obwohl es angeblich »niemals in Südkalifornien regnet« – nach dem berühmten Lied von Albert Hammond –, regnet es Gott sei Dank gelegentlich. Und das ab Herbst. Der Regen wird hier in Inch gemessen, und ein Inch ist 2,54 Zentimeter. Als ich Ende 1988 nach Los Angeles kam, wurden Meilen und Kilometer, Inches und Zentimeter, Celsius und Fahrenheit gemeinsam in den Schulen gelehrt. Alles unter dem Eindruck, dass bald (!!!) das System umgestellt wird. Für mich als Deutsche ist »bald« »bald«. Also eigentlich absehbar. In ein paar Monaten, höchstens einem Jahr. Und so weigerte ich mich, diese Fahrenheit mit Celsius zu vergleichen, denn schließlich kann es ja nicht mehr lange dauern. Außerdem konnte ich mir nicht vorstellen, dass Fahrenheit sich noch lange hielte. Daniel Fahrenheit ging eines Tages während des harten Winters 1708/09 aus seiner Tür heraus, und es war so kalt wie noch nie. Dabei kam er zu der »wissenschaftlichen« Erkenntnis, dass es kälter nicht mehr werden kann, und er bestimmte, dass diese Temperatur 0 Grad ist. Da lob ich mir Anders Celsius, der wenigstens 0 Grad mit dem Gefrierpunkt des Wassers gleichsetzte. Der muss doch auf lange Sicht gewinnen. Sechzehn Jahre später, als ich Los Angeles wieder verließ, lernten die Kinder in der Schule immer noch beides, und Fahrenheit ist immer noch Sieger. Von einer Umstellung ist keine Rede mehr.

12 Inches jährlich sind normal. Damit kommt man hier aus. Das sind 30 Zentimeter Regenfall im Jahr, und da ist der Kalifornier glücklich. Manchmal gibt es nur 3 Inches, und durch die extreme Trockenheit im Sommer entstehen leicht die Waldbrände, von denen

man dann auch in Deutschland in den Nachrichten hört. Die Zigarette aus dem fahrenden Auto zu schmeißen kommt einer Todsünde gleich, es kann unbeabsichtigte Folgen haben. Ein Lagerfeuer in den Hügeln? Strengstens verboten. Man kann dabei die ganze Nachbarschaft ausrotten. Leicht entflammbare Bäume zu nahe am Haus gepflanzt? Das machen nur die ganz Unaufmerksamen. Natürlich hat auch diese Stadt ihre Verrückten, die dann noch ein Feuer legen. Wie zum Beispiel ein Feuerwehrmann, der Brände legte, weil er auf eine Festanstellung hoffte, wenn es nur genügend zum Löschen gab.

Durch diese Trockenheit fühlt sich die Stadt die meiste Zeit des Jahres auch immer etwas angestaubt an. Sie würde sofort wieder zur Wüste werden, wenn alle Einwohner ihre Rasensprenkler abstellten. Knapp vier Millionen Einwohner hat Los Angeles, weitere dreizehn Millionen im nahen Umkreis. 12 Inches reichen nicht. Ein Drittel kommt vom Grundwasser, der Rest wird importiert, unter anderem vom Fluss Colorado. Wenn es nach einer langen Dürre vom Himmel schüttet, kann die Erde diese Wassermassen nicht aufnehmen, und es bilden sich mehr oder weniger breite Rinnsale oder Gräben. Je leichter der Regen am Anfang kommt, desto besser.

Es wurde November, und das Wasser kam vom Himmel. Recht viel sogar für die Verhältnisse in Los Angeles. Es regnete ein paar Tage. Und ich machte eine erschreckende Erkenntnis: Das neue Dach war nicht dicht.

Drei Häuser später wurde mir klar, welcher Berufszweig – neben dem Bäcker – in Los Angeles die größten Chancen auf Erfolg hätte: anständige deutsche Dachdecker. Die hier können das nicht. Wenn man bedenkt, wie wenig es eigentlich regnet, müsste es doch ein Einfaches sein, ein Dach dicht zu kriegen? Ob ein Dach dicht ist, lässt sich natürlich erst beim Regen überprüfen.

Unser Haus hatte beim Renovieren auch ein neues Dach bekommen. Sogar ein spezielles brandabweisendes, von dem ich hoffte, dass es auch wasserabweisend war. Doch das war es nicht. Mir gingen langsam die Kübel aus, und ich musste mich mit großen Töpfen behelfen. An fünf Stellen tropfte es durch, und als ich in unserem Esszimmer eine weitere Stelle entdeckte, musste etwas geschehen. Genau dieses Esszimmer hatten wir erst mühsam mit einer Wandmalerei versehen lassen, so dass es innen so aussah, als wenn es mit alten Steinen ausgebaut wäre. (Es sah sehr viel besser aus, als es sich anhört, glauben Sie's mir.) Das wollte ich mir nicht ruinieren lassen. Der Dachdecker war nicht zu erreichen. Mein Bauleiter auch nicht. Richard war im Büro und versprach mir, es immer wieder beim Dachdecker zu versuchen.

Ich fuhr inzwischen mit Julia zum Baumarkt. I love Baumärkte. Da gibt es so viele unglaubliche Sachen, mit denen man Großartiges anstellen kann – allein bei den Schrauben kann ich Stunden verbringen –, und ich lief durch die Gänge und hoffte auf Inspiration. Meine Augen wanderten suchend durch die Regale, immer in der Hoffnung, dass mir »das Richtige« auffällt. Ich fragte einen der Verkäufer, was man denn da machen kann, wenn es ins Dach reinregnet. Er brachte mich zu der Abteilung mit den Eimern. Ich ließ nicht locker. Irgendetwas muss es doch geben. Als ich so dastand und nachdachte, traf ich eine Frau, die ich flüchtig kannte. Sie erzählte mir – wie ich fand, sehr gelassen –, dass ihr Jacuzzi, der sich an einem Hang hinter ihrem Haus befinde, bald überlaufe und dass dann das Wasser runter in ihr Haus fließen würde.

»Und«, fragte ich sie, »was machen Sie dagegen?«

Sie schaute überrascht.

»Ich hoffe, der Gärtner kommt rechtzeitig.«

Ich schlug ihr vor, doch wenigstens mit einem Eimer den Jacuzzi leerer zu machen, um ihn damit am Überlaufen zu hindern. Sie fand das eine großartige Idee und meinte: »Oh, ihr Deutschen, ihr seid so praktisch. Kein Wunder, dass ihr alle diese tollen Autos baut.«

Ich war eher irritiert von ihrem Kompliment. Für mich lief das immer noch unter gesundem Menschenverstand und nicht unter deutsch-amerikanischen Unterschieden. Ich zeigte ihr noch, wo die Eimer standen – ich wusste ja jetzt, wo –, und überlegte mir kurz, ob ich ihr auch noch erklären soll, wie einer funktioniert.

Ich widmete mich wieder meiner Dachsituation. Von innen konnte ich das Ganze ja nicht abdecken, wie sollte man so was tun? Aber von außen, von außen müsste es gehen. Da ich nicht genau wusste, wo es reinregnet und ob das Wasser, das innen im Haus in meine Eimer läuft, nicht unter dem Dach schon lange irgendwelche Balken entlangrann, gab es nur eine einzige sichere Methode: Ich musste das komplette Dach abdecken. Mit Planen. Und wie halte ich die fest? Mit diesem Tackerding, von dem ich weder wusste, wie es auf Deutsch, noch, wie es auf English heißt, aber als ich dem Verkäufer das Gerät mit dem Geräusch und der entsprechenden Handbewegung vormachte, führte er mich zu diesen Klammergeräten. Gott sei Dank war unser Haus einstöckig, und das Abdecken würde sich doch irgendwie gestalten lassen.

Zu Hause angekommen, schleppte ich meine große Leiter in den Garten, es hatte gerade etwas aufgehört zu regnen, ich zog mir griffige Turnschuhe an und legte die Plane mit meinem Tackerding nach oben. Da ich wusste, dass diese teuren Dachziegel auch noch extrem empfindlich sind, versuchte ich, nur auf das dicke Ende zu treten. Kaum eine Minute später wäre mein Abenteuer beinah abrupt beendet gewesen. Ich rutschte und konnte mich gerade noch mit dem Fuß an der Regenrinne abstemmen. Von da an war ich vorsichtiger.

Richard erwischte dann endlich den Dachdecker. Er möge doch bitte so schnell wie möglich zu unserem Haus fahren, um irgendetwas zu unternehmen. Er erklärte ihm, dass er schon da war und alles erledigt sei: »Ihre Frau war auf dem Dach.«

»Sie war wo?«

»Auf dem Dach.«

»Was hat sie denn da gemacht?«

»Das komplette Dach mit Plastikplanen bedeckt und die Enden am Dach festgetackert.«

»Und? Nutzt es was?«

»Ja, ich komme wieder, wenn der Regen aufhört.«

Dann meinte Richard zu unserem unverheirateten Dachdecker:

»Ich sage Ihnen, suchen Sie sich eine Deutsche. Die sind einfach sehr praktisch.«

Wochen später wurde er noch von den Nachbarn angesprochen, dass seine Frau eigenhändig das Dach mit Plastik zugedeckt hatte. Das ganze Abenteuer hatte nur einen Nachteil: Wir waren das letzte Haus auf der Liste, zu dem der Dachdecker dann zum Reparieren kam. Die Plane hielt bis zum Frühjahr.

Der Gärtner, von dem die Jacuzzi-Frau im Baumarkt sprach, ist hier eine Selbstverständlichkeit. Unser Gärtner hieß Ray und war ein vor vielen Jahren ausgewanderter Deutscher. Er hat eine kleine Crew von Mexikanern bei sich, die einmal die Woche in den Garten einfallen und ihn bearbeiten. Ich liebe Gärten, aber Gartenarbeit macht mich nervös. Ich kann eine Nutzpflanze nicht von Unkraut unterscheiden, und das Einzige, worum ich mich selber kümmere, ist mein Basilikum, meine Petersilie und mein Schnittlauch. Mit »kümmern« meine ich, dass ich sie gelegentlich abschneide, um sie in der Küche zu verwenden. In Amerika gibt es diese Laubbläser – eine furchtbare Angelegenheit, die – wie ich nach meinem Umzug nach Deutschland 2006 feststellen musste – auch hier plötzlich Verbreitung gefunden hat. Wir reden von diesem Gerät, das in der Regel wie ein Rucksack auf den Rücken geschnallt wird und mit Wind versucht, die Blätter vom Boden zusammenzufegen, und dabei ein fürchterliches Geräusch macht: »Aiiiiiii … Aiiiiiii … Aiiiiiii …« Das Ganze mit der umgekehrten Effizienz eines schlechten Staubsaugers. Manchmal werden einzelne Blätter, die sich partout nicht in den schon angehäuften Blätterhaufen bewegen wollen, minutenlang mit dem Geräusch einer Harley-Davidson angeblasen. Einmal hab ich mich gebückt und einem das Blatt in die Hand gedrückt.

»Bitte nein«, will ich meinen Deutschen zurufen: »Das ist eine wirklich blöde Idee mit diesen Laubbläsern: Sie sind laut, verpesten die Luft, trocknen die Erde aus (in Los Angeles ein zugegebenermaßen stärkeres Argument als in München) und blasen wichtige Nährstoffe von der Bodenoberfläche. Sie sind ungesund für den Gärtner, der sie meistens auch ohne Mundschutz verwendet, und sie halten ihn vom Singen ab.

Ich bat Ray, in Zukunft wieder den Rechen zu benutzen. Beverly Hills hatte diese Laubbläser schon 1978 verboten, aber keiner richtete sich danach. Da Sie mit meiner Obrigkeitshörigkeit vielleicht schon ein wenig vertraut sind, werden Sie sicher verstehen, dass es für mich nicht nachvollziehbar war, warum das nicht durchgesetzt wurde – und weiterhin ertönte zu jeder Tageszeit irgendwo in der Umgebung das vertraute »Aiiiiiii … Aiiiiiii … Aiiiiiii …«.

Bei dem Lärm will man sich einfach nur die Decke über die Ohren ziehen. Apropos Decke! Hier meine elegante Überleitung zu den amerikanischen Betten, die einfach nichts von der Gemütlichkeit eines deutschen Betts haben. Bis auf die Größe, die ist in den Staaten eindeutig besser. Die »normale« Eheschlafstatt ist ein »Kingsize«-Bett – hat also Königsgröße, und zwar für einen großen König. Zirka zwei mal zwei Meter groß, passt da auch noch ein Kind rein, das gelegentlich in der Nacht zu den Eltern ins Bett kriechen will. Dann gibt es das Queensize oder auch das ähnliche Fullsize – etwas kleiner –, das die Größe von unseren durchschnittlichen Ehebetten hat. Dann das Twin – das normale Einzelbett. Die amerikanische Bettwäsche ist eingeteilt in drei Teile: *fittet sheet* (Spannbetttuch), *pillowcase* (Kopfkissenbezug) und *sheet* (Zudecke). Das *sheet* ist wirklich nur ein Laken, auf das man eine zusätzliche wärmere Decke legt. Das Laken wird häufiger gewaschen, die Decke weniger. Das Nervige daran ist, dass es zum guten Ton gehört, diese Laken so fest unter die Matratze zu ziehen, dass man beim Einstieg ins Bett erst einmal seine Beine freikämpfen muss. Besonders in Hotels hat sich das weltweit durchgesetzt und auch den Siegeszug in Europa angetreten.

Als Deckenvariationen gibt es dann noch gesteppte Decken, die die magere Version unserer schönen und herrlichen Federbetten sind. Die dicke Matratze liegt über einer dicken und gleich großen Federung. Man kommt sich ein bisschen vor wie die Prinzessin auf der Erbse. Dann brauchen Sie mindestens sechs bis zehn Kissen, die Sie dekorativ übers Bett legen.

Zur Schlafenszeit bedeutet dies, dass man sein Nachtlager erst einmal von diesen Unmengen an Kissen freischaufeln muss, für die ich bisher noch keine wirklich nützliche Verwendungsmöglichkeit ausmachen konnte. Ich glaube, es soll einfach nur der Eindruck von Gemütlichkeit vermittelt werden. Bei mir würde ein Federbett dazu völlig ausreichen.

»Bed, Bath und Beyond« ist eine Kette von Läden, in denen es neben »Betten, Bädern und weit mehr« wirklich alles gibt. Mein drittes Lieblingsgeschäft nach Buchläden und Baumärkten. Julia behauptet, sie hätte ihre ganze Kindheit bei »Bed, Bath and Beyond« verbracht. Sie übertreibt ein wenig.

Dieser typisch amerikanische Laden hat die Größe von einem Fußballfeld. Es gibt Töpfe und Gläser, Kissen und Leitern, typisch amerikanisches »Glump« – wie wir Bayern sagen würden –, gemischt mit Praktischem von Reiseflusenapparaten bis kleinen Handwärmern. Man kann sich dort richtig verlieren. Genau wie im Baumarkt.

Ich weiß noch, wie ich das erste Mal einen Verkäufer zur Verzweiflung gebracht hatte, weil ich ein Federbett suchte und ihm erklären wollte, dass ich außerdem nur ein *fitted sheet* (Spannbetttuch) brauchte und nicht die ganze Kombination. »Aber Sie brauchen ein Laken!«, versuchte er mir zu erklären. Dieser schlaksige amerikanische Junge wollte mir armer verlorener Europäerin zeigen, wie man wirklich schläft. Womit ich mich denn zudecken würde, wollte er wissen. Mit dem Federbett, meinte ich. Seine Vorstellung vom Federbett war allerdings eine andere als meine. Ich sah mein natürlich wöchentlich frisch bezogenes Federbett vor mir. Er die Steppdecke *(down comforter)*, die man vielleicht einmal im Jahr in die Reinigung gibt. Er versicherte mir, dass man hier unbedingt und dringend ein Laken brauche. Seine blauen Augen baten mich inständig, und er versuchte es mir auch in langsamerem Englisch zu erklären. Er fand es gruselig, dass ich mich mit dieser Decke zudecken sollte, die ja nicht dazu da ist, wöchentlich gewaschen zu werden. Ich gab auf und hinterließ bei ihm den Eindruck, dass alle Deutschen Ferkel sind und es ihnen nichts ausmacht, längere Zeit in einem ungewaschenen Bett zu schlafen. Er sah mir mitleidig nach.

Dann fand ich mein Federbett. In einem dänischen Bettenladen. Als Kingsize. Riesengroß.

Amerikanische Ehepaare haben eine gemeinsame Bettdecke. Hier wird das Teilen von Tisch und Bett noch ernst genommen. Ich teile nicht gern mein Federbett. Meine Decke ist eine Verlängerung meines Körpers. Die kommt mit mir mit. Ich bin nicht jemand, der so aufwacht, wie er einschläft. Ich wache auf, drehe mich um, gehe auf die Toilette, wickle mich ein und schiebe sie weg. Ich will die Beine drüberlegen, will mich einkuscheln können, will nicht, dass es von einer Ecke reinzieht, ich will nicht aufwachen, wenn »der andere« sie an sich reißt, will sie hin und her schieben und sie auf die Seite legen können. Ich bin ein »Anfangskuschler« und dann eine »Auf-die-andere-Seite-umdrehen-Schläferin«. Ich kann zum Einschlafen keinen Atem auf meinem Rücken spüren, und andere Haare kitzeln mich auch.

Davon abgesehen, bin ich eine Romantikerin. Ja, wirklich!

Ein paar Monate probierte ich dieses Riesenbett aus, dann brachte ich das Ding zurück und ließ die Federn in zwei *Twinsize*-Größen umfüllen. Die Verkäuferin verstand nicht ganz, warum. Ein Bett sieht einfach besser aus, so versuchte sie mir zu erklären, wenn man nur ein großes Federbett darüberliegen hat. Da hat sie natürlich recht. Aber der Schein ist halt nicht immer alles. Sie nahm es überrascht zur Kenntnis. Vielleicht lebte sie schon zu lange hier.

Ich merkte langsam, aber sicher, dass hier wirklich vieles größer ist. Wie zum Beispiel meine Mülltonne.

In München teilte ich meine Mülltonne mit acht Parteien im Haus. Diese wurde damals einmal die Woche geleert, und am sechsten Tag war sie zugegebenermaßen ziemlich voll. Hier in Los Angeles hatte ich für unser Haus die gleiche Größe zur Verfügung. Und wir hatten Müll! Ich schmiss hier nicht mehr weg als zu Hause in München, aber die Verpackungen von amerikanischen Produkten waren so viel aufwendiger, als ich es von Deutschland gewohnt war. Jedes T-Shirt wird nochmal in drei Lagen Papier eingewickelt (worauf ich später immer verzichtete) und kommt in große, stabile Einkaufstüten. Jedes Brot wird zweimal verpackt, jede Wurstscheibe bekommt noch ein dünnes Blatt Papier dazwischengelegt, damit es nicht zusammenklebt, jede Batterie kommt mit Unmengen an Plastik daher.

Unsere Zeitung, die *Los Angeles Times*, ist so dick, dass wahrscheinlich jedes Jahr ein ganzer Wald dran glauben muss, und das nur für uns. Täglich wurden mir Versandhauskataloge zugeschickt, weil ich es mir angewöhnt hatte, gelegentlich die eine oder andere Sache zu bestellen. Kaum ist man einmal vermerkt, verstopft sich der Briefkasten mit allem möglichen Krempel, den man nicht mehr loswird ... außer in der riesigen Mülltonne. Ich bemühte mich über all die Jahre, weniger Müll zu produzieren. Aber richtig zufrieden war ich mit dem Ergebnis nie.

Deutschlandbarometer 2

Julia war bei ihrem ersten Deutsch-
landbesuch (Januar 1990) drei Monate alt. Ich hatte gerade den elf-
stündigen Flug – oder waren es 36
Stunden? – überlebt, indem ich mit
Julia pausenlos den Gang auf und
ab ging. Mehrmals fragte ich mich,
wer von uns beiden denn die blöde

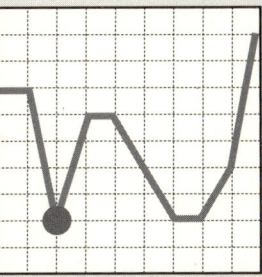

Idee gehabt hatte, ein Kind zu kriegen. Ich fühlte mich schuldig, da ich auch noch in der ersten Klasse saß – dank Meilen-
Upgrade – und mir die entsetzten Blicke meiner Mitflieger ob
meines Babys nicht entgingen. Ich schlief keine Minute, sondern wankte den Flieger auf und ab.

Ich freute mich auf meine Familie und meine Freunde. Die
Verwandten hatten mich besucht, von den Freunden waren gerade mal zwei da gewesen; und ich konnte es kaum erwarten,
ein anständiges Brot zu essen und stundenlang beim gemütlichen Italiener zu sitzen.

In Los Angeles hatte ich meinen amerikanischen Mitmenschen
pausenlos erklärt, wie viel besser doch fast alles in Deutschland ist.

Das Brot ist besser.

Die Wurst ist besser.

Die Türgriffe sind besser.

Die Fenster sind besser.

Die Wände sind besser.

Die Dächer sind besser.

Die Handwerker sind besser.

Die Fernsehsendungen sind besser.

Ich hatte zu allem und jedem eine Meinung, und selbst wenn ich von dem Thema nicht viel Ahnung hatte, konnte ich mich geschickt durchbluffen. Die Kunst der Moderatoren!

Ich wusste fast zu jedem Thema irgendeinen Fakt, und den schob ich dann vor mir her wie die Artillerie ihre Kanonen. Ich diskutierte für mein Leben gern und war natürlich auch immer der Meinung, im Recht zu sein. Eigentlich erstaunlich, dass ich Freunde hatte. Ich befürchte, ich habe sie mir deshalb ausgesucht, weil sie meiner Meinung waren.

Ich war über ein Jahr weg gewesen und wurde von kühlem und regnerischem Wetter begrüßt, dazu auch noch von einem grantigen Taxifahrer, weil unser Gepäck in keins der Autos meiner Familie reingepasst hätte: Wir flogen mit einem eigenen zusammenklappbaren Kinderbett, dem eigenen Autositz, einem Kinderwagen und dem normalen Gepäck für drei Wochen.

Der Taxifahrer schaute sich mein Gepäck an, schüttelte den Kopf und fing dann an, alles umständlich in den Kofferraum zu hieven. Er sah mir zu, wie ich babyjonglierend den mitgebrachten Autositz hinten festmachen wollte, ohne dass er auch nur einen Finger gerührt hätte. Damals war der Flughafen noch in München-Riem, und der Fahrer sprach während der ganzen Fahrt kein Wort. Er rauchte nur.

Julia und ich kamen in München an und wohnten erst einmal im Hotel. Die Wohnung meiner Mutter war für uns zu klein. Allein unser Gepäck hätte im Gang bleiben müssen. Was für ein komisches Gefühl. Dies ist meine Heimatstadt, und ich wohne im Hotel? Ich wollte kein Tourist in meiner Heimat sein. Doch jedes Mal, wenn ich durch die Hotellobby ging, fühlte ich mich wie einer. Am liebsten hätte ich einen Aufkleber getragen: »Ich bin Münchnerin und wohne nur aus Versehen hier.«

Meine Freunde kamen und gingen. Richard kam auch für ein paar Tage, und ich »ruderte«, um mein Heimatgefühl nicht zu verlieren. Doch es entglitt mir.

Die Deutschen gingen mir auf die Nerven. Jeder war grantig. Alles war mühsam. Die Läden machten damals noch um 18.30 Uhr zu. Die Verkäuferinnen unterhielten sich, statt mir mit einem freundlichen »Kann ich Ihnen vielleicht helfen?« zur Verfügung zu stehen. Es gab nur einen langen Samstag im Monat, an dem ich natürlich nicht da war. Das Wetter war schlecht und überhaupt ...

Ich war froh, als ich wieder nach Los Angeles flog, und doch auch melancholisch. Ich stand mit gegrätschten Beinen zwischen zwei Welten und hielt auch noch ein Baby im Arm. Tief im Herzen war ich heimatlos geworden.

14. Warum wir Amerikaner für oberflächlich halten und die Selbstverständlichkeit, sich durch einen Raum zu arbeiten

Die Stadt kam mir nicht mehr so staubig vor. Selbst der Anflug auf Los Angeles löste in mir ein mildes Lächeln aus. Ab dann störten mich die dünnen Wände nicht mehr. Ich ließ Gnade walten vor den untalentierten Dachdeckern, kaufte sogar Brot mit einer gewissen Nachsicht. Schließlich packte man mir am Ende des Laufbands der Kasse alles nett ein, und wenn ich wollte, trug man es mir sogar bis zum Wagen.

Julia bekam Post. Von einer Bank. Ihr wurde eine Kreditkarte angeboten. Ich schaute etwas neidisch. Warum kriegt sie eine, und ich habe mich doch vor Monaten so abgemüht? Bei Nachfrage stellte sich heraus, dass sie auf ihrem ersten Vielfliegerprogramm durch unser Reisebüro angemeldet wurde und so als Amerikanerin natürlich auch eine Kreditkarte braucht. Ich werde mich an sie halten, wenn ich älter bin.

Irgendwie schien ich nicht beliebt zu sein. Ich machte mir Sorgen. Wir gaben ein Abendessen nach dem anderen und wurden doch relativ selten eingeladen. Frances Schoenberger war eine der wenigen, die uns immer wieder einlud, um amerikanisch-deutsche Freundschaften zu pflegen und Leute im Filmbusiness zusammenzubringen. Wir gingen zwar in Restaurants – und das viel zu viel –, aber nach Hause wurden wir kaum eingeladen.

Ich machte mir Gedanken, woran es denn liegen könnte. Bin ich zu deutsch? Kommen die Leute nur aus Höflichkeit zu unseren Abendessen? Mein Englisch hat sich mittlerweile entscheidend verbessert, also daran konnte es nicht liegen. Es dauerte eine Weile, bis ich kapiert hatte, woran es lag: Nicht ich wurde nicht eingeladen. Niemand wurde eingeladen. All die wunderschönen herrlichen Esszimmer: unbenutzt.

Viele Küchen in diesen teuren Gegenden sind restaurantverdächtig ausgestattet, alle haben eine Haushälterin, die einem zur Hand gehen könnte. Es ist nicht unüblich, sich einen Koch zu mieten, der dann stundenweise die Küche übernimmt, um für eine Party zu kochen. Manche hatten sogar einen eigenen Koch, und trotzdem wird vielleicht vier- oder fünfmal im Jahr jemand zu einem Dinner eingeladen. Gut, es gibt BBQs, Grillfeste, die meistens entweder am 4. Juli (zu Ehren des Tages der amerikanischen Unabhängigkeit von England 1776) oder an einem der verlängerten Wochenenden stattfinden. Viel gekocht wird auch noch zu Thanksgiving, Ende November, dem zweiten größten Familienfeiertag nach Weihnachten, aber da bleibt man meistens unter sich mit der Familie.

Ich glaube, es liegt an der Perfektion, die von dieser Stadt erwartet wird. Jede Premiere ist ein unglaubliches Ereignis. Alles soll perfekt aussehen, und wer will schon unperfekt sein in dieser perfekten Stadt?

Nach der Premiere im Kino lässt es sich das ausrichtende Filmstudio nicht nehmen, zu einer Feier einzuladen. Dazu wird man entweder mit Bussen vom Kino hingefahren, oder der Ort ist in der Nähe. Es gibt Abteilungen in den Filmfirmen, die nur dafür zuständig sind, ungewöhnliche phantastische Orte zu finden, in denen man Premierenfeiern ausrichten kann. Eine Unmenge an kreativen Menschen denkt wochenlang darüber nach, wie die geladenen Gäste beeindruckt werden können. Das Essen ist immer phantastisch. Die besten Köche bekochen diese Premieren. Die Dekoration ist fast wie im Film, und auch die Stimmung wird häufig perfekt kopiert. Egal, wohin das Auge streift, es ist aufregend, ungewöhnlich, teuer und clever organisiert.

Für den außenstehenden Betrachter ergibt sich folgendes Erlebnis: Irgendwie hat man das Ticket zur Premiere bekommen. Man zieht sich schick an, vielleicht sogar ein auffallendes Cocktail- oder – im schlimmsten Fall – ein langes Abendkleid, und freut sich darauf, möglichst viele Stars zu sehen. Man parkt. Dann gibt es den roten Teppich, der ins Kinoinnere führt, auf dem die Stars entlangschreiten, um mit den akkreditierten Journalisten zu sprechen. Auf der gegenüberliegenden Straßenseite brüllen die Fans den Namen der jeweiligen Berühmtheit. Als »Nichtstar« wird man sofort auf den hinteren Teppich verbannt, der parallel zum roten Teppich verläuft – die Leute, die die Stars von den Nichtstars trennen, sind geschult –, aber man kann so trotzdem den einen oder anderen Blick erhaschen. Dann geht es ab ins Kino. Früher war es so, dass ganze Kinoreihen für die Stars und die Produktionsfirma, die Film-Executives, deren Frauen oder Ehemänner reserviert wurden. Heute bekommt jeder eine gedruckte Sitzplatzkarte. Damals stand an jedem Ende der Reihe eine Person mit Kopfhörern und einer Liste. Steht man darauf, wird einem ein Platz zugewiesen. Der Rest der Besucher kommt früh, um noch irgendeinen passablen Platz zu ergattern, der nicht in der ersten Reihe ist. Dann wird geschaut, wer da ist, wen man erkennt.

Der Film wird in der Regel angesagt. Meistens vom Produzenten, der auch die anwesenden Stars auf die Bühne bittet und sie kurz vorstellt. Dann wird es dunkel, und der Film beginnt. Am Ende des Films wird auf jeden Fall geklatscht, und man macht sich gleich auf, um schnell zur Party zu kommen. Dazu stehen entweder Busse bereit, oder man geht (gelegentlich) zu Fuß. Die Einladung ist gut sichtbar in der Hand zu halten.

Die Party: Die Karten werden eingesammelt, damit man sie nicht irgendwie heimlich weitergeben kann. Es gibt unglaublich gut aussehende Bedienungen, die alle Schauspieler oder Schauspielerinnen werden wollen oder schon sind (natürlich nicht besonders erfolgreich), und der Raum ist auf jeden Fall kalt. (Airconditioning! Sie erinnern sich.) Es gibt ein irrsinniges Gewimmel, und der Gast versucht, einen oder zwei Blicke auf einen der anwesenden Stars zu erhaschen. Er genießt das ausnehmend gute Essen und isst sich durch lange Reihen von Buffets durch. Besonders die phantastischen Desserts.

Gelegentlich kann er ein Foto mit einem Star machen, unauffällig natürlich. Er bleibt bis zum Ende, um dann hochzufrieden nach Hause zu gehen. Nicht ohne vorher sein *goody bag* abgeholt zu haben, das jedem Gast in die Hand gedrückt wird. Ein *goody bag* ist ein Abschiedsgeschenk, das alle Eingeladenen bekommen: in einer Tragetasche, in der häufig etwas zu finden ist, was mit dem Film zu tun hat. Eine CD mit dem Soundtrack zum Beispiel. Oder Süßigkeiten in irgendeiner Form, die einen Bezug zum Film haben. T-Shirts. Tassen. Diese hebt der Gast auf, und sie erinnern ihn immer wieder an den großartigen Abend.

Das Ganze gibt es noch als »Arbeitsversion«. Nämlich für all diejenigen, die in dieser Industrie ihr Geld verdienen und solche Premieren regelmäßig besuchen und allein deshalb schon die Begeisterung dafür verloren haben … verständlicherweise. Sie sind aber höflich genug, um trotzdem noch so zu tun, als ob es ihnen einen Heidenspaß machen würde. In Wirklichkeit wollen sie nur eines: so schnell wie möglich nach Hause.

Die Arbeitsversion: Man hat das Ticket zur Premiere bekommen, und es wird erwartet, dass man hingeht. O nein, nicht schon wieder! Man zieht als Mann den üblichen Anzug an, als Frau die weibliche Version davon (Hosenanzug oder Kostüm) und hofft, dass der Film rechtzeitig anfängt und man möglichst schnell alle wichtigen Leute trifft, denen man hallo sagen muss. Man parkt. Man geht zügig an den akkreditierten Journalisten vorbei. Der Executive geht durch den Kinoeingang, und schon wird er von einem Mitarbeiter abgefangen, der ihn mit Namen anspricht und ihm anbietet, ihn an seinen reservierten Platz zu führen. Der Executive bedankt sich und nimmt seinen Platz ein, nicht ohne vorher die anderen Kollegen und ihre Begleitung begrüßt zu haben: Man tut dies mit Umarmungen, einem Kuss auf die Wange, und die Männer schlagen sich gegenseitig auf den Rücken. Tap, tap, tap … Du bist mein Freund. Die Länge der Umarmung hängt mit dem Schlagen auf den Rücken zusammen.

Gelegentlich steht der Executive aus seinem gerade eingenommenen Sitz auf, lehnt sich mit dem Rücken an die Kinoreihe vor ihm und scannt den Kinosaal nach Leuten ab, die er begrüßen muss. Danach verlässt er seinen Platz, um die zu begrüßen, die er zu begrüßen hat. Der Stärkere, sprich Wichtigere, bleibt stehen. Die weniger Wichtigen oder einfach nur Höflicheren gehen auf die anderen zu. Die Frau bleibt unterdessen brav sitzen.

Nach der Vorstellung der Produzenten oder Stars des Films wird es dunkel, und der Film beginnt. Bei der sogenannten Weltpremiere bleiben natürlich alle da. Am Ende des Films wird auf jeden Fall geklatscht, und man erhebt sich, bevor er zu Ende ist. Nur die Leute, die aktiv am Film mitgewirkt haben, bleiben sitzen, bis auch der letzte Name der Crew auf der Kinoleinwand verschwunden ist. Später, wenn der Film die Runden dreht, in Cannes, in Venedig, in Berlin, bei Filmfestivals oder den jeweiligen Landespremieren vorgestellt wird, verlassen diese das Kino, was den Zuschauern in der Dunkelheit kaum auffällt, denn sie haben den Streifen schon diverse Male gesehen und keine Lust mehr, deswegen nochmal so lange sitzen zu bleiben. Man wartet in einer Hotelsuite oder einem Restaurant gemeinsam, bis der Film vorbei ist. Dann begibt man sich zur Party.

Es gibt ein irrsinniges Gewimmel, und der Executive macht das, was jeder machen muss: *He works the room.* Er arbeitet sich durch den Raum. Er oder sie (je nachdem, wer den Job hat) ist in ständiger Bewegung. Die Augen durchforschen den Raum. Wer muss begrüßt werden? Wen hat man lange nicht mehr gesehen? Wem will man aus dem Weg gehen? Die Ehefrau – oder der nicht arbeitende Ehemann – geht brav mit wie ein Hund an der Leine. Man lächelt, macht Smalltalk und ist charmant. Natürlich wird der Film gelobt. Irgendjemand in der Nähe hat immer irgendetwas damit zu tun. Wenn einem der Film überhaupt nicht gefallen hat, gibt man Kommentare ab wie »You did such a good job!« (»Was für eine tolle

Arbeit Sie da abgeliefert haben!«) oder »I love the score« (»Ich liebe die Musik dazu«). Manche Executives werfen sich wissende Blicke zu: »Shit, das Ding wird uns absaufen«, und versuchen, den Stars oder den Produzenten das Gefühl zu geben, dass sie trotzdem wichtig sind. Der Executive versucht, schnell irgendetwas zu essen, was ihm nicht immer gelingt.

Er bemüht sich, den einen oder anderen der anwesenden Stars zu begrüßen und ihnen zu gratulieren. Sobald er kann, schleicht er sich jedoch heimlich davon. Zu Hause schaut er kurz durch sein *goody bag*, behält selten etwas, da er es meistens schon hat oder es ihn nicht interessiert, die hundertste Tasse vom hundertsten Film in seinen Küchenschrank zu stellen, und gibt es an seine Haushälterin oder Sekretärin weiter.

Gelegentlich wurde ich an solchen Abenden hoffnungsfroh gefragt: »Are you in the business?«, also ob ich in dem Geschäft tätig sei. Mit Business ist hier immer die Filmindustrie gemeint. Vielleicht kann ich ja irgendwie nützlich sein?

Ich schüttelte stets bedauernd den Kopf. Nicht meinetwegen, ich war heilfroh, eben nicht im Business zu sein, sondern wegen des anderen, dem meistens enttäuscht das Gesicht zusammenfiel. Häufig fiel meinem Gesprächspartner danach nichts mehr ein, als ob er mit solch einer Antwort auf keinen Fall gerechnet hätte. Was um Himmels willen machen Sie denn hier, wenn Sie nicht *in the business* sind? Doch auch diese Frage wurde mir kaum gestellt, und so schauten wir uns eine Weile betreten an, bis einer von uns dem Drama ein Ende setzte.

Mir hat Smalltalk noch nie besonders gefallen. Ich bin zwar in der Lage, mich über Nichtigkeiten zu unterhalten, wenn ich merke, dass mein Gegenüber kein Interesse hat, mich in sein Leben hineinzulassen, aber es langweilt mich zutiefst. Mich interessieren Menschen. Ich will wissen, was sie machen, was sie denken, was sie bewegt, und mich interessiert es recht wenig, wohin sie in Urlaub fahren oder ob sie 200 Gramm abgenommen haben. Und doch liegt es in meiner Natur, mich anzupassen – eine Begabung, die mir häufig im Leben nützlich war. Ich kann mein Bayerisch hervorkramen und mit dem Landwirt über den erwünschten Regen reden und im eleganten Schwarzen nicht unangenehm auffallen. Doch dies war ein anderes Spielfeld. Ein Spielfeld, auf dem ich eigentlich nicht mitspielen durfte. Ich war der Balljunge, der aufhebt, was runtergefallen war. Ich sah andere Frauen, die das so selbstverständlich hinnahmen. Lächelnd. Leicht. Sogar irgendwie würdevoll. Bei mir knirschte innendrin alles. Ich fühlte mich wie ein Hund an der Leine.

Ich wollte nicht hier sein. Nach den ersten fünf, sechs Premieren merkte ich, wie wenig Spaß so was eigentlich macht. Jedes Mal, wenn ich mit Deutschland telefonierte, wollte man von mir wissen, wen ich getroffen hatte und wo ich überall gewesen war. Es hörte sich so glamourös an, doch das war es nicht für mich.

Manchmal fragte ich mich, ob ich undankbar war und so eine Chance nicht mit der nötigen Begeisterung hinnehmen konnte.

Ich bat Richard, dass ich mich einfach in eine Ecke setzen dürfte, um mit ein paar Frauen zu plaudern, doch er meinte, dass er mich dabei brauchte, das macht man hier eben so. Dummerweise habe ich ein extrem schlechtes Namensgedächtnis, und das ist in diesem Geschäft tödlich. So fragte ich Richard immer recht panisch: »Wer ist das nochmal?« Richard weiß von jedem auch noch das Geburtsdatum und die Namen der Kinder; und er war fassungslos, dass ich mir das nicht merken konnte. Es gab Zeiten, da stellte ich mich nur lächelnd als »I am just the decoration« vor (»Ich bin hier nur als Dekoration«) – denn so fühlte ich mich.

Ich spielte die Rolle der *executive wife* und fühlte mich nicht wohl darin. Ich war es nicht gewohnt, ignoriert zu werden. Nicht, dass in meiner Gegenwart in Deutschland der Verkehr stehen bleibt, aber so ein gewisses Level an »Hallo, Sabrina, wie geht es dir?« war doch immer üblich, und es fiel mir schwer, hier nicht richtig »stattzufinden«. Heute weiß ich, dass jede Ehefrau oder auch Ehemann sich so fühlt, der nicht in diesem Geschäft arbeitet. Clayton, der Gatte von Lesli, Richards erster Frau, die eine erfolgreiche Regisseurin ist, ging es genauso wie mir. Er ist Künstler, Maler und wurde hier ebenso wenig zur Kenntnis genommen wie ich. Später gewöhnten wir uns an, in irgendwelchen Nischen zusammenzusitzen, bis Lesli und Richard uns wieder abholten.

Überraschenderweise fand ich mich beneidet. Von Frauen, die hier arbeiteten und zu all diesen Events wollten, zu denen ich mitgehen musste. Ich hätte ihnen so gern meinen Platz überlassen! Auch in Deutschland fragte man mich immer wieder, wie es denn »so in Hollywood« sei, wen ich denn alles kenne, wer denn meine Nachbarn sind. Man stellte sich vor, dass ich mit frisch manikürten Fingernägeln am Pool rumlümmle, während in Deutschland alle hektisch ihrer Arbeit nachgehen. Dabei nippe ich an meinem Champagner, derweil ein Kindermädchen sich um unsere Tochter kümmert und die Haushälterin alles aufräumt und mir Tag und Nacht zur Verfügung steht. Was ja auch dringend notwendig ist, weil ich natürlich kaum zu Hause bin, sondern zwecks Shopping zum Rodeo Drive fahre und dann abends in großer Garderobe zu all diesen glamourösen Partys gehe, bei denen großartige Schauspieler mit mir flirten wollen.

Die meiste Zeit lief ich in T-Shirts und Jeans herum. Eine Reinemachefrau kam dreimal die Woche und kümmerte sich ums Gröbste. Unsere Perle Esther kam erst später. Ich schleppte Julia überallhin mit. Am Abend hatte ich eine deutsche Babysitterin, da wir fast fünf Businessdinners die Woche hatten, bei denen ich charmant plaudernd mit Leuten zusammensaß, die über Dinge reden wollten, die mich nicht interessierten.

Ich war für dieses Leben nicht gemacht.

Nach einem Jahr konnte ich nicht mehr. Ich schlug Richard vor, einmal die Woche zu Hause ein Dinner für drei Paare zu machen (das erspart mir drei Businessdinners in der Woche), die Leute sind bei uns daheim und fühlen sich hoffentlich wohl. Er war einverstanden. Von da an wurde mein Leben leichter, denn ich war abends nun endlich häufiger in den eigenen vier Wänden.

Da Richard wie gesagt einige Jahre in Japan gearbeitet und viel Zeit in Asien verbracht hatte, gingen wir häufig zu Abendessen mit

Japanern; auch die wollte ich nach Hause verlegen. Richard hatte fünfzehn asiatische Gäste eingeladen – fast alles Männer –, und wir veranstalteten ein richtiges amerikanisches BBQ am Sonntagnachmittag. Einen Tag später waren wir die Gastgeber bei einem großen Abendessen im Spago's, in dem ebenfalls viele asiatische Gäste mit weiteren sechzig geladenen Gästen teilnahmen. Ich ging herum, begrüßte die Gäste, hielt mit dem Maître d'Oberkellner Augenkontakt, um es ihm anzudeuten, wenn irgendwo etwas fehlte, und stand auch irgendwann einmal neben einem jungen asiatischen Mann. Ich muss nun zugeben, dass ich nicht in der Lage bin, irgendeinen Unterschied in den Gesichtern festzustellen. Wenn da nicht eine knallgrüne Krawatte dranhängt – und das ist eher selten –, hat er für mich keinen Wiedererkennungswert. Irgendwann habe ich später eine Dokumentation über dieses Thema gesehen, bei der gezeigt wurde, dass alle Menschen Schwierigkeiten haben, Vertreter anderer Rassen wirklich zu unterscheiden. Für ihn war ich wahrscheinlich ebenfalls eine von diesen Hunderten blonder Frauen, die alle gleich aussahen. Ich stellte mich vor. Er sagte: »Aber wir kennen uns.«

Regel Nummer zwei im Business: Wann immer jemand sagt, er kennt Sie, sagen Sie nie, dass Sie sich nicht erinnern können, sondern höchstens: »Ach ja, genau. Helfen Sie mir, wann war das noch mal?« Mit ein bisschen Glück und Geschick können Sie ihn oder sie ausfragen, und dann fällt es Ihnen vielleicht sogar wieder ein.

Ich schaue den asiatischen Gast an und höre mich sagen: »Ich glaube nicht, dass wir uns kennen.« In dem Moment, als sich dieser Satz von meinen Lippen in die Freiheit losgerissen hatte, wusste ich, dass ich einen Fehler gemacht hatte. Habe ich gerade »Das glaube ich nicht« gesagt? Bin ich verrückt geworden?

Er lächelte freundlich: »Ja, wir waren doch gestern auf Ihrem BBQ bei Ihnen zu Hause.«

Oh shit! Wie komm ich da wieder raus? Ich versuchte es mit einem dahingestammelten: »Oh, das tut mir leid, natürlich erinnere ich mich. Nur heute, in Ihrem schwarzen Anzug, sehen Sie so schick aus.« Hoffentlich rutsche ich auf meiner Schleimspur nicht aus …

»Machen Sie sich keine Gedanken, Mrs. Fox, wir schauen eben alle gleich aus.« Dabei tätschelte er mir beruhigend den Arm.

Von einer *Hollywood wife* wird erwartet, dass sie solche Fauxpas eigentlich nicht macht, und schon gar nicht, wenn sie ihren Mann auf irgendwelchen Dienstreisen, zu den Filmfestivals nach Cannes oder Venedig begleitet. Hier passiert genau das Gleiche, was in den Filmpremieren in Los Angeles passiert. Nur die Kulisse ist eine andere. Manchmal fuhren wir in einem Autokonvoi zur Premiere, und gerade in Cannes stehen rechts und links die Besucher, die sich an den Autos die Nase plattdrücken, in der Hoffnung, dass da jemand Berühmtes drinsitzt. Ich sah dann immer die enttäuschten Gesichter, wenn nur ich drin war. Tut mir leid, ich bin nicht Sharon Stone, Angelina Jolie, Meg Ryan oder Meryl Streep. Doch da hatten sie sich schon enttäuscht abgewandt.

Ich habe aber auch viel gelernt. Ich durfte beobachten, dass die wirklich großen Schauspieler diese Reisen, die ausschließlich dazu dienen, den neuen Film zu bewerben, sehr ernst nehmen. Es ist ein Job für sie, den sie mit viel Aufmerksamkeit ausführen.

Stellen Sie sich vor, Sie sind ein Star. Sie werden herumgereicht. Jeder möchte mit Ihnen plaudern.

Sie kennen doch viele der schönen Fotos von den Schauspielerinnen, die mit kurzärmeligen Kleidern im Freien auf dem roten Teppich stehen? Die Luft ist nicht warm und angenehm. Es ist saukalt! Dies ist Los Angeles! Das ist eine Wüstenstadt. Wenn die Sonne untergeht, kühlt es sofort ab. Das sind Gänsehauttemperaturen da draußen, und diese armen Frauen stehen stundenlang mit ihren kleinen Chiffonkleidchen rum und sehen so aus, als wenn es ihnen warm wäre. *Das* ist Schauspielkunst! Sie tragen diese Kleider, damit sie besser aussehen und nicht im Wintermantel in der *Bunten* oder der *Gala* stehen. Sie werden fotografiert, immer und immer wieder mit den gleichen Fragen belagert. Sie wachen morgens auf und werden fotografiert, sie gehen abends ins Bett und werden fotografiert. Sie betreten einen Saal, und alle Augen folgen ihnen. Sie haben keine Ahnung, wer ihr Tischnachbar ist; und wer es auch sei, sie werden sich ausnehmend höflich und charmant mit ihm oder ihr (es ist nicht selten eine *Hollywood wife*) unterhalten. Sie essen, was ihnen vorgesetzt wird, weil der Ober sonst dem Koch sagt, dass ihnen sein Hühnchen nicht geschmeckt hat und der arme Mann die ganze Nacht nicht schlafen kann. Kein Nasenkratzen, das uncharmant aussehen könnte, besonders wenn man dabei fotografiert wird, und natürlich werden sie nicht mit einem Zahnstocher herumbohren. Sie lassen ihre Zähne in Ruhe, und selbst wenn sie das kleine Stückchen Hühnchen in den Zwischenräumen den ganzen Abend nerven sollte. Sogar auf dem Klo lässt man sie nicht allein.

Zwei berühmte Schauspieler haben mir davon erzählt, dass es am schlimmsten ist, wenn sie in Herrenklos sind: Nicht selten erkennt sie der Nebenmann beim Urinieren und will ihnen sofort aus Begeisterung die Hand schütteln.

Natürlich sind diese Veranstaltungen, gerade am Anfang, sehr spannend. Ich erinnere mich noch gut an meinen ersten Oscar. Ich war überrascht, dass wir um 14.30 Uhr mit einer Limousine zu Hause abgeholt wurden, weil die Liveübertragung sich nach der New Yorker Zeit richtet, und dort ist es nun mal drei Stunden später. Eine Bekannte hatte eine ziemlich große Abendtasche dabei und zeigte mir kleine abgepackte Käsestücke und Crackers. »Es dauert so lange«, meinte sie und schaute etwas gelangweilt. Wie kann man beim Oscar gelangweilt sein?

An Stars und Sternchen hatte ich mich mittlerweile gewöhnt, und aus irgendeinem seltsamen Grund berühren sie mich nicht besonders. Eigentlich müsste es anders sein, schließlich bin ich nicht mit berühmten Leuten aufgewachsen. Und doch habe ich Menschen immer nach ihrem Benehmen und nicht nach ihrem Prominentengrad beurteilt. Natürlich war ich auch als Fernsehmoderatorin nicht ungeübt im Umgang mit bekannten Persönlichkeiten, und damals gehörte ich selbst ja auch sozusagen dazu. Da ich mich prominent nicht anders fühlte als unprominent, nahm ich das wohl auch von den Menschen in meinem Umfeld an. Ich wollte sie nicht anstarren und mich auch nicht unbedingt vordrängen, um mit ihnen befreundet zu sein.

Zweierlei fand ich beim Academy Award sehr faszinierend. Einmal, dass man alle Stars beim Anstehen an den Toiletten treffen konnte: Geduldig warteten blonde Frau, kleine Frau, dünne Frau, Meryl Streep, hagere Frau, Meg Ryan, ältere Dame, Frau mit seltsamem Kleid, ich, große Frau, Sophia Loren, schüchterne Frau darauf, dass sie auf die Toilette gehen konnten. Man konnte nur den Saal verlassen, wenn es eine Werbeunterbrechung fürs Fernsehen gab, und die hat man dort ja nun wirklich zur Genüge.

Zweitens war ich von der Organisation der Fernsehübertragung beeindruckt: Damit man als Zuschauer keine leeren Plätze in den Reihen sieht, weil die Leute entweder auf der Toilette sind oder gerade auf der Bühne, um ihren Oscar abzuholen, werden die Plätze aufgefüllt. An den beiden Seiten im Saal standen – von den Fernsehkameras nicht erfasst – Reihen um Reihen von gutaussehenden Frauen und Männern in Abendgarderobe. Wann immer jemand aufstand, huschte schnell der Erste der Reihe auf deren Platz. So waren alle Sitze immer gefüllt: von Kleinschauspielern, die sich für die »Rolle« des Platzbesetzers beworben hatten.

Es freute mich auch sehr, wie begeistert das amerikanische Publikum ist. Die ganze Stimmung ist fürsorglich. Man klatscht, man schaut sogar erfreut, wenn man verloren hat, man benimmt sich großzügig.

Wenn ich da an die deutschen Preisverleihungen zurückdenke. Die Zuschauer sitzen nicht selten gelangweilt herum, um zu demonstrieren, dass sie schon »Besseres« erlebt haben. Die Augenbrauen werden ab und zu arrogant nach oben gezogen, und das leichte Mundkräuseln, das man auch mit einem beginnenden Lächeln verwechseln kann, kommt nur dann auf, wenn die bemühten Moderatoren oder Schauspieler gerade auf der Bühne verhungern, weil wir partout nicht über ihre Witze lachen wollen. Und wenn wir daran ersticken! Mir war damals klar, was den Deutschen fehlt: der amerikanische Enthusiasmus, die Begeisterungsfähigkeit und die

Großzügigkeit, mit der Erfolg geschätzt wird. Ich fand uns Deutsche neidisch.

Häufig ist die erste Frage bei deutschen Journalisten: Wie viel Geld verdienen Sie? Als wenn es auf unsauberen Wegen zustande gekommen wäre. Bei uns gibt es das Wort »Schadenfreude«, das auf Englisch gar nicht zu existieren scheint. Woran mag das liegen? Sind wir in unserem Herzen immer noch verbunden mit unseren Vorfahren und dadurch umgeben von Burgen und Gräben – und alles, was anders ist, was außerhalb ist, was erfolgreicher ist, wird misstrauisch beobachtet? Warum gönnen wir dem anderen den Erfolg so selten? Ich habe diverse Male obdachlose Männer gesehen, die vor Parkgaragen Geld sammeln und dem Fahrer, der gerade mit einer nagelneuen Luxuslimousine rausfährt, begeistert sagen: »I love your car. You look hot in it. Good for you!« (»Ich liebe Ihr Auto. Es steht Ihnen bestens. Schön für Sie!«) Können Sie sich so was in Deutschland vorstellen?

Ja, ich war begeistert von »meinen« Amerikanern. Die, die ich traf, waren von einer Freundlichkeit und einer Wärme, die ich dankbar aufnahm. Ich fing an, sie zu verteidigen. Besonders, wenn Ihnen Oberflächlichkeit nachgesagt wurde. Mein Freund Eric, ein Engländer, der schon seit Jahren hier lebte, regte sich mal fürchterlich über all die Europäer auf, die ihm erklären wollten, wie oberflächlich die Amerikaner seien. »Wann haben Sie das herausgefunden? Auf dem Weg vom Flughafen zu mir?«

Die Amerikaner, die ich kennengelernt habe, waren genauso interessiert, neugierig, bereit, verfügbar wie meine deutschen Freunde. Ihre Höflichkeit war eine andere. Sie waren offener beim ersten Kontakt, und das ist es, was vielfach missverstanden wird.

Für einen Amerikaner, der sich vom Nachbarn eine Bohrmaschine ausleihen will, beginnt ein Telefongespräch irgendwie so: »Hallo, ich bin's, Robert. Wie geht es dir?« – »Wie geht es den Kindern? Spielt Mike viel Basketball?« – »Danke übrigens noch mal für das herrliche Dinner bei euch, wir haben uns köstlich amüsiert. Wie ihr diese Hühnergerichte immer zusammenzaubert, und meine Frau war hin- und hergerissen, wie phantastisch ihr ausschaut. Ihr macht zu viel Sport, dagegen sehen wir alle fürchterlich aus.« – »Danke, zu großzügig!« – »Oh, übrigens, wäre es irgendwie möglich, dass ich mir euren elektrischen Bohrer für eine Stunde ausleihe?«

Bei einem Deutschen hört sich das ganz anders an: »Hallo, Heinz, hier ist der Robert. Du, ich brauch mal deine Bohrmaschine.« – »Ja, jetzt gleich. Geht das?«

Ich erinnere mich noch an einen Blick, den mir Richard zuwarf, als ich gerade bei der Nachbarin um ein Ei gebeten hatte.

»Mit wem hast du denn gesprochen?«, fragte er mich irritiert.

»Mit Jackie«, antwortete ich, »ich wollte mir ein Ei ausleihen.«

»Bist du wütend auf sie?«

»Nein, wie kommst du darauf?«

»Du warst so kurz angebunden.«

Um Gottes willen, ich wollte Jackie natürlich nicht verletzen. Ich rief sofort zurück und entschuldigte mich für meine Wortkargheit.

»Mach dir keine Sorgen«, lachte sie, »ich weiß doch, dass du Deutsche bist.«

Erst im Ausland fällt einem auf, wie deutsch man ist. Ich glaubte doch allen Ernstes, brav in Deutschland lebend, dass ich eher ein Weltbürger sei, obwohl »deutsch« nun wahrlich nicht sexy ist – um mich mal kurzfristig in der Werbesprache auszudrücken. Ich fand die Art und Weise, wie ich mich ausdrückte, »normal«, doch für Amerikaner muss diese Direktheit im höchsten Grade unhöflich gewesen sein. Nun sind die US-Bürger wiederum viel zu höflich, um mir so etwas zu sagen (das war die Aufgabe Richards, die er auch prompt erfüllte). Erst im Nachhinein war mir klar, wie abrupt die meisten meiner Äußerungen geklungen haben müssen, auch noch eingerahmt von meinem damaligen starken deutschen Akzent, der eine Mischung aus Ruth Westheimer – eine berühmte, kleine und schrullige ehemals deutsch sprechende Sexualtherapeutin – und Arnold Schwarzenegger war, dem Schutzheiligen des schweren deutschen Akzents. Die Amerikaner hielten meine Direktheit für *charming*.

Die Kalifornier sind Meister der *thank-you notes*, des schriftlichen Sichbedankens, etwas, was sich bei mir nicht durchgesetzt hat und was ich auch wirklich in meiner Tochter zu verankern versäumt habe. Es bereitet ihr schon Schwierigkeiten, mal anzurufen, um sich bei ihrer Oma für ein Päckchen zu bedanken. Die Amerikaner setzen sich nach jeder Party, jedem Mitbringsel, jedem Weihnachten oder jeder Chanukkah hin und schreiben auf dafür extra gedruckten Karten, die in extra gedruckte Briefumschläge passen, extra geschriebene *thank-you notes*. Sogar für Kindergeburtstage gibt es Vordrucke, in denen die Sechsjährigen selbst krakelig ihren Namen und ein *thank you* einfügen können.

Das Selbstbeantworten wie das Selbstschreiben – in jeder Altersgruppe – wird hier hoch bewertet. Ebenso wie der Rückruf, der hoffentlich am selben Tag, spätestens allerdings am nächsten, erfolgen muss. Es wird auch erwartet, dass bei privaten Rückrufen auf gar keinen Fall und unter keinen Umständen die Sekretärin einen verbindet. Beruflich sieht es etwas anders aus, nicht selten geht es da um irgendwelche Positionsbestimmungen. Und welche Sekretärin wen in der Leitung hängenlässt, sorgt nicht selten bei frustrierten Chefs zu noch mehr Frust.

Etwas, was ich auf keinen Fall auf mein deutsches Erbe zurückführen kann, war meine damalige Unfähigkeit, Versprochenes auch wirklich zu halten. Ein Satz wie »Ich schick dir das Buch, von dem ich dir erzählt habe« war spätestens am nächsten Tag aus meinem Gedächtnis verschwunden. Und wenn ich ein paar Tage später daran dachte, wischte ich es einfach weg, weil es dann doch zu viel Mühe gemacht hätte. Die Angewohnheit, Vereinbarungen einzuhalten, setzte sich bei mir durch das Vorbild Richards durch: Wenn er eine Zusage gemacht hatte, dann hielt er sich auch daran. Und zwar war das Versprochene spätestens am nächsten Tag in der Post und unterwegs. Egal, wie viel Arbeit er, seine Sekretärin oder ich damit hatten.

Apropos Sekretärin – hier einfach nur eine, wie ich finde, profunde Wahrheit über Ehen im Allgemeinen: Männer, die Sekretärinnen haben, sind für das Eheleben einfach nicht mehr zu gebrauchen. Sie sind versaut. Da sitzt jemand in der Nähe, der auf Zuruf all das macht, was sie wollen. Und das zehn Stunden am Tag. Der arme Kerl, er hat ja nicht einmal Schuld, ist schlichtweg daran gewöhnt. Wie soll er nun zu Hause verstehen, dass das so nicht funktioniert?

Deutschlandbarometer 3

Ein Freund von uns stellte uns im Juli 1990 für drei Wochen seine Münchner Wohnung in Schwabing zur Verfügung. Richard wollte Deutschunterricht nehmen. Er hatte zum ersten Mal in seinem Leben drei Wochen Urlaub genommen. Wir hatten ein bisschen mehr Zeit.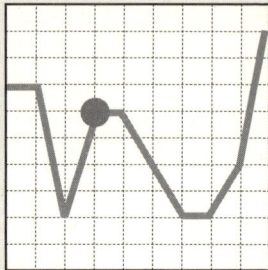

München zeigte sich von seiner schönsten Seite. Das Wetter war herrlich. Die Biergärten gemütlich und das Brot ... Na, Sie wissen schon. Die Leute schauten mich komisch an. Nein, das hatte nichts mit meiner Bekanntheit als Fernsehmoderatorin zu tun, sie wunderten sich. Die weiten, langen kalifornischen Sommerkleider sollten erst im kommenden Sommer ihren Weg nach Deutschland finden, und so sah ich aus, als ob ich von der Jahrhundertwende übriggeblieben wäre. Hier trug man noch Miniröcke und bis auf den Hund gar nichts, was auf dem Boden schleifte, schon lange nicht »Maxikleider«.

Richard hatte sechs Stunden Deutschunterricht jeden Tag, gleich gegenüber auf der anderen Seite der Leopoldstraße, und ich wollte, dass er meine Freunde näher kennenlernt.

Wir redeten alle Englisch miteinander, damit sich Richard nicht zu ausgeschlossen fühlte. Seinem Deutsch half das nicht. Aber er hatte ja gerade mal die ersten Stunden absolviert. Und die bisher gelernten fünfzig Wörter – das schwierigste: »Apotheke« – reichten noch nicht aus, um eine anständige Unterhaltung zu führen.

Dieses Mal fiel es mir schwerer, wieder nach Los Angeles zu fliegen. Ich merkte, dass sich im Leben meiner Freunde einiges verändert hatte. Vieles bekam ich nicht mehr mit. Sie waren rührend, wie sie sich immer Zeit für mich nahmen, und ich wusste das zu schätzen. Ich vernahm, wie sie über zukünftige Reisen oder Fernsehsendungen sprachen, und ich wurde Zuhörer statt Beteiligter. Ich war jetzt Mutter. Hatte immer noch keinen neuen Fernsehjob in Deutschland, und mein Englisch war für den amerikanischen Markt nicht gut genug. Ich musste warten.

Und warten konnte ich gar nicht gut.

Ich flog wieder zurück.

15. Lange Fahrten für einen anständigen Bierschinken und endlich wieder deutsches Fernsehen

Nach meinem Sommer in Deutschland machte ich mich in den Staaten ernsthaft auf die Suche nach einem deutschen Metzger. Da erfuhr ich von einem ganzen Einkaufszentrum, das »nur« eine Stunde Fahrt von mir entfernt war: »The Alpine Village«, südlich vom Flughafen, bei dem man gescheite Wiener Würstl und nicht diese komischen schlappen Hotdogs bekommt. Dort gibt es sogar ein Oktoberfest – im Oktober –, zu dem ich nie hingegangen bin, so weit war es dann nun doch nicht mit mir. Und diverse Läden mit »typisch Deutschem«: Kuckucksuhren, Dirndl, Volksmusik. Ich fing an, einmal im Monat zum »Alpine Village« zu fahren, und kam immer voll beladen wieder zurück. Stets dabei: Leberkäse, Bierschinken, Teewurst, »Kinder Schokolade«, echte »Haribo«-Gummibärchen, Weißwürste, Grieß und Brezen, die ich einfror. Das Brot war leider auch dort nicht mit dem der Hofpfisterei zu vergleichen. Wenigstens sah es aus wie deutsches Brot. Ich fuhr immer kurz vor Mittag los, denn es gab sogar ein kleines Restaurant mit deutschem Essen.

Mit Lebensmitteln war ich jetzt versorgt. Das Einzige, was mir nun zu meinem Glück noch fehlte, war Arbeit. Zwei Monate später erhielt ich ein Fax von Sat.1 und der Produktionsfirma GAT, ob ich daran interessiert wäre, zusammen mit Christopher Lee eine neue Serie für das Abendprogramm aufzuzeichnen. »Wahre Wunder« sollte sie heißen, und man wollte zwölf Folgen innerhalb von zwei Wochen aufzeichnen. Wenn wir erfolgreich wären, würde das eine regelmäßige Serie werden. Darin würden unglaubliche, aber wahre Geschichten nachgestellt und -erzählt werden, die einen wundersamen Ausgang hatten.

Mir fiel ein Stein vom Herzen. Ich befürchtete die letzten Monate immer wieder, dass ich nicht mehr in Deutschland arbeiten würde, und dieses Angebot beruhigte mich mehr, als ich es beschreiben kann.

Bei meinem letzten Besuch hatte ich das Gefühl, als ob ich anders beobachtet würde. Vorher war ich die Sabrina Lallinger, eine bayerische Moderatorin – also eine von uns, die halt moderiert. Jetzt war ich die Ehefrau eines Filmchefs. Die Geschichte vom Aschenputtel und dem Prinzen wurde gelegentlich von allzu romantischen Journalistinnen aufgetischt, fast unterschlagend, dass Fernsehmoderatorinnen selten unter die Kategorie Aschenputtel fallen. Bei diversen Interviews wurde ich gefragt, wie ich es denn geschafft hätte, dass dieser Mann mich heiratet.

Wie bitte?

Wie war das noch mal mit der Frauenbewegung?

Von mir eingebildet oder nicht, ich fühlte mich damals beobachtet. Kritisch beäugt, ob ich nicht doch arrogant, anstrengend oder überkandidelt geworden war.

Ich bemerkte beim Kofferpacken, dass ich nur über drei Kategorien von Klamotten verfügte: Jeans und T-Shirts, dann die weiten Sommerkleider und als Letztes schicke taillierte Hosenanzüge und Kostüme für die Abendessen und Partys, auf die ich Richard begleitete. Ich hatte nach Julias Geburt plötzlich keinerlei Gewichtsprobleme mehr. Vorher hangelte ich mich von einer Diät zur anderen, doch durch die Schwangerschaft – zum ersten Mal seit fünfzehn Jahren aß ich normal – pendelte sich mein Stoffwechsel ein. Meine Haare waren kürzer und von der Sonne natürlich blond. Auch die Farben in meiner eleganteren Garderobe hatten sich verändert. Schwarz fand nicht mehr statt.

Stattdessen wurde ich beige.

Beige.

Die Farbe passte plötzlich zu mir.

Beige – natürlich haben Sie recht – ist ein bisschen langweilig. Bemüht.

Beige … passt sich an. An alle anderen Farben. An alles andere um einen herum.

Beige mischt sich unter.

Wie gesagt, die Farbe passte plötzlich zu mir.

Benedict-Canyon-Haus an einem Sonntagnachmittag: Richard, Julia und ich

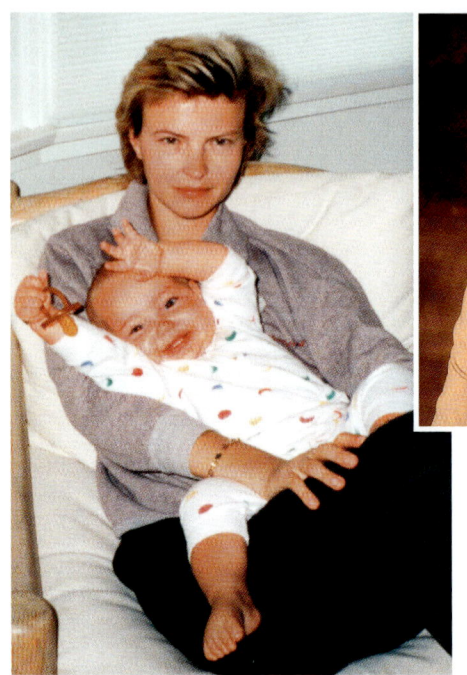

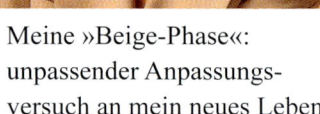

Meine »Beige-Phase«:
unpassender Anpassungs-
versuch an mein neues Leben

Rückflug aus Europa:
Julia in bester Laune,
ich um Jahre gealtert

Oscar-Preisverleihung 1992: Kein Einlass, wenn Limousinen nicht
angemeldet und durchnumeriert sind

Disneyland: dem amerikanischen Geschmack endlich angenähert –
Leggings und Turnschuhe

46 Grad Celsius: Da ruht sich selbst meine Mutter aus, und Julia macht Hausaufgaben

Mein geliebtes Elektroauto EV Plus

Richard mit Joey, der uns zugeflogen und ein Weibchen ist, wie sich viel später herausstellen sollte

Blick ins Valley: Spaziergang mit Sister bei den TreePeople am Mulholland Drive

Tägliche Meditation: Julia wartet geduldig, bis sie endlich vorbei ist

Spirituelles Training: in Montana auf einem der heiligen Berge

The American Dream – nachgestellt: Diner, Mädel, deutsches Auto

Roadtrip von Kalifornien nach Colorado: Goso und ich

Bedford-Haus, kurz vor dem Umzug nach Deutschland: Julia und
ich nehmen Abschied

Deutschlandbarometer 4

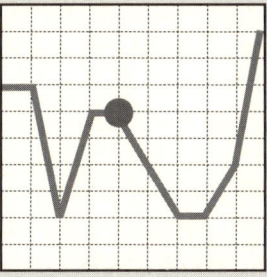

Sat.1 und ich wurden uns schnell einig, und ich beschloss, zusammen mit Julia im September 1990 bei meiner Mutter zu wohnen. Ich war sowieso viel im Studio, und für meine Mutter war es leichter, Julia bei sich zu Hause zu betreuen als im Hotel.

Ich arbeitete wieder. Kaum spürbar für mich, war ich plötzlich unsicher. Ich hatte eine neue Rolle angenommen und wusste nicht, wie ich sie beruflich integrieren sollte. Ich hatte noch keine innere Stabilität. War noch wie ein Fähnchen im Wind, das sich in die Himmelsrichtung drehte, die Aufmerksamkeit erforderte. Ich wollte irgendwie eleganter sein – denn das war auch ein bisschen meine neue Rolle in Los Angeles, wenn wir ausgingen. Ich fühlte mich jetzt, als Mutter, erwachsen und wollte mich auch so benehmen. Die Farbe Beige drückte das für mich aus.

Meine Spontaneität musste einer aufgesetzten routinierten Gelassenheit weichen. Ich glitt durch die Sendung. Meine Gesichtszüge waren unbeweglicher. Meine Impulsivität gezügelt. Ich wankte leicht auf diesem unvertrauten Boden. Erst in der zweiten Staffel sollte ich mich wieder beruhigen.

Ich aß jeden Mittwoch beim Vinzent Murr »Lüngerl mit Semmelknödeln«, und zum Abendessen mit Freunden weigerte ich mich, Italiener oder Japaner zu besuchen – die hatte ich in Los Angeles auch –, sondern ich wollte richtig gute deutsche Küche. Zwei Wochen später flog ich satt gegessen wieder mit Julia zurück. »Wahre Wunder« wurde am 21. Februar 1991 zum ersten Mal ausgestrahlt und war sehr erfolgreich.

16. Amerikanisches Fernsehen, Gastmoderationen und warum Idaho auf mich verzichten musste

Ich liebe meine Tochter, und doch war ich angestrengt von dem konstanten Unterhaltungsprogramm. Wie viele Bausteine kann man aufeinanderstapeln, ohne verrückt zu werden? Ich traf auf dem Spielplatz häufig junge Mütter, die mir mit leuchtenden Augen erklärten, dass sie sich ihr Leben vor der Geburt des Kindes gar nicht mehr vorstellen könnten.

Manchmal konnte ich es mir nicht verkneifen und meinte: »Ich kann mich schon noch an die Zeit vorher erinnern. Ich hatte ein herrliches Leben! Ich wurde in der Nacht nicht zweimal geweckt, konnte aus dem Haus gehen, wann ich wollte, und lief ohne eine verkleckerte Windel an meiner Schulter herum.«

Richard und ich merkten, dass wir mehr Hilfe brauchten. Unsere Putzfrau, die jetzt zweimal am Nachmittag kam, reichte nicht. Ich hatte völlig unterschätzt, wie viel Arbeit so ein Haus macht. Wir wollten auch mal die Möglichkeit haben, für ein paar Tage zu verreisen, ohne dass daheim der Verkehr stehen bleibt. Wir suchten nach einer zuverlässigen Haushälterin, auf die wir uns langfristig verlassen könnten. So fanden wir Esther, unsere Perle, die Julia eine Art Tante wurde und die all die Jahre bei uns blieb. Damals hatte sie erst eine Tochter, Roxana, die für Julia so etwas wie eine ältere Cousine wurde. Esther half mir auch, auf Julia aufzupassen, wenn ich Termine hatte oder einfach nur ein paar Stunden brauchte, um in meinem Büro Faxe zu schicken. E-Mails waren damals noch nicht verbreitet. Ich hatte mir erst in Los Angeles einen Computer besorgt und war begeisterte Novizin.

Das Fernsehen in den Staaten war gewöhnungsbedürftig. Die

ewige Werbung dazwischen ging mir sehr auf die Nerven. Die marktschreierischen Stimmen und der scharfe Wechsel von Grinsen und Betroffenheit sowieso. Es gibt lokale Nachrichten und die *evening news*, also die Abendnachrichten. Internationale Nachrichten kann man das nicht nennen, denn der Rest der Welt kam nicht oft darin vor. Hier bestand die Welt aus Amerika, und in den Nachrichten wurden andere Länder nur dann erwähnt, wenn es um etwas ging, was einen direkten Bezug zu den USA hatte. Nachrichten aus Deutschland sah man selten. Am unglaublichsten fand ich immer die Ankündigungen der lokalen Nachrichten, etwa: »Wird dies das Leben Ihrer Kinder ruinieren? Mehr um 23 Uhr.« In der Hoffnung, dass alle Zuschauer bis 23 Uhr warten, um dann zu hören, was denn unseren Kids schaden könnte. Meistens war es dann irgendein obskurer Ausschlag, der an einem Kind gesichtet wurde, oder ein Fehler, der sich bei einer Collegebewerbung einschleichen kann.

Ich bekam das Angebot, in einer amerikanischen Sendung als Gastmoderatorin zu arbeiten. Cristina Ferrare, eine bekannte amerikanische Entertainerin, plante eine tägliche Sendung, die »Cristina and Friends« heißen sollte. Drei Frauen waren fest im Team. Der vierte Platz wurde von verschiedenen Kolleginnen besetzt. Eine davon war ich. Es gab keinen großen Unterschied zwischen der deutschen und der amerikanischen Art, Sendungen aufzuzeichnen. Der einzige, den ich fand, war, dass man die Moderatoren sehr viel besser behandelte. Im Laufe meiner Karriere habe ich häufig mit Redakteur(inn)en zusammengearbeitet, die lieber selbst moderiert hätten. Eine davon meinte mal – alles im Geiste der Kollegialität –, dass ich einfach kein Talent hätte und es jeder im Sender auch so sähe. Als ich bei meinem Vorgesetzten nachfragte (ich nahm die Anteilnahme der Redakteurin ernst, ich konnte mir nicht vorstellen, dass so was erfunden wird), lachte er mich aus und sagte: »Da muss jeder durch«, und schickte mich wieder zurück an meinen Schreibtisch.

Bei »Cristina and Friends« sah man sich als Team. Man unterstützte die Moderation, wo man nur konnte. Denn eine starke Moderation erhält einem die Jobs. Mein Englisch war nicht perfekt, aber das schien hier keinen zu stören. Leider wurde die Sendung nach ein paar Monaten abgesetzt, und mein Ausflug in die amerikanische Fernsehwelt sollte ein kurzer gewesen sein.

Ein paar Wochen später wurde ich zu einem Casting für eine Reisesendung eingeladen. Ich sollte mit einem Komoderator langweilige Texte vorlesen, wobei wir uns gegenseitig anstrahlen. Ich konnte mir schon immer schwer Texte merken, deshalb waren meine Moderationen fast jedes Mal frei gesprochen, und das wurde auf Englisch nicht besser. Ich hangelte mich an diesem Text entlang und versuchte, meinen mir unbekannten Kollegen nett anzusprechen. Ich hielt von dieser Art Sendung nicht sehr viel. Mich störte, dass die Moderatoren im amerikanischen Fernsehen selten normal redeten, sondern einen komischen Singsang produzierten. Die Stimme geht rauf und runter in einem regelmäßigen Rhythmus, ohne auf den Text zu achten. Viele versuchten dann auch, so viel Dynamik hineinzulegen, dass es in meinen europäischen Ohren eher wie von einem aufgeregten Sportmoderator klang: »*Tooor! Tooor!*«
Auch hier meinte ich, dass ich das Fernsehsystem doch vielleicht etwas verändern könnte. Im Nachhinein betrachtet, ist es fast rührend (frech, dumm?), mit welchem Eifer ich mich darum bemühte. Ich schlug den verblüfften Produzenten vor, ob ich ihnen nicht zeigen dürfte, wie ich so was machen würde. Sie waren zu verdattert oder/und zu höflich, um mir das abzuschlagen. Ich versuchte also, einen normalen Dialog mit einem völlig überrumpelten Komoderator hinzubekommen, der mich anschaute, als ob ich chinesisch spräche.
Was mit der Sendung passiert ist? Keine Ahnung. Ich habe nie wieder was von denen gehört. Welche Überraschung!
Es meldete sich anschließend eine Agentin bei mir und wollte weiter mit mir arbeiten. Sie erklärte mir, wie ich meine Karriere aufbauen müsste. Sie glaubte, dass ich in drei oder vier Jahren bereit wäre, in Los Angeles oder sogar New York zu arbeiten. In der Zwischenzeit könnte sie mir einen Job in einer amerikanischen

Kleinstadt in Idaho besorgen – erst mal das Wetter, dann die Nachrichten –, damit ich mich hocharbeite. Klar, das ist mit meiner Erfahrung sehr viel verlangt, und doch funktioniert das System nun mal nur so.

Ich beschloss, das System ohne mich funktionieren zu lassen.

Eines Abends bekamen wir Besuch von einem Freund Richards. Er hatte Julia noch nicht kennengelernt und beugte sich lächelnd über sie. Sie warf einen Blick auf ihn, fing zu brüllen an und konnte kaum beruhigt werden.

»Sie ist müde«, entschuldigte ich uns und trug sie in ihr Bett.

Etwas anderes machte mir allerdings größere Sorgen: Das war das erste schwarze Gesicht, das sie gesehen hatte, und wie bitte bringt man einen Säugling dazu, keine Hautfarbe als ungewöhnlich anzusehen und nicht loszubrüllen? Am folgenden Morgen hatte ich eine Idee. Ich fuhr in den nächsten Spielzeugladen und kaufte Julia eine Puppe. Eine schwarze Puppe. Ich besprühte sie mit meinem Parfum und legte sie in ihr Kinderbett. Da lag sie von nun an.

Das nächste Mal wurde unser Freund Quincy von Julia mit einem fröhlichen Lächeln begrüßt.

17. Angst, ein Aufstand und die Anhänglichkeit der Amerikaner an ihre Waffen

Am 3. März 1991 – Julia war knapp eineinhalb Jahre alt und hatte gerade das Gehen für sich entdeckt – verfolgten vier Polizisten aus Los Angeles ein zu schnell fahrendes Auto über acht Meilen. Trotz Polizeisirenen raste der Verfolgte an diversen roten Ampeln vorbei, bis er schließlich zum Stehen kam. Der schwarze Fahrer wurde von den Polizisten mit Knüppeln verprügelt. Der Verfolgte, so stellte sich heraus, war Rodney King, ein Einbrecher, der gerade auf Bewährung aus dem Gefängnis entlassen worden war. Dieser Vorgang wurde von einem Beobachter mit seiner Kamera aufgenommen und an einen Fernsehsender verkauft. Ein Jahr später kam es zu einer Verhandlung, bei der die vier extrem gewalttätigen Polizisten am 29. April 1992 von einer fast ausschließlich weißen Jury als »nicht schuldig« erachtet und freigesprochen wurden. Dann brach ein Aufstand in Los Angeles los. *Riots* ist das offizielle Wort dafür.

Es war Abend, als ich mir die Nachrichten anschaute. Zuerst dachte ich, ich sähe einen schlecht gemachten Film. Da war ein weißer Mann, Reginald Denny, der in einem Lastwagen auf eine Kreuzung gefahren war, stehen blieb und dann von ein paar jungen schwarzen Männern herausgezerrt wurde. Sie verprügelten ihn brutal und schlugen ihm immer wieder einen Betonstein auf den Kopf. Man wollte in den Fernseher springen, um dazwischenzugehen. Kein Polizist weit und breit, die Polizei war – wie wir später erfuhren – zu ihrer eigenen Sicherheit zurückbeordert worden. Ein anderer Schwarzer, der dies ebenfalls wie ich im Fernsehen sah, wohnte an ebenjener Kreuzung und lief hinaus, um diesen Mann zu

retten, was ihm auch gelang. Dann erklang die Stimme des Nach-
richtensprechers und fing an, weitere Angriffe aufzuzählen. Molo-
towcocktails wurden in Gebäude geschmissen, Fahrer aus ihren
Autos gezerrt und brutal misshandelt, koreanische Geschäfte ausge-
raubt oder angezündet. Alles von Hubschraubern in dem Moment
gefilmt und übertragen, als es passierte. Jetzt fiel mir auch das Geräusch von den Hubschraubern auf, die sogar über die Hügel flogen.
Ich rief Freunde an, welche im Osten von Los Angeles lebten, und
bat sie, zu mir zu kommen, da seien sie sicherer. Sie meinten, dass
sie ihr Zuhause verteidigen müssten. Mit was, traute ich mich nicht
zu fragen.

Ich bin gegen Waffen im Haus und musste im Fernsehen sehen,
dass draußen, ein paar Meilen weiter weg, ein gegenseitiges Ab-
schießen stattfand.

Ein paar Monate vorher war in einem koreanischen Laden in der
South-Central-Gegend eine fünfzehnjährige Schwarze erschossen
worden, weil man sie für eine Diebin gehalten hatte. Da die Korea-
nerin, die geschossen hatte, milde abgeurteilt worden war, ver-
schärften sich die ohnehin schon instabilen Beziehungen zwischen
der schwarzen und der koreanischen Bevölkerung. South Central
war die Gegend, die besonders durch hohe Kriminalität, große Arbeitslosigkeit und massive Gangkriege bereits seit langem als bro-
delnder Aggressionsherd galt. Und die Polizei von Los Angeles
stand damals in dem Ruf, besonders angriffslustig und rassistisch
zu sein.

Meine Familie und Freunde aus Deutschland riefen an und
fragten, ob hier alles in Ordnung sei. Ich beruhigte sie, aber sicher
war ich mir nicht. Wir lebten auf den Hügeln, wofür ich zum ersten
Mal dankbar war. Und doch konnte ich meine Gedanken nicht davon abhalten, mir ein Schreckensszenario auszumalen. Was mache
ich eigentlich, so fragte ich mich, wenn hier eine Horde gewalt-
besessener Leute hochkommt? Wir, das Haus mit dem niedlichen
weißen Zaun, stehen gleich an der Ecke. Wie würde ich reagieren,
wenn irgendwelche Kerle hier in meine Küche rennen? Was würde

sich abspielen? Welches Drama könnte sich vielleicht in Julias Kindergedächtnis brennen. Feuer, Vergewaltigung, Mord?

Gerade in den letzten Monaten merkte ich, wie ich mich in dieser Stadt etwas zu entspannen begann. Ich schlief einigermaßen beruhigt jede Nacht ein, obwohl ich immer noch darauf achtete, sämtliche Vorhänge zuzuziehen. Den Alarm im Haus machte ich nach ein paar Versuchen nie mehr an. Am Anfang ging er ein paarmal nachts von allein los und erschreckte mich zu Tode. Ich machte ihn natürlich sofort aus, um nicht die ganze Nachbarschaft aufzuwecken. Wenn solch ein Alarm innerhalb von 20 Sekunden ausgeschaltet wird, dann stuft man ihn in der Zentrale als Fehlalarm ein. Und obschon ich so besorgt um die Nachbarschaft war, wäre wohl sowieso nie jemand gekommen, um mir zu helfen. Ich hatte mir gleich von Anfang an hier in Los Angeles einen strategischen Notfallplan und damit einen Fluchtweg zurechtgelegt.

Im braunen Haus lag das Schlafzimmer im ersten Stock. Der Plan war: Falls jemand einbrechen sollte und im schlimmsten Fall vorhat, mich entweder zu vergewaltigen oder in kleine Stücke zu zerteilen – je nachdem, in welchem Zustand er ist oder ich bin –, sperre ich zuerst mal die Schlafzimmertür zu. Das wird mir vielleicht drei Sekunden geben. Türen in diesem Haus waren keine Türen. Sie sahen zwar so aus, aber sie waren hohl, und der Einbrecher hätte nicht älter als drei Jahre sein müssen, um sie in ein paar Sekunden durch einfaches Dagegenlehnen aufzumachen. Den Sprung vom ersten Stock in den Garten würde ich wahrscheinlich ohne große Probleme überstehen, besonders wenn ich ein bisschen nach rechts spränge und den Pool nicht verfehlte. Dann hatte ich vorgehabt, so schnell wie möglich durch den kleinen Garten nach rechts zu meinen Nachbarn zu laufen. Kurzfristig hatte ich mir noch überlegt, irgendwo draußen ein paar trockene Kleider zu verstecken … das hielt ich dann aber doch für ein wenig übertrieben.

Im diesem neuen Haus brauchte ich nicht mehr zu springen. Julias Kinderzimmer war gleich neben unserem. Ich hatte an ihrer Tür ganz oben – da, wo sie nicht hinkommt – einen Haken zum Zusperren anbringen lassen, der mir etwas mehr Zeit gibt, um mit ihr aus dem ebenerdigen Fenster zu entkommen, um entweder zu den Nachbarn zu fliehen oder uns unten an unserem Hügel in den Büschen zu verstecken.

Wie gesagt, ich war ein Wohnungskind.

Ich wohnte also in einer Stadt, in der es Erdbeben, *drive-by shootings*, ausufernde Feuer, Überschwemmungen mit anschließenden Schlammlawinen, Alarmsysteme und jetzt auch noch einen halben Bürgerkrieg gibt. Und ich war aus einer Stadt gekommen, in der es das Schlimmste ist, beim Schwarzfahren in der U-Bahn erwischt zu werden. Irritiert starrte ich auf den Fernseher, während ich überlegte, ob ich nicht unten in den Büschen irgendwo Decken und Wasser hinterlegen sollte. Ich schloss alle Türen ab und zog die Vorhänge zu. Das Haus sollte leer aussehen. Ich hatte Angst und versuchte, es Julia nicht zu zeigen.

Ich liebe logische Schritte, und so ging ich die Möglichkeiten durch: Es ist zu umständlich, hier nach oben in die Hügel zu fahren. Wenn jemand Randale machen will, dann findet er sie schon vorher. Doch das beruhigte mich nicht wirklich, denn was passiert mit den armen Leuten, die schon »vorher« getroffen worden sind? Ich wollte meine Sicherheit nicht auf Kosten anderer.

Drei Tage dauerte diese Ausnahmesituation. Über fünfzig Menschen fanden den Tod, und es gab mehr als 2000 Verletzte. Über 8000 Menschen wurden verhaftet.

Auf die Hügel kam niemand.

Die Stadt veränderte sich. Wir bekamen einen neuen Polizeichef, und die Aggressivität der Polizei in Los Angeles wurde angeprangert. Man schenkte South Central auch mehr Aufmerksamkeit: Magic Johnson, der beliebte Basketballspieler, baute hier ein Kino, und mehrere Geschäftsleute versuchten, dort Arbeitsstellen zu schaffen.

Der Durchschnittsamerikaner will seine Waffen behalten. Sie sind zu seiner Verteidigung da. Auch gegen seine eigene Regierung.

Er vertraut ihr nämlich nicht. Für mich ist diese Beziehung zur eigenen Waffe nicht nachvollziehbar. Erst durch die *riots* habe ich plötzlich etwas besser verstanden, warum sie für dieses Land so eine Wichtigkeit hat. Einige der Ladenbesitzer konnten sich erfolgreich mit Waffen verteidigen. Sie haben sich in ihren Läden verbarrikadiert und gedroht, jeden zu erschießen, der mit Gewalt eindringen wollte. Einige meiner neuen Bekannten versuchten mir zu erklären, dass man sich Gewalt nur vom Hals halten kann, wenn man selbst über Waffen zur eigenen Sicherheit verfügt. »Wie willst du dich denn verteidigen in solchen Situationen?«, bin ich immer wieder gefragt worden.

Hm, wo ist eigentlich mein Brotmesser?

Freunde, von denen ich nie angenommen hätte, dass sie eine Waffe im Haus haben, besaßen eine. Der liberalste Künstler und die risikofreudigste Geschäftsfrau, es schien keinen Unterschied zu machen. Man sah es ihnen nicht an. Nun bin ich nicht so naiv, zu glauben, dass man immer allen alles ansieht, doch ein bisschen John-Wayne-Mentalität hatte ich schon erwartet. Aber nein, es war für einige selbstverständlich, eine Waffe zu haben. Fast die Hälfte aller amerikanischen Haushalte hat eine. Die Hälfte! Ich war immer noch in meiner Hochphase des »Recht-haben-Wollens« und versuchte von einem Abendessen zum anderen, jeden davon zu überzeugen, dass es besser sei, die Waffe wegzugeben. Weniger Waffen, weniger Gewalt, weniger Kinder, die mit Waffen spielen, um sich oder andere dann aus Versehen zu töten.

Die Amerikaner nickten aufmerksam und höflich.

Amerikanische Kinder lieben *sleepovers* (Übernachtungen bei ihren Freunden), und da wurde mir klar, dass ich mich bei den Eltern neben den üblichen Fragen nach geschütztem Pool und deren Fernseh- und Schlafensregeln auch danach erkundigen musste, ob sie eine Waffe im Haus hätten. Ich war nicht darauf vorbereitet, wie man gerade neue Freunde danach fragt. Gibt es vielleicht irgendeine höfliche und unauffällige Version von »Sorry, ich freue mich natürlich, dass Julia heute bei euch übernachtet, hätte sie aber auch gern wieder heil zurück – irgendwelche halbautomatischen Waffen im Haus?«?

Gerade weil ich die Höflichkeit der Amerikaner langsam erkannte, wollte ich nicht schon wieder »mit der Tür ins Haus fallen«. Aber in diesem Fall fand ich keine diplomatischere Frage als ein unverblümtes »Darf ich fragen, ob ihr Waffen im Haus habt?«.

Dummerweise hörte da das Gespräch noch nicht auf. Sondern gelegentlich war die Antwort: »Ja.«

Ja?

Und nun?

Soll ich Julia dort nicht übernachten lassen – und wie erkläre ich ihr das? Soll ich fragen, wo die Waffe lagert (manche liegen einfach so im Nachttisch), und falls sie irgendwo verschlossen aufbewahrt sein soll, kann ich ihnen das dann glauben?

Ich merkte, wie einfach es war, von meinem sicheren Deutschland aus über die Waffengesetze der Amerikaner zu lächeln. Ich blieb dennoch weiterhin der Meinung, dass es so viele Waffen auf den Straßen gar nicht gäbe und damit auch die *riots* nicht so lange gedauert hätten, wenn man sie nicht so einfach bekommen könnte. Ich bin für *gun control* – also die sehr restriktive Art, Waffen kaufen zu können – und habe auch über all meine Jahre in Kalifornien *Gun-control*-Organisationen unterstützt. Erst 1994 wurde von Präsident Clinton die sogenannte »Brady Bill« eingeführt, eine Warteperiode von fünf Tagen, in der man überprüfen konnte, ob der potenzielle Käufer eine kriminelle Vergangenheit hat.

Natürlich gibt es *riots* nicht wie Sand am Meer. Ich habe die Waffen lieber in den Händen der Polizei, doch gerade die über Jahre angestaute Wut wegen der Polizeigewalt, vor allem Schwarzen gegenüber, und die Ungerechtigkeit der Urteile waren es ja, die diese Ausschreitungen ausgelöst hatten. Natürlich brodelte es schon lange in East Los Angeles. Schwarze und *hispanic* (also im weitesten Sinn mexikanische) Gangs versuchten, sich Gehör zu verschaffen, und bewegten sich zwischen mafiösen Familienfehden bis zu illegalen Geschäften und Machtbereichen. Viele Afro- und Hispanoamerikaner (korrekterweise wird von African Americans oder von Hispanics, also Amerikanern mit afrikanischen oder spanischen Vorfahren im weitesten Sinne, gesprochen), die »ganz normal« ihrem Leben nachgingen, fühlten sich seit Jahren ungerecht behandelt und gerade von der Polizei regelrecht verfolgt. Wenn sie in einem guten neuen Auto sitzen, werden sie häufiger gestoppt als andere. Die Polizei nimmt fast automatisch an, dass diese Wagen geklaut worden sind.

Ich wollte auch ein neues Auto. Eines, mit dem man querfeldein weit weg fahren kann, wenn es erforderlich ist. Eines, mit dem ich meine Familie unter allen Umständen in Sicherheit bringen kann. Ich hatte mich für einen Landrover entschieden, der auch noch den Beinamen »Defender« (»Verteidiger«) trug. Er hatte eine Leiter, die bis aufs Autodach reichte, und dort konnte man den halben Hausrat unterbringen. Fünf Sitze vorn und vier seitliche hinten – wer weiß, wie viele Leute ich mitnehmen muss? Ein richtiges Offroad-Auto. Ich zeigte es Richard. Er warf einen kurzen Blick auf das Gefährt, dann einen längeren auf mich. Er setzte sich hinein und fuhr einmal um den Block. »Ein unbequemeres Auto habe ich schon lange nicht mehr gefahren«, meinte er nur. Im Nachhinein bin ich froh, dass er sich dagegenstemmte. Damals allerdings fühlte ich mich den zukünftigen Gefahren von Los Angeles ausgeliefert.

Richard beruhigte mich. Er lebte hier schon länger. Aber er war viel auf Reisen. Wie sollte ich allein mich und unsere Tochter verteidigen?

Ich war in ruhigen Momenten schockiert, dass ich solche Gedanken hatte. Ich bin in einem zivilisierten Land und überlege mir ernsthaft und häufig, wie ich uns im Notfall retten kann. Und der Notfall ist hier gar nicht so selten.

Wenn ich schon kein Fluchtauto bekomme, dann will ich wenigstens einen großen Hund. Gleichzeitig meldete ich mich zu Karatestunden an. Ganz wehrlos wollte ich mich etwaigen Angreifern dann doch nicht ergeben.

Die Stadt beruhigte sich wieder.

Ich nicht.

Mein Sicherheitsgefühl war verschwunden. Ich traute dieser Stadt nicht mehr. Ich fing an, die Alarmsysteme anzumachen und beim Autofahren die Knöpfe herunterzudrücken. Wenn ich aus dem Haus ging, rief ich einer imaginären Person zu: »Bis gleich!« – für den Fall, dass jemand vor der Garage warten sollte. Ich schaute in den Rückspiegel, bevor ich das Gartentor aufmachte. Ganz automatisch wurde ich wachsam.

Sister, unser Rhodesischer Ridgeback, half mir, wieder ein entspannteres Verhältnis zu dieser Stadt zu entwickeln. Die Hündin wurde deshalb so genannt, weil es vielleicht außer ihr keine Schwester für Julia geben wird. Wir hatten erst einmal beschlossen, es bei einem Kind zu belassen. Sister kam als kleines Hundebaby zu uns. Ich hatte bisher nur Erfahrung mit Hamstern und Tanzmäusen aus meiner Kindheit. Da alle irgendwie einen unnatürlichen Tod gestorben sind, wollte ich das hier vermeiden und las mich in die Thematik ein. Natürlich gingen wir auch zur Hundeschule, denn ein so großes Tier wollte ich nicht untrainiert lassen.

Julia liebte Sister. Rhodesische Ridgebacks sind stur. Sie waren für die Löwenjagd in Südafrika eingesetzt worden, wurde mir erzählt. Die holen keine Bälle. Die holen Löwen. »Wenn du den Ball wegschmeißt, dann hol ihn dir doch selber«, schien ihr Blick zu sagen. Sister mochte es, Autos zu jagen. Als es aus Versehen zum ersten Mal passierte, bekam ich fast einen Herzschlag. Sie konnte irrsinnig schnell rennen und versuchte, ein Auto, das bei uns in die Seitenstraße hineinfuhr, dadurch abzudrängen, dass sie es überholte und ihm den Weg abschnitt. Bei Löwen mag das ganz gut funktionieren, dieser BMW fand das nicht so besonders spannend. Und ich auch nicht.

Ich habe ihn mir deshalb ausgesucht, weil diese Rasse gut mit Kindern umgeht, sehr verteidigungsbereit ist, nicht haart und nicht schlabbert.

Wie ich.

Einmal gingen Julia und ich zum Camping. In der Nähe von Los Angeles gibt es wundervolle »Nationalparks«. Wir fuhren zu den Joshua Tree Camping Grounds und nahmen Sister mit. Das Campen in Kalifornien gestaltet sich anders als bei uns. Natürlich ist es weniger feucht, und die Flora und Fauna sind einer Deutschen relativ unbekannt. Das Einzige, was die Phantasie der Amerikaner in höchstem Maße erregt, ist *Poison Ivy*, eine aggressivere Form unserer Brennnessel. Das wird bei jedem, der sich nur irgendwie in die Natur wagt, wie ein Mantra vor sich hergerufen: »Sei vorsichtig: *Poison Ivy*«! Ich konnte mir schon auf Deutsch keine Pflanzennamen merken, und auf Englisch wurde es auch nicht besser.

Nur zur Erklärung: Ich kann mir vieles nicht merken, was gern mal mit Doofheit verwechselt wird. Aber ich habe eine Merkschwäche, und die hat sich durch die englische Sprache nicht unbedingt verbessert. Jetzt gab es ja doppelt so viele Dinge, die ich vergessen konnte.

Bei den verschiedenen Campingplätzen in Kalifornien ist es fast immer besser, sich vorher anzumelden, da es sonst häufig keine Plätze mehr gibt. Die Campinganlagen sind so unterschiedlich wie die Amerikaner selbst. Unsere war oben auf einem der Hügel vom Joshua Tree, und wir hatten für unseren Bereich allein so viel Platz, dass man die anderen Campingbesucher kaum sah.

Sister hasste Camping. Ich hatte natürlich ihr Hundebett mitgenommen sowie eine zusätzliche Decke, und sie drängte sich abends mit uns ins Zelt, weil sie befürchtete, dass wir sie draußen lassen würden. Mitten in der Nacht wachte ich auf, weil sich etwas Schweres auf meinen Oberkörper legte. Es war Sister, die mit ihren 37 Kilo versuchte, mit einem Winseln in meinen Schlafsack zu kriechen. Den nächsten Morgen weigerte sie sich, das Zelt zu verlassen. Sie sah mich mit einem vorwurfsvollen Blick an: »Warum haben wir unser schönes Zuhause verlassen?« Ich glaube, sie befürchtete, wir wohnen jetzt hier.

Drei Tage später fuhren wir wieder nach Hause. Als wir in den Coldwater Canyon einbogen, heulte sie vor Freude und konnte es kaum erwarten, aus dem Auto zu springen. Wochenlang weigerte sie sich, ins Auto zu steigen. Sie befürchtete, dass wir wieder zum Camping führen. Sie war verwöhnt, eben ein richtiger »Hollywood-Hund«.

Zur gleichen Zeit begann ich auch mit meinem Karatetraining. Ich tat mich mit zwei Freundinnen zusammen, und wir holten uns einen Trainer ins Haus. Eine der herrlichsten Möglichkeiten, die Los Angeles bietet, ist, dass man alles daheim bekommen kann. Klar kommt die Yoga-Lehrerin, klar kommt die Massagetherapeutin zu einem nach Hause. Selbstverständlich kann vom Supermarkt das Eingekaufte ins eigene Heim geliefert werden. Es gibt umgebaute Kleinbusse, in denen die Haustiere regelmäßig gewaschen, ihre Zähne geputzt und die Krallen geschnitten werden. Selbst zum Autowaschen muss man nicht wegfahren. Da gibt es ebenfalls einen Service, der zu einem kommt und alle Autos durchwäscht. Der schließt eine Pumpe an irgendeinem Wasserhahn an, und schon ist er arbeitsbereit. Innen und außen natürlich. Für die ganz Exklusiven gibt es noch die teure Version: *Detailing* heißt dieser Service, der sechs bis acht Stunden dauert, mindestens 400 Dollar kostet – und bei dem das Auto anschließend wie neu aussieht: Jedes Detail wird geputzt, poliert und besprüht.

Als ich nach sechzehn Jahren wieder nach Deutschland zurückzog, wollte ich mein Auto reinigen und fragte an der Waschanlage, ob es denn einen Service gebe, der es mir auch innen sauber machen würde. »Nein, das müssen Sie schon selber tun!«, wurde mir fast entrüstet mit einem Kopfschütteln entgegengeschmettert.

Ebenfalls eine großartige Idee sind diese kleinen bis mittleren Busse, die täglich durch Los Angeles fahren. Das sind kleine mobile Küchen, die die ganzen Arbeiter bei den diversen Baustellen versorgen. Eine mobile Kantine also. In der Regel sind das Kleinunternehmer, häufig Mexikaner, die sich damit eine Existenz aufbauen. Mutti fährt und kocht.

Eine Freundin meinte, dass so was in Deutschland überhaupt

nicht möglich wäre. Allein die Auflagen vom Gesundheitsamt und … da machte sie eine dramaturgisch wichtige Sendepause … Haben die da überhaupt zwei Klos? Zugegeben, sie war gerade ein klein wenig verbittert, weil sie in ihrem Büro keinen Mann einstellen konnte, da sie kein zweites separates Klo für ihn hatte. Geht nicht. Erlaubt der deutsche Staat nicht. Da sind wir echt komisch drin.

Gott sei Dank verfügte ich über zwei Klos, aber mein Karatetrainer wäre wahrscheinlich auch gekommen, wenn ich nur eins gehabt hätte. Das Karatetraining (Tang Soo Do) machte ich über fünf Jahre. Mein letzter Lehrer wog 180 Kilo. Ich war gerade dabei, meinen blauen Gürtel zu machen. Bei dieser Art von Karate lernt man, den Schlag kurz vor dem Aufprall zu stoppen. Allerdings hatte man bei der neuen Gürtelprüfung immer auch einen Ringkampf zu überstehen. Ein Lehrer ging mit dem Schüler in den Ring, und drei oder vier Minuten lang – die sich wie Stunden anfühlten – musste man sich gegen den Lehrer behaupten. Ich habe beim Kämpfen immer zu viel Mitgefühl. Ich schlage selten wirklich zu, denn das könnte dem anderen ja weh tun. Natürlich ist der Trainer an allen Weichteilen sehr gut ausgepolstert, und er wollte von mir, dass ich genau in diese intimen Körperbereiche kicke.

In den ersten Jahren des Trainings war ich angehalten worden, nicht zwischen die Beine zu schlagen, und zwar mit der Bemerkung: »Er wird wirklich ziemlich angefressen sein, wenn er sieht, dass du es versuchst – und wehe, du triffst dann nicht.« Jetzt, beim blauen Gürtel, war ich anscheinend gut genug, dass ich ihn dann auch treffen würde. Da er so ein Übergewicht hatte, waren alle meine normalen »Backkicks« oder »Sidekicks« wirkungslos und prallten an ihm ab wie an einem weichen Kartoffelsack. Er grinste nur.

»Kick me in the balls!« (»Hau mir in die Eier!«), brüllte er mich an, als ich mal wieder mit einem Sidekick versuchte, mir seine konstanten Angriffe vom Leib zu halten. Er bombardierte mich mit Schlägen, in der Hoffnung, dass ich ärgerlich genug werden würde, endlich richtig zu kämpfen. Obwohl ich natürlich einen Kopfschutz trug, schlugen seine konstanten Treffer meinen Schädel trotzdem jedes Mal mit aller Wucht zur Seite. Ich sah aus, als wenn ich nur noch den Kopf schütteln würde. Dazu knirschte es innerlich, wenn dieser mal wieder unnatürlich schnell nach rechts oder links geschlagen wurde.

Mittlerweile wurde ich wütend. Ich hatte noch zwei Minuten zu überstehen und war schon vollkommen erschöpft. Dieses konstante Zuschlagen ermüdete mich. Ab und zu riss ich mich wieder zusammen, suchte alle meine Kräfte aus den letzten Reserveecken und ließ einen meiner Kicks los – der wie in Watte gelandet von seinem fülligen Körper abprallte –, und doch konnte ich ihn mir nicht vom Leib halten. »Kick me in the balls!«, versuchte er es wieder. Auf den Rängen wurde ich angefeuert: »Do it! Do it!« Ich hatte vorsorglich Richard nicht erlaubt, mit dabei zu sein. Er hätte den Kampf abgebrochen. Von den zwei Minuten waren gerade mal zwanzig Sekunden vergangen – wie ich mit einem Blick an die Wanduhr feststellen konnte –, und ich bekam schon kaum mehr Luft. Ist es möglich, dass die Uhr nicht geht? Kurzfristig dachte ich daran, aufzugeben, und dann schrie er mich wieder an: »Hast du meine Eier vergessen? Los, Süße, komm schon her!« Ein Kick nach dem anderen schlug auf mich ein, und da hatte ich plötzlich genug.

»Here you go!«, brüllte ich (frei übersetzt: »Da hast du's!«) und rammte ihm meine Ferse mit einem springenden Rückwärtskick mitten zwischen die Beine, sodass ihm trotz Schutzhülle ein »Oops« entfuhr. Kaum hatte ich ihn erwischt, wollte ich mich sofort entschuldigen. Aber dafür fehlte mir schlicht der Atem.

Ich schaffte die Prüfung.

Am Abend waren Richard, Julia und ich essen. Ich bestellte Suppe. Und einen Strohhalm. Ich bekam meinen Mund drei Tage kaum mehr auf.

Das Erstaunlichste an diesen Übungen ist, dass man merkt, wie lange man eigentlich Schläge aushalten kann. Früher dachte ich, dass ich bei dem ersten Gewaltangriff zusammenbrechen würde. Dem ist nicht so. Man hält sehr lange durch. Erstaunlich lange. Ich fühlte mich seltsam abgetrennt von meinem Körper. Ich hörte mehr, als ich fühlte. Das Knirschen im Kopf, das Nachhallen in der Magengegend, das Abprallen an den Beinen.

Ein paar Wochen später war ich im Valley und holte mir gegen Abend Geld aus einem Bankautomaten. Leute neben Geldautomaten zu überfallen war auch mal eine Zeitlang so in Mode, dass darüber sogar in den Late-Night-Shows Späße gemacht wurden. Ich stand also an diesem Gerät und fühlte mich beobachtet. Ich nahm mein Geld, meine Karte und drehte mich um. Auf der anderen Seite der schmalen Straße stand ein Mann, mittelgroß, breit, die Hände lässig im Gürtel eingehängt, und schaute mich an.

Ich trug Jeans und Cowboystiefel, wusste um die Macht meiner Ellenbogen und hatte innerlich noch den blauen Gürtel von Tang Soo Do umgeschnallt. Ich blieb breitbeinig stehen wie die Cowboys, wenn sie um 12 Uhr mittags zum Duell gehen, und schaute ihn an. Komm nur her, sagte mein Blick, und du wirst dein blaues Wunder erleben! In Gedanken ging ich die Angriffskicks durch. Zuerst den Ellenbogen, dann einen Sidekick, dann den Backkick, um ihn fertigzumachen.

Er schaute mich an. Ich blinzelte nicht. Sekunden vergingen. Dann drehte er sich langsam um und verschwand.

Ich steckte mein Geld und meine Karte wieder ein, legte den Ellenbogen an und fühlte mich großartig.

Vielleicht hatte er aber auch nur auf einen Bus gewartet, der nicht kam. Im Licht der Dämmerung ist so was ja nicht richtig auszumachen.

18. Was ein Deutscher zum Überleben in L. A. braucht und über Sitten und Unsitten der Kalifornier

Ich wollte eine Hollywoodschaukel im Garten haben. Das, so dachte ich mir, kann doch hier nicht so schwer sein. Ich nahm an, dass diese Schaukel auch hier so heißt, und sah mich jedes Mal erstaunten Gesichtern gegenüber, die selbst mit meiner Zeichnung gar nichts anfangen konnten. Sie schüttelten den Kopf, so was hatten sie noch nie gesehen.

Es gibt keine Hollywoodschaukeln in Hollywood. Ich fand allerdings ohne größere Probleme einen deutschen Strandkorb, den ich mir stattdessen in den Garten stellte.

Vielleicht ist es auch ganz nützlich, wenn man mal eine kleine Liste mit einer Auswahl dessen zusammenstellt, was man als Deutscher zum Überleben hier wissen sollte:

1. Wenn Sie wenig Eis in Ihrem Getränk wollen, seien Sie genau, wenn Sie bestellen: »I would like *three* ice cubes«, dann bekommen Sie auch drei. Wenn Sie »wenig Eiswürfel« bestellen, bringt Ihnen das gar nichts.
2. Nehmen Sie einen Schal mit, wo immer Sie hingehen.
3. Bringen Sie sich Ihre Zahnpasta aus Deutschland mit.
4. Suchen Sie sich einen deutschen Metzger, oder lassen Sie sich die Adresse vom »Alpine Village« (833 W Torrance Boulevard CA 90502) auf den Arm tätowieren.
5. Fahren Sie so oft wie möglich nach Deutschland.
6. Holen Sie sich die »Sissi«-DVDs – alle drei Teile –, und schauen Sie sie an, wenn Sie Heimweh bekommen.

7. Bestellen Sie sich BBC, denn die amerikanischen Nachrichten halten Sie nicht aus.
8. Abends und nachts ist es kalt. Glauben Sie's mir.
9. Die großen polierten Tomaten sind völlig geschmacksneutral.
10. Besorgen Sie sich ein bequemes Auto mit automatischem Getriebe.
11. Und nehmen Sie sich einen deutschen Messbecher mit, wenn Sie deutsche Kochbücher im Gepäck haben.

Für den Fall, dass Sie sich jemals entschließen sollten, Kalifornier zu werden, möchte ich Sie aber noch mit ein paar weiteren Regeln vertraut machen. Die werden Ihnen den Eingewöhnungsprozess erleichtern.

Nehmen wir an, Sie wissen bereits, dass Sie beim Essen die Gabel immer wieder von der linken in die rechte Hand legen und die linke Hand auf dem Schoß ruhen lassen. Sie wissen aber vielleicht noch nicht, dass es Ihnen erlaubt ist, im Kino, im Zug oder auf irgendeiner Bank vor Ihnen die Füße aufzulegen. Ja, ich weiß, das ist gänzlich verboten für uns Deutsche, aber die Amerikaner machen das gern. Wenn Sie ganz mutig sind, können Sie im Kino sogar die Beine über die Lehne vor Ihnen drüberschmeißen, es wird nicht weiter stören. Außer ein Europäer will sich dahin setzen.

Als Kalifornier baden Sie auf keinen Fall oben ohne und schon gar nicht nackt. Ziehen Sie sich anständig an, wenn Sie in die Sauna gehen, die übrigens strikt getrennt ist. Männlein und Weiblein. Man traut Ihnen hier einfach alles zu. Nehmen Sie sich entweder einen Badeanzug mit – völlig normal – oder mindestens zwei Handtücher. Eines, auf das Sie sich legen, und ein zweites, in das Sie sich bis zur Unkenntlichkeit einwickeln.

Falls Sie anschließend in ein Restaurant gehen wollen, setzen Sie sich bitte unter gar keinen Umständen selbst an einen Tisch oder fragen womöglich – da vollbesetzt –, ob Sie sich irgendwo dazusetzen können. Das ist völlig – bitte wiederholen Sie: völlig – ausgeschlossen. Außer es steht ein Schild an der Tür mit der Aufschrift

»Please seat yourself«. (»Setzen Sie sich selbst hin« bzw. »Suchen Sie sich selbst einen Platz aus«.) Es heißt zwar: »Setzen Sie sich selbst«, aber nicht: »Setzen Sie sich selbst irgendwo dazu«, ja? Selbstverständlich werden Sie niemals einen Hund in ein Restaurant mitbringen – außer Sie sind blind und brauchen einen Blindenhund (bitte ganz klar ersichtlich darstellen) –, das ist, nach dem Nacktbaden, das zweitschlimmste soziale Verbrechen. Angeblich sind Tiere, wenn sie still unterm Tisch liegen, unhygienisch.

Falls Sie unbedingt auf dem Gehweg ein Bier trinken müssen, dann bitte hüllen Sie es in eine Papiertüte, damit es niemand sieht. Jeder weiß natürlich, dass Sie darin Alkohol haben, aber Sie zeigen wenigstens die Flasche nicht. Fragen Sie nicht, warum. Machen Sie es einfach. Selbstverständlich dürfen Sie auch keine offene Alkoholflasche im Auto haben. Geschlossene schon.

Falls Sie nach gehörigem Alkoholkonsum zufällig aufs Klo gehen müssen, können Sie nicht einfach in irgendeinem Bürogebäude eins aufsuchen. Es sind nämlich immer und grundsätzlich sämtliche Toilettentüren verschlossen. Ob es Sicherheitsgründe dafür gibt, fragen Sie? Ich habe keine Ahnung. Es ist einfach nur mühsam. Erst müssen Sie sich den Schlüssel von Ihrem Arzt oder Ihrem Steuerberater holen und dann auch wieder zurückbringen. Damit Sie das nicht vergessen, schleppen Sie auch einen riesigen Schlüsselbundanhänger mit sich herum – gern etwa eine überdimensionale Zahnbürste –, sodass Sie ihn nicht aus Versehen in Ihre Handtasche stecken. Falls doch, wissen Sie dank der fünfzig Zentimeter großen und natürlich grottenhässlichen Zahnbürste sofort, welchen Toilettenschlüssel Sie aus Versehen mitgenommen haben.

Wenn Sie nach all dem Bier jetzt was essen wollen, wundern Sie sich bitte nicht über die Riesenportionen, sondern bestellen Sie einfach »Half a salad« oder »A half order of the spaghetti«. Dann kriegen Sie die Hälfte, das reicht immer noch. Falls das doch noch zu viel ist, fragen Sie nach einem *doggy bag* (einer »Hundetüte«), in der Sie das restliche Essen dann einpacken können, um es in den nächsten zwei Wochen mit Ihren Freunden zu verzehren. Wenn Sie schlank sind, schlank bleiben oder schlank werden wollen, bestellen Sie grundsätzlich jede Salatsauce *(dressing)* oder Soße *(gravy)* »on the side« – das heißt dann, dass es nicht literweise über Ihren Salat oder Ihre Kartoffeln geschüttet wird.

Und … gewöhnen Sie sich an Cilantro (Koriandergrün). Das sieht aus wie Petersilie, hat aber mit diesem sensiblen Kraut so viel zu tun wie ein Randalierer mit einem Gentleman. Cilantro hat einen eigenen Geschmack, mit dem es schlichtweg alles zudeckt, was mit ihm in Berührung kommt. Nach zehn Jahren haben Sie sich daran gewöhnt. Genauso wie an die fürchterlichen, schwabbeligen, riesigen Essiggurken.

Probieren Sie *frozen yoghurts* aus, die können wirklich manchmal sehr gut sein, oder auch einen *jamba juice* – gefrorene Früchte mit gefrorenem Joghurt –, und bitte sagen Sie bei der Bestellung: »No extra ice« (»Keine extra Eiswürfel«), weil Sie sonst bei den ersten zwei Schlucken aus dem Strohhalm einen *brain freeze* (ein »eingefrorenes Hirn«) bekommen, und das tut wirklich weh. Ansonsten kann es nie schaden, mit der Papptasse eines Kaffeeladens rumzulaufen.

Wenn Sie jemanden kennen, der Geburtstag hat, dann können Sie ihm auch ein paar Tage vorher oder nachher eine Überraschungsparty geben und gratulieren. Das hat den Vorteil, dass so eine Party eine Woche vorher wirklich eine Überraschung ist. Das stört hier keinen Menschen. Der Vorteil der Amerikaner ist, dass sie ihren Geburtstag niemals selbst bezahlen, das machen diejenigen, die sie einladen. Der Mann gibt die Geburtstagsparty für die Frau – oder umgekehrt –, die Freunde für das Geburtstagskind.

Falls Sie ein Mann sind und einen Bekannten »kalifornisch« begrüßen wollen: Umarmen Sie ihn, schlagen Sie ihm rhythmisch auf den Rücken und rufen Sie aus: »How are you doing?« Möchten Sie jung und cool wirken, dann fragen Sie ihn: »What's up, man?« (»Was machst du so, Mann?«), wobei das *man* (»määän«) richtig anständig betont werden muss. Oder falls Sie junger Schauspieler bzw. Hip-Hop-Star sind oder werden wollen und den anderen loben möchten, dann sagen Sie: »You are the man!« (Sehr frei übersetzt: »Du bist der Beste!«)

Fahren Sie bitte niemals richtig in die Kreuzung hinein, sondern bleiben Sie nach einem Meter zögerlich stehen. Ihren Blinker müssen Sie auch nicht immer benutzen. Nur wenn Sie Lust haben oder ein Polizist hinter Ihnen herfährt. Ansonsten ist es einfach wichtig, dass Sie sofort anhalten, wenn ein Fußgänger bis hundert Meter vor Ihnen die Straße betritt. Rechts und links bleibt ebenfalls sofort der Verkehr stehen. Als Deutscher werden Sie sich das schwer angewöhnen können, denn wo Sie herkommen, gibt man noch mal kräftig Gas.

Werfen Sie niemals und unter gar keinen Umständen eine brennende Zigarette aus dem Auto, selbst wenn Sie sich in einer der zahlreichen Betonwüsten befinden. Ihre Umgebung wird schreckhaft die Luft anhalten, denn Sie haben gerade mit Ihrer Unachtsamkeit die Gefahr eines nächsten Waldbrandes beschworen. Als Raucher sind Sie sowieso eine Flasche, die einfach nur nicht die Willenskraft hat, damit aufzuhören, und wer weiß, was Sie sonst noch alles an schlechten Eigenschaften haben? Oder … Sie sind Europäer. Die rauchen nämlich alle und sind auch alle nackt in der Sauna.

Dann wäre da noch die Frage der Unterkunft. Am besten ist es natürlich, wenn Sie sich eines der Zehn-Millionen-Dollar-Häuser leisten könnten, die es hier wie Sand am Meer gibt. Falls nicht, dann können Sie sich immer noch nach den diversen Graden darunter umschauen. Ziehen Sie nicht ins Valley, wenn Sie angeben wollen. Lieber die kleinste Klitsche in Beverly Hills oder Bel Air als für denselben Preis ein schönes Häuschen im Valley. Es geht hier nur um die Adresse. Sie verstehen, ja? Wenn Sie aber im Moment gar kein Geld haben, dann kann man Sie auch als House- oder Dogsitter unterbringen. Die Leute hier lassen ihre Häuser ungern allein, ihre Tiere auch nicht, und so ziehen häufig Leute für ein paar Wochen während der Urlaubszeit ein, um Haus, Tier und Pflanzen zu versorgen. Das macht der Betreffende meistens umsonst, dafür wohnt er ja sehr schön, und muss natürlich alles irgendwie sauber hinterlassen. Falls Sie sich aber jetzt doch zu etwas Eigenem entschlossen haben, dann geben Sie bitte eine Housewarming-Party. Natürlich heißt das nicht, dass Sie Ihr Haus heizen sollen, sondern dass Sie die Nachbarn und Freunde einladen, damit sie Ihr Haus anschauen können. Sie werden alles Mögliche gefragt werden, zum Beispiel auch, wie viel was kostet. Das ist völlig normal, und antworten Sie einfach. Erwarten Sie nicht, dass irgendjemand noch nach 23 Uhr da ist. Es hat nichts, aber auch gar nichts mit Ihnen zu tun.

Falls Sie zu Thanksgiving eingeladen werden – dies ist übrigens eine große Ehre –, essen Sie bitte einen Tag vorher nichts. Es wird meistens schon gegen 16 Uhr zu Abend gegessen, und der Höhepunkt ist ein riesiger Truthahn, für dessen mögliche Bratprobleme es eine 24-Stunden-Hotline gibt, die einen beraten kann. Nach dem Essen ziehen sich die Herren in den *family room* zurück, um Sport zu schauen, und die Frauen räumen die Küche auf. Da hat sich schon seit Jahrzehnten nichts dran verändert.

Kaufen Sie sich Turnschuhe (Sneakers) – bitte nicht reinweiß – und kurze Hosen. Keine Scheu! Hier fallen Sie gar nicht auf. Lassen Sie Ihre Bügelfalten im Büro oder in Deutschland. Nein, keine Lockenwickler im Haar, aber es stört hier niemanden, wenn Sie nach einer Schönheitsoperation mit eingewickelter Nase kommen oder Ihnen nach einem Acid-(Säure-)Peeling (das sieht so schlimm aus, wie es sich anhört) die Haut in Streifen runterhängt und darunter das rohe rote Fleisch durchschaut. Wir sind das gewöhnt. Tragen Sie einfach eine große schwarze Sonnenbrille und schlingen Sie ein Kopftuch wie Grace Kelly um den Hals, dann sehen Sie wie ein Filmstar aus, und jeder wird sich fragen, wer Sie sind.

Laufen Sie nie und unter gar keinen Umständen ohne eine Literflasche Wasser im Arm herum.

Drängeln Sie sich niemals vor. Punkt.

Es gibt hier Ampeln, bei denen Sie schräg über die Straße gehen können, dazu gibt es darüber Zeichnungen, die das andeuten. Tun Sie es einfach. Es macht Spaß. Ansonsten versuchen Sie niemals (obwohl es doch jeder macht), die Straße »rechtswidrig« zu überqueren, wo keine Ampel oder kein Zebrastreifen ist, denn das nennt man *jay walking*, und es kann teuer werden. Sehen Sie sich einfach erst einmal um, ob irgendwo einer dieser sehr knackigen Polizisten herumsteht.

Während Sie an der Ampel auf Grün warten, schauen Sie sich die Welt an. Wenn Sie etwas sehen, was Ihnen gefällt – die Jacke einer Frau, die Frisur eines Kindes, einen süßen Hund –, sagen Sie es einfach. Die Amerikaner unterhalten sich gern mit wildfremden Leuten.

Wenn Sie jemanden kennenlernen, dann halten Sie sich an folgende Gesprächsthemen:

1. *Aussehen.* Hier Beispiele: »Sie sehen toll aus.« – »Wo haben Sie nur die wunderbare Tasche [Jacke, Mantel, Schuhe …] her?«
2. *Urlaub oder Feiertag.* Ganz wichtig: niemals nur »Weihnachten« sagen, sondern immer »Holidays«. Viele feiern das jüdische Chanukkah-Fest, und dann gibt es noch Kwaanza. Dieser Feiertag wurde erst 1966 in Kalifornien erfunden, damit die *African Americans* eine afrikanische Version der Feiertage haben. Weiterhin können Sie relativ sicher fragen: »Was machen Sie im Sommer?« Oder auch: »Wo verbringen Sie Thanksgiving?«
3. *Kinder (falls vorhanden) und Schule.* Fragen Sie: »Wie geht's den Kindern?«, »In welche Schule gehen sie?«, »Wie viel Hausaufgaben haben sie auf?« … Das allein ist schon ein beliebtes Gesprächsthema, mit dem Sie ebenfalls Stunden verbringen können.
4. *Filme.* Da können Sie reden, worüber Sie wollen, selbst über obskure europäische Filme. Falls einer der Anwesenden selbst Filme macht, haben Sie natürlich seinen Streifen gesehen oder planen, ihn sich morgen anzuschauen, finden ihn großartig oder sind sich sicher, dass Sie ihn großartig finden werden.

Niemals und unter keinen Umständen tun Sie so, als ob Sie die Hautfarbe des anderen irgendwie zu Kenntnis nähmen. Sie sind farbenblind und politisch korrekt. Natürlich sagen Sie nie, nie, nie (!) zu einem *African American* »Nigger«. Das ist nicht cool! Das wird Ihnen sehr übel genommen. Außer Sie sind selbst schwarz. Wenn Sie jemanden beschreiben wollen, dann sagen Sie nicht: »Er ist schwarz«, sondern eher: »Er hat dunkle gekräuselte Haare«, die anderen wissen dann schon, wen Sie meinen.

Nein, Sie können hier nicht 24 Stunden am Tag alles einkaufen. Komisches Gerücht, hält sich seit Jahren. Supermärkte und Tankstellen haben rund um die Uhr geöffnet, aber Möbel kriegen Sie auch nicht um 23 Uhr, und viele Geschäfte machen um Punkt 18 Uhr zu. Ja, am Sonntag ist von 11 Uhr bis 17 Uhr in Einkaufszentren und großen Shoppingstraßen auch einiges auf, aber vieles dann doch auch nicht.

Falls Sie jemanden treffen, der Sie mit den Worten »Let me buy you lunch« (»Ich kaufe Ihnen ein Mittagessen«) einlädt, will er Sie abschleppen. Nein, er findet nicht, dass Sie hungrig aussehen oder obdachlos sind.

Falls es Herbst oder Winter ist und es besonders warm sein sollte, dann stöhnen Sie ein bisschen und sagen: »Oh, diese Santa-Ana-Winde« (Wüstenhitze vom Inland) – und nicken wissend. Das ist so wie der Föhn in Bayern. Der ist auf jeden Fall an allem schuld. Mehr müssen Sie darüber nicht wissen.

So, das wär's fürs Erste. Damit sollten Sie zurechtkommen.

Halt, ich habe noch was vergessen. Fahren Sie unter keinen Umständen langsam durch Beverly Hills, um sich die Häuser anzuschauen und die womöglich auch noch zu fotografieren. Da wissen wir sofort, dass Sie ein Tourist sind, und es macht uns wahnsinnig. Das ist nicht Disneyland. Leute wohnen hier und wollen wohin. Parken Sie anständig, und steigen Sie gefälligst aus, um Ihre Fotos zu machen, okay?

Oh, have a great day!

Deutschlandbarometer 5

Zwei- bis dreimal im Jahr kam ich mit Julia nach München, um weitere Folgen von »Wahre Wunder« aufzuzeichnen. Ich fühlte mich wieder wohler in meinem Beruf, nicht zuletzt, da ich endlich auch ein wundervolles Team hatte. Mein Verhältnis zu Deutschland war immer noch abgekühlt. Ich hatte mich sehr schnell an die Höflichkeit und Leichtigkeit der Amerikaner gewöhnt, und Deutschland war mir zu schwer.

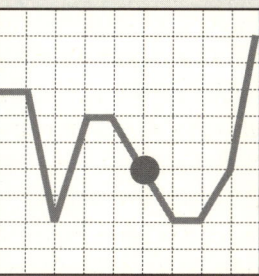

Julia war knappe vier Jahre alt, und so konnte ich sie immer noch mitnehmen. Wir wohnten weiterhin bei meiner Mutter, da sich das als sehr praktisch erwiesen hatte.

An einem heißen Münchner Tag im Juni 1993 wollte Julia dringend in den Pool.

»Den gibt es hier nicht«, erklärte ihr die Oma.

»Warum denn nicht?«, wollte sie wissen.

Ja, wie erklärt man einem Kind aus Beverly Hills Etagenwohnungen im sozialen Wohnungsbau? Meine Mutter versuchte es mit dem Platzargument. Julia warf einen Blick raus auf den Hof und meinte: »Aber Oma, da ist doch genug Platz, da können wir doch einen Pool hinbauen. Das wäre doch praktisch, Oma.«

Ja, das wäre praktisch. Sie erkannte schnell, dass es mit einem Pool nichts werden würde, und fand dann eine andere Lösung: Wir saßen in der eiskalten Badewanne.

Am nächsten Tag hatte ich meine ersten Vorbesprechungen, und Julia ging mit ihrer Oma in die Kirche. Ganz begeistert erzählte sie mir am Abend davon: »Mama, Mama, die kennen mich dort alle.«

Das hat mich nicht weiter verwundert. Meine Mutter war immer ein aktives Mitglied in der Gemeinde, und ich dachte mir, dass sie wahrscheinlich von vielen Besuchern angesprochen worden war.

»Mama, ich bin in die Kirche gegangen, und die sind alle aufgestanden und haben laut gesungen: ›Hallo, Julia.‹«

Ich aß bei den Aufzeichnungen abwechselnd zu Mittag Lüngerl mit Semmelknödeln oder eine Leberkässemmel. Am Abend wurden wir von meiner Mutter mit all meinen herrlichen Kinderessen verwöhnt: Senfeier, Rouladen, »Auszogene mit Kartoffelsuppe«, selbstgemachte Knödel und Apfelstrudel. Und dazwischen anständiges deutsches Brot und deutsche Brezen. Julia klang so wie jedes deutsche Kind, und sie spielte mit den Kindern im Hof. Nach einer Weile wollte sie wieder zurück zu ihren Freunden und ihrem Pool.

19. Schulen: Privat-, französische, deutsche Schulen und warum wir endlich unsere Hauptschule loswerden sollten

Für Kinder ist Los Angeles herrlich. Wenn sie zwölf Jahre alt sind, dann sollte man mit ihnen so schnell wie möglich die Stadt verlassen.

Julia ist aufgewachsen mit viel Natur, liebenswerten Lehrern und jeder Menge netter Freunde. Dazu als Bonus sozusagen die Kinderparadiese Disneyland, Knotts Berry Farm, der Harricane-Harbor-Wasserpark, Magic Mountain oder die Universal Studios. In der Nähe unseres Hauses gibt es unberührte Gegenden zum Wandern wie die »Tree People«, einen Park am Coldwater Canyon, der daran erinnert, wie die Stadt wohl vor hundert Jahren ausgesehen haben muss. Da das Wetter in der Regel schön ist, fallen auch die knatschigen Kinder weg, die wochenlang nicht rausgehen können.

Richard wurde das Lago-Vista-Haus zu klein. Wir teilten uns ein Büro, was nicht sehr praktisch war, und ich hatte auch nichts dagegen, einen etwas größeren Meditationsraum zu bekommen als das klitzekleine Hausangestelltenzimmer. Wir wohnten gerade mal sechs Jahre im Lago-Vista-Haus, und es ist eingetreten, was ich eigentlich nicht gedacht hätte: Ich war bereit, umzuziehen. Jede Tür, jede Schraube, jedes Waschbecken war handverlesen von mir ausgesucht worden. Jede Fliese, jede Wandfarbe, jeder Vorhang eigens bestellt. Ich fing an, mir zu vertrauen, dass ich immer wieder und egal, wo, ein neues Zuhause aufbauen kann. Wenn es mir hier gelungen ist, dann wird es mir auch einen Canyon weiter, im Benedict, gelingen. Wir zogen um.

Mittlerweile hatten wir zu Sister noch drei Katzen hinzubekommen: Boots, die wir halb verhungert auf unserer Zeitung liegend gefunden haben, und Barney, einen grandiosen orangefarbenen Kater aus dem Tierheim, sowie Greyfur, die leider nach ein paar Monaten verschwand. Am liebsten hätte ich noch mehr Tiere aus dem Heim geholt, denn viele von ihnen werden dort – wegen Überfüllung – nach nur zwei Wochen Aufenthalt eingeschläfert. Eine fürchterliche Vorstellung!

Beim Einzug flog uns ein afrikanischer Graupapagei zu, der sich in Richard verliebte – wie auch umgekehrt – und bei uns den größten Käfig westlich des Mississippi bekam. Ich sehe nicht gern Vögel in Käfigen, aber dieser hätte die freie Natur nicht überlebt und war offenbar einer Familie entflogen. »It is seven o'clock« (»Es ist sieben Uhr«), quakte er uns zu jeder Tageszeit entgegen. Das hat er sich dann abgewöhnt, weil keiner von uns dies jemals wiederholte. Natürlich haben wir alle Möglichkeiten ausgeschöpft, um die richtige Familie zu finden, aber es meldete sich niemand, und so wird er bei uns bleiben müssen. Für die nächsten hundert Jahre. So alt werden die nämlich.

Es gibt in den Staaten sehr viel mehr private Schulen als in Deutschland. Deren Qualität wechselt mit der Gegend, in der sie liegen. Dass man sein Kind freiwillig in eine private Bildungseinrichtung gibt und dafür auch noch zahlt, musste ich erst lernen. Ich wusste nur von Schulen, in die man ging, weil sie in der Nähe waren. Das schien hier überhaupt kein Kriterium zu sein: Man fuhr manchmal eine Stunde mit dem Auto, nur um sein Kind in eine Schule zu bringen, die einem gefällt. Deshalb ist *carpooling* auch so selbstverständlich, sonst wären die Mütter nur noch im Auto. Häufig trifft man sich an einem bestimmten Platz, und dann übernimmt eine Mutter zwei, drei oder noch mehr Kinder. Ich fuhr mittlerweile einen komfortablen Land Cruiser mit sechs Sitzen – alle hinten –, da ich immer wieder halbe Kinder-»Fußballmannschaften« zu transportieren hatte.

Die Kids gehen hier sehr viel früher in die Schule als in Deutschland. Der Kindergarten – die amerikanische Vorschule – beginnt mit drei Jahren für ein paar Stunden in der Woche. In den Kindergarten, der auch auf Englisch so heißt, kommen sie dann mit fünf, üblicherweise das Jahr vor der ersten Klasse.

Diese Privatschulen kosten sehr viel Geld. Mit 500 bis 1000 Dollar pro Monat und Kind muss man rechnen. Viele Schulen sind allein durch private Initiative entstanden und können nur durch zusätzliche Spenden – steuerlich absetzbar – überleben, da sie auch Stipendien für sozial schwache Familien anbieten. Manchmal macht das bis zu 30 Prozent der Schüler aus.

Jedes Kind geht idealerweise durch das normale Schulsystem, das heißt, eigentlich wird von jedem erwartet, dass er mit einem Highschool-Diplom (vergleichbar unserem Abitur) abschließt.

Hier werden die Kinder nicht für einen oberen und einen unteren Bildungsweg aussortiert. Ich bin selbst ein Hauptschulkind und habe mich dann später auf dem zweiten Bildungsweg weitergebildet. Gerade als ich mein letztes Jahr beginnen wollte, um das Fachabitur zu machen, eskalierte die Situation mit meinem alkoholkranken Vater, und ich musste ausziehen und selbst für meinen Unterhalt sorgen. Ich hatte keine Mitschüler in der Hauptschule, die Ärzte oder Musiker werden wollten. So werden Träume schon sehr viel früher begraben. Mich würde interessieren, ob irgendjemand von denen, die die Hauptschule und diese frühe Trennung immer noch befürworten, selbst in einer waren. Ich kann es mir nicht vorstellen.

Die Eltern, die sich für Privatschulen interessieren, schauen sich die unterschiedlichen Einrichtungen mit ihren Kindern genau an. Dazu gibt es die *Open-house*-Veranstaltungen, also spezielle Tage, an denen die Eltern vorbeikommen und sich umschauen. Später macht man dann mit einem Schulvertreter einen Termin aus, bei dem die Kinder wie die Eltern interviewt werden.

Ich war überrascht von den fast hysterischen Bemühungen, die kleinen Wuzel in den »wichtigen« Vorschulen unterzubringen. Wer kennt jemanden, der dort schon ist? Wer kann uns empfehlen? Wer ist dort wichtig? Die »beste« Vorschule war damals The Center of Early Education – auf dem Dach eines Bürogebäudes zu finden, neben einem riesigen Einkaufszentrum an einer lauten Kreuzung. Da gab es überhaupt keinen Baum, sondern eine Betonwiese. Aber die Kinder der wichtigsten Leute gingen dorthin, und damit war das soziale Leben auf Jahre hin gesichert. Allein schon deswegen kam es für uns nicht in Frage.

Leider gab es keine deutsche Schule in Los Angeles, aber ich hörte von einer deutschen Samstagnachmittagsschule. Julia und ich gingen hin. Die Lehrerin sah streng aus. Die Kinder saßen, wie ich das von meiner Schulzeit kannte, brav hinter ihren Tischen. In fast allen Vorschulen saß man auf dem Boden. Diese Schüler hier mussten etwas abschreiben, und einem fiel das Bleistiftmäppchen herunter. Die Lehrerin fuhr ihn scharf an: »Pass doch auf!« Die ganze Klasse zuckte zusammen und verschwand noch tiefer in ihren Sitzen.

Julia schaute mich entsetzt an. Scharfe Zurechtweisungen war sie nicht gewohnt. Als wir aufstanden und gingen, schaute uns ein Mädchen flehentlich nach. Am liebsten hätte ich sie mitgenommen.

Ich war noch eine Weile unsicher, ob ich sie nicht doch einmal die Woche dorthin schicken sollte. Eine andere Art von Disziplin würde ihr vielleicht nicht schaden. Vielleicht habe ich einfach nur einen schlechten Tag beim Besuch erwischt? Es wären doch nicht so viele Schüler da, wenn das immer so schlimm wäre.

Richard löste dann das Problem: »Wenn das eine normale Schule wäre, also keine deutsche, würdest du sie dann hinbringen?«

»Um Himmels willen, nein.«

Das war es dann.

Die französische Schule war ähnlich. Ich war mittlerweile so daran gewöhnt, dass man bei den anderen Einrichtungen, die ich mir natürlich angesehen hatte, als Eltern die ersten Tage dabeibleiben durfte, bis die kleinen Dreijährigen mit der Situation vertraut waren, dreimal die Woche drei Stunden dort zu sein. Bei der französischen Schule ging das auch nicht. Nein, Eltern geben die Kinder am Eingang ab, und dann sollen sie gefälligst gehen. Mein Einwand, dass ich doch gern auch sehen möchte, wie da mit meiner Tochter umgegangen wird, wurde mit einer Handbewegung abgewiesen. »Nicht bei uns. We are French!«

Vielleicht haben wir mit den Franzosen doch mehr Gemeinsamkeiten, als wir denken.

Wir wollten, dass Julia so normal wie möglich aufwächst, was in dieser Stadt schon nicht einfach ist. Wir beschlossen, sie im Valley in die Schule zu schicken, denn dort gibt es weniger Geld und weniger Stars. Ich wollte nicht, dass sie mit den Kindern berühmter Schauspieler aufwächst und uns dann mit acht Jahren fragt, wo denn unser Privatflugzeug sei.

The Country School am Laurel Canyon war genau das, was wir gesucht hatten. Sie war klein, sie lag auf dem Weg zu Richards Büro, und die Schüler wie die Lehrer waren normal. Außerdem war sie uns von Frances Schoenberger empfohlen worden, deren Tochter auch dorthin ging. Der Name versprach Bäume, grüne Wiesen und vielleicht einen kleinen Bach. Was wir dann bekamen, waren zwei Bäume, viele kleine Schulgebäude, die wie Baracken aussahen, ansonsten ebenfalls viel Beton und bunte Sonnenschirme. Für richtiges »Country« hätte ich noch eine Stunde weiter fahren müssen.

In amerikanischen Privatschulen wird erwartet, dass sich die Eltern mit einbringen. Man hilft beim Austeilen des Mittagessens, man fährt mit auf Ausflüge, man hilft beim Basteln. Die Eltern werden gebeten, gelegentlich zum Vorlesen zu kommen; und wenn jemand von ihnen irgendein besonderes Talent hat, wird er gebeten, den Kindern seine Fähigkeiten zu zeigen. Jedoch alles ohne Zwang. Eine deutsche Freundin erzählte mir einst, dass sie sich hatte verpflichten müssen, einmal im Monat für dreißig Kinder ein biologisch gesundes Mittagessen zu kochen, sonst wäre ihre Tochter nicht in die anthroposophische Schule aufgenommen worden: Bei uns in Deutschland wird das »Freiwillige« dann wohl doch auch gern eingefordert.

Ich habe – von einem gelegentlichen Mittagessenausteilen über die Teilnahme an Schulausflügen, das Einspringen, wenn die zweite Lehrerin krank war, Vorlesen, das Meditieren-Beibringen bis zum Einüben des Tanztrainings für die jährliche Show – immer versucht, mich nützlich zu machen. Natürlich gibt es Eltern, die beide berufstätig sind und das eben nicht können, und doch fanden auch sie einen Weg, mitzumachen. Manche halfen beispielsweise abends aus, wenn es Musikveranstaltungen gab.

Wir Eltern kannten uns. Wir freundeten uns an. In Julias Klasse – *the green room* – waren nur Erstgeborene. Wir waren alle »neu bei der Sache«, und so entstanden Freundschaften, die Julia und ich auch heute noch pflegen.

Julia war in der Schule eher schüchtern. Zu Hause dagegen, wenn sie ihre Freunde dahatte, war sie gern Chefin. Die ersten Tage ging ihre Oma mit ihr in die Vorschule, da ich eine Fernsehsendung in Deutschland aufzeichnete. Drei Tage danach blieb ich noch eine Weile mit ihr in der Klasse. Es wurde gemalt und gebastelt und gesungen. Wir alle quetschten uns entweder auf klitzekleine Stühle oder saßen auf einem großen Teppich, und die Mütter wie die Väter gingen ein und aus.

Sosehr ich amerikanische Frauen schätze, so unglaublich nervt es mich, sobald sie mit ihrer hohen Stimme reden. Besonders wenn sie mit Kindern oder Hunden sprechen: »Hallo, mein Lieeebling. Wie gehhht es diiir? Das sieht ja sooo süß aus!« Die Stimme verhängt sich in den höchsten Tönen, wird schriller, wie zum Glasschneiden, und ich möchte sie einfach nur schütteln und rufen: »Red normal! Um Himmels willen, red normal!« Überhaupt scheint diese hohe Stimme unter dem Motto »süß und sexy« zu laufen. Wenn diese Frauen sich freuen, gibt es lautes und hysterisches Gequietsche. Ich kann mir das gar nicht vorstellen: Die Männer müssen doch taub davon werden! Ich hatte mich gerade mit Mühe daran gewöhnt, dass Amerikaner mitklatschen, wenn sie beklatscht werden. Und jetzt auch noch das? Ich beobachtete bei Julia, dass sie auch manchmal mit der Stimme nach oben ging, und ich bat sie dann immer sofort, deutsch zu reden. Im Deutschen wurde ihre Stimme sofort wieder normal, so konnte ich das Quietschen bei ihr verhindern.

Amerikaner sind von Haus aus irgendwie lauter als wir Deutschen. Da wird jovial durch den Raum gebrüllt, und es stört niemanden, wenn im Restaurant sämtliche Besucher die Konversation an unserem Tisch mitverfolgen. Natürlich ist es eine grobe Verallgemeinerung, und doch fiel mir der Unterschied auf. Wir Deutschen sprechen leiser.

Julia wuchs zweisprachig auf. Ich sprach konsequent nur deutsch mit ihr und hatte auch einen deutschen Babysitter, jeweils junge Studentinnen, die dann bei uns blieben, solange sie hier studierten. Julias Deutsch war mit drei Jahren sehr viel besser als ihr Englisch. Richard hat leider meine Sprache nicht gelernt, und so übersetzte ich bei gemeinsamen Abendessen alles für ihn: »Julia, kannst du mir bitte deinen Teller bringen? I just told her to bring me her plate.« Es war für Richard nicht leicht, denn manchmal fühlte er sich sprachlich ausgegrenzt aus seiner eigenen Familie – und so übersetzte ich, übersetzte ich, übersetzte ich. Richard sprach und schrieb japanisch, konnte sich auf Griechisch und Französisch verständigen. Also, er war weiß Gott nicht der typische Amerikaner. Aber Deutsch lag ihm nicht. Außerdem hatte er mich ja schon, wie er es einmal lachend zusammenfasste.

Ich fand meine Schulzeit fürchterlich. Mir machte sie kaum Spaß, und ich hatte selten Lehrer – bis auf meinen geliebten Herrn Dr. Kleinert –, die mich förderten. Julias Schulzeit dagegen war ganz anders. Sie wurde umarmt, wenn sie kam. Da gab es zärtliches Tätscheln und Lob, Lob, Lob. Ich habe in all ihren Jahren keinen einzigen zynischen Lehrer erlebt. Klar, manche waren nicht besonders gut, aber zynisch war keiner.

Wir Eltern wurden entweder durch Briefe oder regelmäßige Treffen darüber informiert, welche Entwicklungsstufen unsere Kinder gerade durchmachten und worauf wir achten sollten: »In diesem Schuljahr werden Sie feststellen, dass die Kinder nach einer stärkeren Cliquenbildung suchen, das ist ganz normal.« Oder: »Sie werden in diesem Jahr viele Widerworte hören, denn in diesem Alter müssen die Kinder ihre Grenzen ausloten. Am besten sind jetzt klare Ja- und Nein-Vorgaben.« Wir Eltern waren somit auf dem gleichen Stand wie die Lehrer und konnten so gut zusammenarbeiten. Die ausgebildeten Pädagogen erzogen uns Eltern gleich mit. Sehr empfehlenswert!

Was mir besonders auffiel, war, dass es hier keine Spickzettel gibt. Niemand schreibt ab. Ich erinnere mich noch gut an meine Spickzettel: auf den Minirocksaum genähte Formeln, kleine Zettel in die Ärmel geschoben und die hilfreiche Nachbarin, die einem das Blatt Papier so hinhält, dass man abschreiben kann. Mein schlechtes Namens- und Zahlengedächtnis bereitete mir schon damals äußerste Mühe. Hier dagegen gab es so etwas nicht. Plagiarismus – also das Kopieren von anderen Ideen und Schriften ohne Angabe der Quelle – wird hier bereits den Zehnjährigen als höchst verwerflich beigebracht.

Toll war das Bemühen der Lehrer, die Einzigartigkeit der Kinder zu fördern. Schon in den ersten Jahren singen die Dreijährigen: »We are all different« (»Wir sind alle verschieden«). In einem Land, in dem es immer wieder Gewaltausbrüche zwischen den Rassen gibt, ist dies wohl auch dringend notwendig. The Country School arbeitete mit einer Behindertenschule zusammen und brachte dort regelmäßig ihre Kinder hin.

Julia war in der ersten Klasse, und in der Woche, bevor sie die behinderten Kinder treffen sollte, merkte ich, wie es sie beschäftigte. Sie fragte mich: »Was soll ich denn sagen, wenn ich sie nicht verstehe? Nicht, dass sie denken, ich will nicht mit ihnen reden.« Die Kinder in dieser Partnerschule waren zum Teil schwerstbehindert, und ich wollte gern, dass diese Grenze so schnell wie möglich überwunden werden kann. Ich hatte da eine Idee.

In Amerika kann man Ideen gern mit den Lehrern besprechen. Die freuen sich darüber und unterstützen das auch. Sie fühlen sich nicht in ihrer Rolle als erfahrene Experten bedrängt, das ist sehr entspannend.

Am nächsten Morgen hatten mich die zwei Lehrerinnen für 11 Uhr eingeladen. Ich kam mit einem geliehenen Rollstuhl und wurde mit großem Hallo begrüßt. Ich kannte alle Kinder sehr gut. Ich setzte mich also auf den Rollstuhl und versuchte zu erklären, wie das denn wäre, wenn ich mich nicht bewegen und wenn ich auch nicht sprechen könnte. Ich schlug vor, dass man mir ja Fragen stellen kann. Und da ich nicht reden kann und mich auch sonst nicht bewegen kann, blinzele ich einfach mit meinen Augenlidern: Einmal blinzeln ist ein »Nein«, zweimal blinzeln ein »Ja«.

Die Lehrerinnen waren darauf vorbereitet, dass man mir während dieser Übung vielleicht etwas zu trinken anbietet und mir, falls ich traurig bin, möglicherweise etwas vorsingt.

Die Kinder stellten sich um mich herum, und ich sagte noch mal, dass ich ja die gleiche Sabrina bin, ob ich nun reden oder gehen kann oder nicht. Ich erinnerte sie auch noch daran, dass man halt manchmal nicht weiß, wie man sich verhalten soll, wenn jemand im Rollstuhl sitzt oder anders aussieht. Ich erzählte ihnen, dass diejenigen, die zum Beispiel im Rollstuhl sitzen, am traurigsten darüber sind, dass man ihnen kaum mehr in die Augen schaut, sondern viele aus Unsicherheit wegsehen. Also schlug ich vor, ihnen einfach immer freundlich in die Augen zu schauen. Dann zählten wir gemeinsam bis zehn, und bei zehn fiel mein Oberkörper nach vorn und ich fast aus dem Stuhl.

Die Kinder schauten sich überrascht an und versuchten, mich wieder aufzusetzen. Ich machte laute Geräusche, um ihnen zu zeigen, dass sie nicht so grob mit mir umgehen sollen, und mein Kopf wackelte unkontrolliert hin und her. Eines der Mädchen hielt meinen Kopf fest, ein anderes meinte: »Pass auf ... auf ihre Frisur!« Zehn Hände hielten mich in stabiler Lage und starrten mich freundlich an. Und nun?

Ich machte ein lautes, unwilliges Geräusch.

»Was hat sie nur?«, wurden die Lehrerinnen gefragt.

»Frag sie halt.«

Ah ja, das Blinken.

Sie beobachteten aufmerksam meine Augenlider, als ich auf jede Frage (»Ist dir kalt?«, »Bist du müde?«, »Willst du rausgefahren werden?«) mit Nein antwortete, also einmal blinzelte. Endlich, bei der Frage, ob ich Durst habe, blinzelte ich zweimal. Fast alle Kinder liefen sofort los, um mir was zu trinken zu holen, und so schwankte mein Oberkörper wieder nach vorn.

»Oh no«, wurde mir entgegengerufen, und schon wieder wurde ich zurückgelehnt. Dann hatte jemand die Idee, mich mit einem Schal hinten am Stuhl festzubinden, damit ich nicht wieder so schnell nach vorn fiele.

Zuerst gaben sie mir einen Becher, und ich verspritzte beim Schlucken mit Absicht viel von dem Wasser. Dann kam die Idee mit dem Strohhalm auf, und ich konnte sehr viel besser damit trinken. Am Schluss sangen sie mir noch ein Lied vor, weil ich plötzlich so traurig aussah. Die Kinder waren froh, nachdem ich wieder die gehende und redende Sabrina geworden war.

Als Julia von dem Besuch bei der Behindertenschule nach Hause kam, erzählte sie ganz aufgeregt: »Stell dir vor, Mama, da war doch ein Junge, der genauso wie du nicht reden und nicht gehen konnte. Und der konnte auch blinzeln und mit der rechten Hand wackeln, wenn er ja sagen wollte.«

Die Lehrerinnen riefen mich später an, um mir zu erzählen, wie wunderbar der Tag dort verlaufen sei und dass sich alle Kinder sofort auf die im Rollstuhl Sitzenden gestürzt hätten … und ob ich mich für die nächste Klasse, die das auch in einer Woche vorhat, noch mal in den Rollstuhl setzen könnte. Mehr als sechs Jahre lang war das dann ein Teil meiner Schulbesuche.

So wunderbar diese Seite von Julias Schule war, so irritierend war eine andere. Eines Abends wurden die Eltern eingeladen, um über Kinder, Sexualität und Privatsphäre zu sprechen. Eine Kinderpsychologin sollte einen Vortrag halten. Ich musste mich nach einer Viertelstunde am Stuhl festhalten, damit ich nicht aufsprang. Ich glaubte, meinen Ohren nicht zu trauen. Bin ich die Einzige, die diesen Vortrag komisch findet? Ich schaute mich um, und alle anderen hörten aufmerksam zu. Keiner zeigte die Körperreaktionen, die ich hatte: mühsames Zurückhalten eines Aufschreis, krampfhaftes Festhalten am Stuhl, unkontrolliertes Kopfschütteln. Endlich fragte die Psychologin, ob wir Fragen hätten. Nein, eine Frage hatte ich nicht, aber eine Meinung.

Was, so wundern Sie sich, hat mich so aufgeregt? Ihre klare Warnung, dass man ab fünf Jahren mit seinen Kindern nicht mehr baden dürfe und es besser sei, wenn sie ihre Eltern nicht mehr nackt sähen, da sonst die Privatsphäre der Kinder verletzt werden könnte. Um die Kinder in ihrer gesunden Entwicklung nicht zu stören, sei es besser, wenn wir die Badezimmertür immer absperrten.

Ich stand auf und zitterte ein bisschen vor Ärger. Bitte erinnern Sie sich daran, dass ich mich immer noch in meiner Rechthaberphase befand, und das war ein gefundenes Fressen für mich. Ich erklärte ihr, dass ich das für völlig falsch hielte und meiner Meinung nach Kinder, wenn sie ihre Privatsphäre denn haben wollten, schon von selbst die Tür zu *ihrem* Badezimmer zumachen und es doch sehr komisch wird, wenn ich meine Fünfjährige aus meinem Bad schmeiße, außerdem liebte ich unsere gemeinsamen Bäder und überhaupt … bla, bla, bla …

Sie lächelte milde – Vortragende haben das so an sich – und meinte, dass das in Europa (!) vielleicht anders sei, aber hier würde man das eben so machen. Ich wollte gerade wieder loslegen, da hielt mich Richard zurück, und ich setzte mich schnaubend auf meinen kleinen Kinderstuhl. Jeder Hip-Hop-Sänger kann wackelnde, halbangezogene Mädchen in den Videos zeigen, und wir schmeißen unsere Fünfjährigen aus dem Badezimmer. Man kann's auch übertreiben!

I had an attitude.

Eines der wichtigsten Wörter in der Schule und auch im Sprach-

schatz vieler Familien ist das Wort *attitude* (ausgesprochen »äti-
tjuud«). Es geht um die innere Einstellung, die eigene Geisteshal-
tung, den Eindruck, den man auf andere macht, und der sollte auf
jeden Fall positiv sein.

»Change your attitude« bedeutet, dass man weniger aggressiv,
weniger beleidigt, weniger faul, weniger hektisch oder weniger arrogant sein soll. Je nachdem.

»I don't like your attitude« heißt, dass derjenige oder diejenige
sich bemühen soll, freundlicher und höflicher zu sein.

»What's this attitude?« wird dann gesagt, wenn jemand einen
unhöflich oder genervt behandelt.

In amerikanischen Schulen wird sehr viel Sport getrieben. Die
Schüler sind ja auch sehr viel länger dort. Selten wird in den besseren Schulen geprügelt. Es wird dafür sehr viel über Gefühle gesprochen und gesagt, dass man »seine Worte benutzen« soll. »Wie fühlst
du dich?«, wird als Selbstreflexion sogar von den Kleinsten verlangt: »Benutze deine Stimme für drinnen« (also »Schrei nicht so«)
ebenso.

Natürlich ist das nur die eine Seite. Die andere sind Schulen, die
in den härteren Gegenden der Stadt liegen. In denen es gewalttätige
Auseinandersetzungen zwischen den einzelnen ethnischen Gruppen
gibt. Bei denen man Metalldetektoren am Eingang aufstellt und Polizisten regelmäßig patrouillieren. Schulen, die nicht genügend Bücher und Lehrer haben. Jede Schule ist so gut wie die Unterstützung, die sie durch die Eltern bekommt. Im Mittelstand und darüber
wird in der Regel aufmerksamer verfolgt, welche Noten die Kinder
haben und wie man sie besser fördern kann. In den Gegenden, in
denen die Eltern ums nackte Überleben kämpfen, geschwächt und
abgestumpft durch Alkohol und Drogen, bleiben diese Kinder sich
selbst überlassen und versuchen, in Gruppen ein Dazugehörigkeits-
gefühl zu entwickeln.

Der Sohn eines meiner Freunde, Österreicher, war in der gleichen Schule wie Julia. Nennen wir ihn Paul. Er liebte diese Schule

und konnte es nicht erwarten, jeden Morgen dorthin zu gehen. Über den Sommer waren sie nach Österreich gefahren, der Heimat seiner Eltern. Im September, am ersten Schultag, wurden diese angerufen, sie möchten doch bitte ihren Sohn abholen. Er hatte schon zwei Kinder verprügelt. Die Schule verhängte die zweitschlimmste Strafe: Paul durfte eine Woche lang nicht dorthin gehen. Stellen Sie sich einmal vor, das ist eine Strafe hier!

Paul war tief betrübt. Sein Vater versuchte zu vermitteln. Paul, so erklärte der Vater den Lehrerinnen, habe gerade zwei Monate in einem Dorf in Österreich verbracht. Da frage man nicht danach, wie man sich fühlt, sondern da gebe es eine Watschen, wenn man nur »blöd schaut«, und die »Stimme für drinnen« kenne da auch niemand.

Er musste trotzdem ein paar Tage zu Hause bleiben.

Kindergeburtstage in Los Angeles sind eine ganz eigene Sache und für mich nicht nachvollziehbar. An Julias erstem Geburtstag gab es eine Erdbeertorte mit einer Kerze drauf, und Cynthia und David – gute Freunde von Richard – waren dazu eingeladen. Julia durfte mit der Hand in den Kuchen fahren und die Erdbeeren herausholen. Wir sagten: »Happy Birthday.«

An ihrem zweiten Geburtstag hatte sie drei Freundinnen eingeladen, und wir spielten in dem kleinen Sandkasten im Garten, anschließend »Verstecken«, und wir hatten einen Erdbeerkuchen, den Julia mit dem Löffel aß.

An ihrem dritten Geburtstag hatten wir fünf Freunde (zwei Jungs, drei Mädchen) eingeladen. Wir malten mit Fingerfarben, spielten »Verstecken«, dann baute ich ihr »Kasperltheater« auf und spielte ihnen etwas vor. Die Kinder aßen Erdbeerkuchen und fragten am Schluss nach ihrem *goody bag*.

Goody bag? Amerikanische Kinder, die man zum Geburtstag einlädt, bekommen ebenfalls ein Geschenk – wie die Großen bei den Filmpremieren. Das sind vielleicht Malstifte, kleine Bälle oder Süßigkeiten, alles zusammen Kleinigkeiten. Das ist eine Frage der

Gerechtigkeit. Amerikanische Eltern möchten nicht, dass die anderen Kinder gierig auf die Geschenke des Geburtstagskindes starren. Jetzt starrten sie gierig auf die *goody bags*, die am Ende der Party an die Kinder verteilt werden. Nur eben nicht bei uns. Als die Kinder merkten, dass ich nichts dahatte, und sich dementsprechende Enttäuschung breitmachte, schüttelte ich meine schauspielerischen Fähigkeiten aus dem Ärmel und meinte: »Ja, stimmt, die hätte ich doch beinah vergessen!« Ich ließ sie von einer Freundin kurz ablenken, während ich mir in meiner »Geschenkekiste« zu schaffen machte, in der ich immer einige Geschenke für die Großen wie für die Kleinen aufhebe. Ich bastelte aus buntem Papier schnell Mini-Schultüten und füllte sie mit allerlei Krimskrams auf, und die Kinder freuten sich. Ich auch. *Goody bags*, so merkte ich mir, darf man nicht vergessen. Oder sollte man sie vielleicht »Stillhalte-Bag« nennen? So sind die Kinder zufrieden, weil sie eben auch was kriegen, und vielleicht erkaufen wir uns damit ja nur einen entspannteren Geburtstag.

Da sind wir Deutschen doch sehr viel härter in der Kindererziehung: Gewöhne dich nur früh genug dran, dass du nicht alles kriegen kannst, was die anderen haben. Pech gehabt. Punkt. Und jetzt hör auf zu meckern.

Dann wurde auch Julia zu einem Geburtstag eingeladen, und zwar von einem Kind, das sie nicht kannte. Einer von Richards Kollegen hatte ebenfalls eine dreijährige Tochter, und wir sollten dort zu Gast sein. Komisch, dachte ich mir. Die Kinder kennen sich doch gar nicht. Wird das nicht seltsam werden?

Nein, es wurde gar nicht seltsam, denn als wir ankamen, waren da schon fünfzig andere Kinder, die sich auch nicht kannten. Dafür kannten sich aber die Eltern. Es gab *valet parking*, Clowns, ein Riesentrampolin in Form eines Märchenschlosses und einen Streichelzoo. Es gab Sushi für die Eltern und Pizza für die Kinder. Kleine Buden, in denen hübsche Mädchen damit beschäftigt waren, Blümchen, Bienen und Sterne auf aufgeregte Kinderarme und Wangen zu malen. Wir hatten die üblichen gutaussehenden Bedienungen, die uns mit sorgfältig aufgebauten Häppchen versorgten. Champagner gab es auch und Säfte für die Kinder. Es war 3 Uhr nachmittags, und das Kind wurde drei Jahre alt.

Leider sahen wir es nicht. Es war eine halbe Stunde zuvor eingeschlafen und nicht mehr aufzuwecken. Ich war die Einzige mit Turnschuhen, die anderen versanken mit hohen Hacken im frisch gemähten Gras. Ich hatte ein Brettspiel und ein Malbuch für die Dreijährige mitgebracht, das ich doch etwas verschämt neben einen lebensgroßen ausgestopften Bären und riesigen professionell verpackten Geschenkboxen versteckte. Die Hälfte der Kinder weinte. Zu viel Stimulation. Julia klammerte sich an meinem Bein fest und wollte nach Hause. Wir streichelten ein Kaninchen, bekamen alle drei eine Blume auf die Wange gemalt, und dann ging's heim.

Mein Gott, was machen diese Eltern bloß bei der Hochzeit ihrer Tochter?

Die Freunde, die wir durch die Country School bekamen, waren Gott sei Dank normal, und so war dieses Geburtstagsfest ein »einmaliger Ausrutscher«, den wir in Zukunft vermieden.

Ich versuchte gleich von Anfang an, den Mitschülerinnen von Julia Deutschland näherzubringen. Ich wusste, dass sie irgendwann einmal etwas über Nazideutschland lernen würden, und ich wollte nicht, dass diese Zeit die einzige ist, die ihnen in Zusammenhang mit dem Land im Gedächtnis bleibt. Ich beschloss, sie zu bestechen. Mit »Kinder Schokolade«, die gab es nämlich damals dort noch nicht. Besonders die dreißig Überraschungseier, die ich jedes Mal mühsam von Deutschland nach Los Angeles mitbrachte, sorgten für Begeisterung. Ach, die kommen eigentlich aus Italien? Ich bitte Sie, wer wird denn bei dieser Völkerverständigung so kleinlich sein?

Ich machte an Julias Geburtstagen für dreißig Kinder ihrer Schulklasse immer Pfannkuchen. Noch heute, mittlerweile sind sie alle herangewachsen, bekomme ich begeisterte Kommentare dazu.

20. Die neue Heimat, ein Flop und ein wichtiger Kurswechsel

Julia muss wohl so um die fünf Jahre alt gewesen sein, als die Gäste bei einem unserer Abendessen (Sauerbraten mit Spätzle) das Gespräch auf das Leben in Los Angeles brachten. Richard, der geborene New Yorker, fand, L. A. sei die ideale Stadt zum Nach-Hause-Kommen. Er lebte gern in Los Angeles, solange er nicht dauernd hier leben musste.

Dann wurde ich gefragt: »Wo würdest du denn am liebsten leben?«

Ich war jetzt seit sieben Jahren hier. Flog zwei- oder dreimal im Jahr nach Deutschland – immer nur für ein paar Wochen, und das meistens, um zu arbeiten. Es war schwer geworden, die vielen Freundschaften aufrechtzuerhalten. Die ersten Male versuchte ich noch, alle zu treffen. Mittagessen, Abendessen, Kaffee, Spaziergang – immer wieder die gleichen Fragen: »Wie geht's?«, »Was machst du so?« … Ich merkte, wie ich mich wiederholte. Wie ich grobe Skizzierungen meines Lebens lieferte und kein wirklich ausgearbeitetes Gemälde vorzeigte. Und das immer und immer wieder. Meine deutschen Freunde konnten sich meinen Alltag kaum vorstellen, und in ihrem tummelten sich andere Menschen, die ich nicht mehr kannte. Einige Freunde hatten mich besucht, und doch merkte ich immer mehr, wie unsere Leben auseinanderfielen. Irgendwann einmal erkannte ich, dass es nicht möglich sein wird, jeden Abend mit immer anderen alten Freunden damit zu verbringen, dass ich die Zusammenfassung meiner letzten fünf Monate wiederholte.

Wenige Freundschaften behielt ich. Alle anderen wurden schwächer, bis nach einer Weile nur noch eine Erinnerung übrigblieb. Ich hatte jetzt hier Freunde gefunden. Ich genoss die Zeit mit meiner Tochter. Ich hatte mich an den Service dieser Stadt gewöhnt. Das Wetter. Die Freundlichkeit der Amerikaner. Die bemühte gutgelaunte Stimmung dieser Stadt.

Ich war domestizierter, als ich es jemals von mir vermutet hätte. Damals, als ich noch in Deutschland lebte, war ich immer unterwegs. Ich wollte eigentlich nie Kinder haben, denn ich musste früher so oft auf meine zwei jüngeren Schwestern aufpassen, dass ich jede romantische Vorstellung des Kinderkriegens verloren hatte. Ich hetzte von einem Termin zum anderen. Das Schlimmste, was mir hätte passieren können, war ein leerer Terminkalender. Ich war so gut wie nie allein zu Hause. Ich fühlte mich sofort verlassen, wenn ich nicht mindestens fünf Nachrichten auf dem Anrufbeantworter fand. Ich traf mich häufig mit Freunden und Kollegen. Arbeitete viel. Jede Minute musste gefüllt werden, damit ja keine Zeit zum Nachdenken blieb.

Ich wollte »rein«. Dorthin, wo ich die anderen immer vermutet hatte und selbst keinen richtigen Zugang fand. Ich hoffte, dass mir eine erfolgreiche Karriere das Gefühl nimmt, ein armer Verwandter zu sein, und ich erhoffte mir davon eine Stärkung meines Selbstwertgefühls.

Das Selbstwertgefühl lässt sich aber so nicht stärken. Jahre später lernte ich, dass es nur dann wächst, wenn man das tut, was für einen persönlich wichtig ist, und nicht das, was die anderen von einem erwarten.

Ich war noch zu sehr damit beschäftigt, den Erwartungen anderer zu entsprechen. Auch jetzt – unbemerkt von mir – erfüllte ich die Ansprüche meines Ehemannes. Die innere Unruhe darüber unterdrückte ich.

Meine Zeit in Los Angeles half mir, ein Zuhause zu erschaffen. Ich wurde Stück für Stück erwachsen. Ich hatte plötzlich ein Kind, einen Garten, einen Hund, drei Katzen und einen Papagei. Ich hatte ein Büro zu Hause und war eine Teilzeit-Hausfrau mit Haushälterin … etwas Besseres gibt es kaum. Und so fühlte ich mich aufgenommen in dieser Stadt und bemerkte zum ersten Mal, dass ich gern hier lebe. Ich hatte mich eingewöhnt.

Abends, als ich mich länger mit dieser Frage beschäftigte, wurde mir bewusst, dass ich jetzt auch weiterhin in L. A. leben wollte. Ich konnte mir plötzlich vorstellen, hier alt zu werden. Ich dachte bisher immer, dass ich nur in dieser Stadt wohnte, weil eben Richard hier lebte. An diesem Abend wurde mir klar, dass es anders war: Das hier war mein Zuhause geworden. Ich würde auch ohne ihn nicht von hier wegziehen wollen.

Unsere Ehe war nicht einfach. Richard arbeitete sehr viel, und wir verbrachten kaum Zeit miteinander. Wir merkten immer mehr, welche unterschiedlichen Vorstellungen wir von einem Eheleben hatten. Ich wünschte mir, dass mein Mann auch mein bester Freund wird. Er wünschte sich, dass seine Frau das, was er liebte, auch lieben würde.

Dem war nicht so.

Beruflich hatte sich einiges getan. »Wahre Wunder« lief ein paar Jahre sehr erfolgreich, und die Arbeit machte großen Spaß. Dietmar Schönherr löste Christopher Lee als mein Partner ab. Später bekam ich als erste Frau das Angebot, im ZDF eine große Samstagabend-Show zu moderieren. Es waren die anstrengendsten drei Sendungen meines Lebens. Das Arbeitsklima war eine Katastrophe, besonders als wir nach der ersten Sendung schlechte Kritiken bekamen. Ich war die meiste Zeit damit beschäftigt, mir die Messer aus dem Rücken zu ziehen. Nach der dritten Sendung wurden wir abgesetzt. Ich war von den Kleinkriegen erschöpft. Wenn *das* Fernsehen war, dann wollte ich damit eigentlich nichts mehr zu tun haben. Ich sah meine Karriere als beendet an und flog heim nach Los Angeles, um meine Wunden zu lecken. Würde ich je wieder arbeiten? Wenn ich mir Verzweiflung erlaubte, dann wäre ich deswegen verzweifelt gewesen. So riss ich mich zusammen und sagte mir immer wieder, dass ich ja schließlich nicht die Friedensverhandlungen im Nahen Osten versiebt hätte, sondern »nur« eine Samstagabendsendung.

Es hatte einen Vorteil, in einer Stadt zu leben, in der ich einfach nur »Sabrina« war. Niemand wusste von meiner Niederlage. Niemanden interessierte sie. In keiner Zeitung stand irgendwas, und so konnte mich nichts Geschriebenes beim Frühstück überraschen. Ich hatte nie ein dickes Fell gehabt, und ich nahm auch immer alles persönlich – ich wusste nicht, wie ich es sonst nehmen sollte.

Eine deutsche Freundin, die schon einige Zeit meditierte und sich mit spirituellen Dingen beschäftigte, schlug mir vor, dass ich doch mal mit Engeln reden sollte. Das fehlte mir gerade noch. Wenn das rauskäme, dann könnte ich meine Karriere gleich vergessen.

Aber sie gab nicht auf. »Probier es doch einfach mal.«

Da ich zu diesem Zeitpunkt alles ausprobiert hätte, fing ich an, regelmäßig zu meditieren. Im Nachhinein wurde mir klar, dass ich eine Nähe suchte, die ich in meiner Ehe vermisste. Zu meiner Überraschung fand ich die Nähe zu Gott.

Ich begann ein intensives spirituelles Training, um herauszufinden, wer ich eigentlich bin. Wie ist mein Verhältnis zu Gott und habe ich überhaupt eines? Warum mache ich immer wieder die gleichen Fehler? Warum verlasse ich mich nicht auf meine eigene Intuition? Habe ich überhaupt eine? Kurz: Warum war ich immer noch eine Fahne im Wind?

Da ich darüber mehrere Bücher geschrieben habe, werde ich davon hier nur wenig berichten. Lediglich so viel: Ich hatte eigentlich alles, was man sich wünscht. Ich hatte eine Familie, ein schönes Zuhause, einen Beruf, den ich liebte, keine finanziellen Sorgen, war gesund und sah gut aus. Und doch fehlte mir etwas. Die Unruhe in mir ließ sich nicht mehr unterdrücken. Ich fühlte, dass es da noch irgendetwas gab, was mir endlich den Frieden bringen würde, den ich so verzweifelt suchte.

Weder mein Mann noch meine Freunde wussten mit der neuen Sabrina etwas anzufangen. Sie betrachteten sie mit Sorge. Ich hatte nur noch ein Gesprächsthema: Gott. Sie sahen in mir eine Begeisterung, die sie als Strohfeuer interpretierten. Und wie jeder spirituell Beginnende machte ich die gleiche Phase durch, wie sie von allen gemacht wird: Ich war so fasziniert von dieser neuen Welt, die sich mir da auftat, dass ich jeden anderen überzeugen wollte. Ich war sehr anstrengend. Ich schenkte Engel, Meditations-CDs und spirituelle Bücher her. Ein Jahr lang sprach ich mittwochs nicht, ich trank jahrelang keinen Alkohol mehr, wurde Vegetarierin und segnete jedes Essen. Julia nahm das selbstverständlich zur Kenntnis. Ab und zu gelang es mir, ein paar Tage allein auf Berge zu gehen, um im Freien zu beten und zu schlafen. Meinem Mann ging das alles sehr auf die Nerven, und ein paar von meinen Freunden hielten das nicht durch. Die wenigen, die es ertrugen, hatten wohl ihr eigenes Gebet: Lieber Gott, lass das bald vorbeigehen.

Ich fühlte die Distanz.

Deutschlandbarometer 6

Die Damen vom Lufthansa-Schal-
ter in Los Angeles begrüßten mich
mittlerweile mit Namen. Es war
Herbst, 1995. Damals wurde man
auf der amerikanischen Seite des
Check-ins immer sehr viel aufmerksamer behandelt. Gelegentlich
gab es sogar Upgrades, was von der

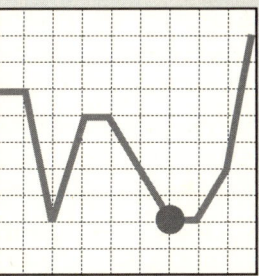

deutschen Seite aus so gut wie nie vorkam. Im Gegenteil,
wenn man dort danach fragte, schauten sie so entsetzt, als hätte ich ihren Erstgeborenen haben wollen. Die Stimmung in
Deutschland hatte sich für mein Empfinden noch nicht geändert. Der Unterschied zu meinen zuvorkommenden Amerikanern war immer noch sehr groß.

Aus meiner inneren Suche ist ein Buch geworden. Mein erstes. Noch dazu ein spirituelles. Damals war das fast etwas wie
ein beruflicher Selbstmord.

O Gott, jetzt schreibt sie über Engel und Meditation – und
womöglich umarmt sie auch noch Bäume?

Dass ich damit auch den Beruf wechselte, war mir damals
nicht bewusst. Ich flog nach Deutschland, um auf Buchtour zu
gehen.

Meine berufliche Fernsehniederlage hat mich Deutschland
nicht nähergebracht. Ich fühlte mich verletzt und unverstan-
den. Dieses Buch sollte meine erste Annäherung sein. Ich ließ
in mich hineinschauen.

Obwohl die Buchtour nicht erfolgreich war, fühlte ich mich
wohl auf dieser Reise. Ich war weicher geworden und sah
meine Umgebung mit anderen Augen. Ich versuchte jetzt, die

anderen zu verstehen, und erwartete nicht mehr, dass man mich verstand. Das machte einen großen Unterschied. Ich fühlte mich schuldig, wenn in der Buchhandlung nur zwei oder drei Leute standen, und kaufte dann wenigstens deutsche Literatur dort ein.

Wer will schon spirituellen Rat von einer Fernsehmoderatorin? Ich hatte mittlerweile genügend Selbsterkenntnis, dass ich dies wahrhaftig verstehen konnte. Deshalb wurde ich ja dann später von dem Erfolg meiner Bücher so sehr überrascht. Damals lernte ich Demut. Das hat mir nicht geschadet.

21. Die feinen Unterschiede der *Hollywood wives*, Statussymbole und die Notwendigkeit, immer perfekte Fingernägel zu haben

Ich hatte »Beige« mittlerweile wieder verlassen. Der Versuch, »erwachsen und elegant« auszusehen, wurde unter »Das bin ich auch nicht« abgelegt. Es kam »Baumwolle, bequeme Kleidung, barfuß«. Mein spiritueller Weg führte mich zu den Lehren der nordamerikanischen Indianer. Ich hatte sogar ein richtiges Tipi im Garten. Wenn ich mit Richard ausging, verkleidete ich mich. Mein Kleiderschrank wurde wieder leerer.

Ich freundete mich mit mir und der Welt an. Sie war nicht mehr schwarz und weiß. Ich entdeckte die Grautöne dazwischen. Nicht nur in der Welt, auch in mir.

Ich bewegte mich in dieser Stadt nun schon sehr viel selbstverständlicher. Immer noch liebte ich Filme nicht so, wie die Menschen es hier tun.

Ich war keine richtige »Hollywood-Ehefrau«.

Als *Hollywood wife* wird eine Frau bezeichnet, die mit einem Mann verheiratet ist, der in der Filmindustrie einen höheren Posten innehat. Das mag eine Produktionsfirma sein, ein Filmstudio, eine Agentur. Er kann aber auch ein berühmter Schauspieler, Regisseur oder Musiker sein. Er ist auf jeden Fall ein *player* im Filmgeschäft. *Player* heißen diese Männer deswegen, weil sie zum »Mitspielen« eingeladen werden. Die anderen müssen draußen bleiben oder können zuschauen bzw. hoffen, auch einmal zum Kreis der Spieler zu gehören. Natürlich gibt es ebenso Frauen, die eine hohe Position in der Industrie innehaben. Sie sind natürlich auch verheiratet, und ihre Partner sind so unterschiedlich wie die Partnerinnen ihrer männlichen Pendants. Mit dem einzigen Unterschied: Diese Männer färben sich nicht die Haare blond, gehen nicht zu Pilates, kaufen keine It-Bags und sind deshalb sehr viel einzigartiger, als es die durchschnittliche »Hollywood-Ehefrau« ist.

Obwohl auch ich mit einem Executive verheiratet war, hatte ich den großen Vorteil, Deutsche zu sein, und konnte mir sehr viel mehr erlauben als andere Frauen. Vielleicht war ich einfach nur naiver. Die ersten Jahre stritt ich mich mit Oliver Stone über seinen Film »Natural born Killers« oder legte mich mit Clint Eastwood über *gun control* an. Ich war mit einem Mann verheiratet, der von mir nicht erwartete, dass ich meine Meinung unterdrückte. Auf der anderen Seite war ich wahrscheinlich charmant genug, dass man es mir nicht übelnahm. Ich hatte noch nie French Tips (die weißen Querstreifen auf helllackierten Fingernägeln), und meine erste teure Handtasche kaufte ich mir, als meine Tochter mit fünfzehn meinte, es würde jetzt langsam Zeit.

Die obere Liga der *Hollywood wives* ist recht dünn. Ich gehörte nicht dazu. Ich traf sie gelegentlich.

Von außen betrachtet, mag das alles sehr spannend sein. Doch diese Frauen, das darf man nicht vergessen, sind mit Männern verheiratet, die kriegen, was sie wollen. Das sind Herren, die hohe Erwartungen haben, die Perfektion einfordern und die noch weiter vorwärtskommen wollen. Dazu brauchen sie eine Frau an ihrer Seite, die dazu passt. Das heißt, obwohl selten zu Hause eingeladen wird, muss sie eine großartige Gastgeberin sein. Sie muss das Haus – zusammen mit einem exzellenten Innenarchitekten – aufs beste ausstatten. Und sich selbst.

So ein persönliches Instandhaltungsprogramm ist recht zeitaufwendig. Jede Woche mindestens eine Pediküre und Maniküre. Spätestens alle zwei Wochen zum Friseur. Facials. Waxing. Pilates. Yoga. Persönlicher Fitnesstrainer. Wenn man bedenkt, dass hier die Distanzen sehr groß sind, ist man wegen eines Termins für eine Pediküre alles in allem gut drei Stunden unterwegs.

Eine richtige *Hollywood wife* muss sich mit anderen *Hollywood wives* zum Lunch treffen. Sie muss sich zeigen, sie muss sich mit den Frauen anderer wichtiger Männer anfreunden. Nicht selten werden diese Frauen vom eigenen Ehemann dazu aufgefordert. Da ist ein Produzent oder ein Studiochef gerade wichtig geworden, und seine Frau wird darauf angesetzt, die Ehefrau kennenzulernen: »Lad sie ein, ruf sie an, organisier was.« Da interessiert es niemanden, ob die Frauen sich verstehen. Es wird erwartet, dass sie sich verstehen! So funktioniert das soziale Arbeitsnetz weit über das Büro hinaus. Geschiedene Frauen – die eben dann keine *Hollywood wives* mehr sind – werden häufig nicht mehr eingeladen. Den meisten ist es, glaube ich, ganz recht.

Ich habe häufig Frauen getroffen, die am Anfang noch ganz normal aussahen. Deren Haare nicht immer perfekt, deren Schuhe nicht immer die teuersten waren. Die gingen Berufen nach, die mit dem Business nichts zu tun hatten. Waren Lehrerinnen, Künstlerinnen, Musikerinnen. Und dann haben sie geheiratet, bekamen Kinder, gaben ihren Job auf und passten sich an. Es ist fast so, als wenn sie mit einer Hochglanzlackierung überstrichen worden wären. Sie wurden: perfekt!

Dummerweise verlieren diese Paare über die Jahre, was sie einst zusammengebracht hat – Zeit füreinander.

Eine richtige *Hollywood wife* steht unter konstantem Stress, dass auch wirklich alles funktioniert. Das Haus – manchmal die Häuser – ist ihr Metier. Wenn eine Klospülung mal nicht anständig funktioniert, wird sich der Executive bei seiner *Hollywood wife* beschweren, als wenn es ihre Schuld wäre.

Ich mochte viele davon. Sie waren bemüht, ihrem Leben eine gewisse Normalität zu geben, aber es war kaum zu schaffen. Perfekt sein zu müssen ist anstrengend.

Naiv, wie ich war, dachte ich, es müsse der Himmel auf Erden sein, mehrere Wohnorte zu haben. Bis ich dann die Frauen näher kennenlernte, die dafür verantwortlich waren. Klar bügeln sie die Hemden nicht selbst, und klar putzen sie auch die Bäder nicht. Aber sie beaufsichtigen alles. Suchen sich immer wieder Haushaltshilfen, führen Einstellungsgespräche, entscheiden sich für sie und lernen sie an. Jeder Ausbilder weiß, wie viel Arbeit so was macht. Jetzt addieren Sie das mal bei zwei oder drei Häusern. Ich habe von Frauen gehört, die alles dreimal kaufen, damit es in jedem ihrer Häuser ist. Drei gleiche neue CDs von Norah Jones, drei gleiche Kaschmirpullis, drei Louis-Vuitton-Taschen. Die Organisation von drei oder vier Häusern mit Personal, Handwerkern und einem Hin-und-her-Transport der Familie will gelernt sein; und damit alles reibungslos läuft, braucht man Managementqualitäten. Die haben diese Frauen. Und sie brauchen auch ein dickes Fell.

Ich habe mal miterlebt, wie eine Ehefrau von ihrem Mann zusammengestaucht wurde, weil einer seiner Koffer es wohl vom Hotel bis in ihr Privatflugzeug nicht geschafft hatte: »Alles, was du auf dieser Reise zu tun hast, ist, dafür zu sorgen, dass mein Gepäck mit mir ankommt. Kann das wirklich so schwer sein?«, fragte er zynisch.

Ein schneller Blick auf ihr Gesicht zeigte mir, dass sie mit den Tränen kämpfte. In seinen Augen sah ich Unverständnis: Schließlich sorgte er dafür, dass sie, seine Frau, alles hat. Dafür hatte sie dafür zu sorgen, dass in seiner privaten Welt alles reibungslos verläuft. Von außen machte sie auch den perfekten Eindruck. Sie war eine schöne Frau, elegant und geschmackvoll gekleidet, und sie bewegte sich mit einer Selbstverständlichkeit, mit der man sich bewegt, wenn wöchentlich eine Horde von Menschen dafür sorgt, dass man gut aussieht. Und doch bewegte sie sich mit ihren hohen Absätzen auf dünnem Eis. Denn die Welt funktioniert nicht perfekt, und alles, was nicht funktioniert, ist automatisch ihre Schuld.

Einige der *players* besitzen ein eigenes Flugzeug oder haben das Privileg, die Privatjets der Firma zu benutzen. Manche sind schon seit Jahren nicht mehr mit einer Linienmaschine geflogen. Die meisten Flugzeuge gehören in der Regel der Firma und sind dazu da, Stars und andere wichtige *players* von A nach B zu bringen. Seit Jahren kursiert die Geschichte in der Stadt, dass mal so eine Familie mit ihren Kindern ausnahmsweise in ein normales Flugzeug einstieg und die Kinder dann ihre Eltern fragten: »Mama, was machen all diese fremden Leute in unserem Flugzeug?«

Einige *Hollywood wives* taten mir später immer ein wenig leid. Sie waren stets ein bisschen zu perfekt. Die Haare häufig etwas zu blond. Immer helllackierte Fingernägel. Der Wagen immer sauber. Perfekte Schuhe, perfekte Beine und natürlich perfekte Zähne. Sie rauchen nicht, lachen nicht laut und sind so gut geschminkt, wie ich es damals zu meiner Fernsehzeit war. Sie sind ein perfektes Werbeplakat von der perfekten Frau.

Manchmal sieht man, wie es darunter brodelt.

Es gibt drei Arten von *Hollywood wives*. Die erste habe ich gerade beschrieben. Ich würde sie die »nette Hollywood-Ehefrau« nennen. Das Ganze gibt es noch in der *Bitch*-Version. *Bitch* ist mit »Hexe« nur unzulänglich übersetzt. Das Wort selbst benutze ich nie, denn es hat eine Schärfe wie ein Messer. Das »tch« am Schluss wird als »tsch« ausgesprochen, und im Idealfall zieht es sich noch eine Weile in die Länge. Es klingt wie ein Peitschenschlag! Also: »Bitschschsch...«. Im »B« liegt alle Verachtung, zu der man fähig sein kann. Es wird regelrecht ausgespuckt, und die Augenbrauen werden zu einem Ausdruck eng zusammengezogen, wenn über die *bitch* gesprochen wird.

Bitches sind rar.

Eine *bitch* gibt Geld aus, als würde es auf Bäumen wachsen. In ihrer Nähe fröstelt sogar ein Gefrierschrank. Ihre Stimme ist hoch, und sie spricht schnell.

Ihre Haushaltshilfen wechseln ständig, weil sie sie schlecht bezahlt und noch schlechter behandelt. Sie gibt, ohne mit der Wimper zu zucken, hundert Dollar für ein Mittagessen aus und ist gleichzeitig stolz darauf, dass sie eine Haushälterin hat, die sechs Tage die Woche zwölf Stunden am Tag arbeitet und nur 75 Dollar die Woche kostet. Die Kinder werden von verschiedenen Nannys betreut, und sie sieht sie gelegentlich. Die Sekretärinnen im Büro ihres Mannes stöhnen innerlich, wenn sie nur ihre Stimme hören, denn sie werden auch von ihr »eingesetzt«. Da ist ein Kleid, das aus Paris dringend morgen Abend in L. A. sein muss. Ein Fahrer, der ihren Friseur morgen vom Flughafen abholen soll. Sie ist gern hysterisch und wird gelegentlich laut.

Sie hat drei Gesichtsausdrücke: den stolzen, den »flirtiven« und den abschätzenden. Wird ihr eine andere Frau vorgestellt, rattert es in ihrem Kopf zuerst, ob der Name ihr bekannt vorkommt und ob die »Neue« wichtig ist. Gleichzeitig lässt sie ihre Augen schnell über den Gesamteindruck der Neuen gleiten. Sie bleibt am Schmuck, der Handtasche und den Schuhen hängen. Fällt das nicht teuer genug aus, bekommt die gerade Vorgestellte ein herablassendes Nicken, und die *bitch* wendet sich interessanteren Objekten zu, indem sie der gerade Vorgestellten den Rücken zeigt.

Eine meiner Freundinnen hatte Geburtstag und gab ein großes Fest. Ich wurde an ihrem Tisch plaziert, und da saß schon eine sehr sorgfältig geschminkte und gutangezogene Frau. Ich ging um den Tisch herum, wollte ihr meine Hand reichen und sagte: »Hi, I am Sabrina.« Die Angewohnheit, sich hier nur mit dem Vornamen vorzustellen, als ob man keinen Nachnamen hätte, geht nach ein paar Wochen automatisch. Ich bemerkte gelegentlich, dass ich wie eine kalifornische Bedienung klang: »Hi, ich heiße Sabrina. Ich bediene Sie heute Abend.«

Die Frau am Tisch schaute mich an, ohne sich zu bewegen. Meine Hand hing im luftleeren Raum, und dann nickte sie mir herablassend zu. »Hi«, sagte sie nur. Ihren Namen wollte sie mir nicht nennen. Mit einem Blick hatte sie für sich erkannt, dass ich nicht wichtig bin. Sie drehte sich gelangweilt weg und kramte in ihrer Handtasche.

Fünf Minuten später kam ihr Begleiter. Ein guter Bekannter! Er sah mich, kam auf mich zu, umarmte mich, strahlte mich an und sagte: »Sabrina, wie schön, dich zu sehen. Wie geht es dir? Ich möchte dir gern Patricia vorstellen. Ich glaube, ihr kennt euch noch nicht?«

Und da geschah ein Wunder. Die vorherige Eiskönigin Patricia sprang auf, lächelte mich an und meinte: »Wie schön, dich zu treffen. Nein, ich hatte noch nicht das Vergnügen. Ich hoffe, wir werden gute Freunde.«

Spinn ich? Hab ich mich ihr nicht gerade vorgestellt? Und jetzt tut sie so, als hätte sie mich noch nie gesehen? Dabei strahlte sie meinen Bekannten, ihren neuen *catch of the week*, an, ihren »Fang der Woche«. Eine kleine Stimme sprach in mir: »Komm, Sabrina, sag doch einfach: ›Aber wir haben uns doch gerade erst vor fünf Minuten getroffen, als ich versucht habe, mich vorzustellen, und Sie haben mich behandelt, als wenn ich der letzte Dreck wäre!«

Stattdessen schaute ich ihr nur in die Augen. Wollte einfach damit ausdrücken, dass ich weiß, wer sie ist! Ich habe ja gerade hier vor ein paar Minuten erlebt, wie sie wirklich ist, und sie solle doch bitte nicht so tun, als wenn sie diese nette, charmante Frau wäre.

Sie hätte Schauspielerin werden sollen. Sie lächelte mich warm an und hängte sich bei ihrem neuen Freund ein. »Kennt ihr euch schon lange?«, fragte sie uns zuckersüß.

Ja, wollte ich sagen, seine erste Frau ist eine enge Freundin von mir. Aber mein Bekannter kam mir dazwischen. Er befürchtete wohl, dass ich etwas Nettes von seiner ersten Frau erzählen würde, und antwortete Patricia elegant, das potenzielle Tief umschiffend: »Ja, schon ewig. Meine Damen, lasst uns was zum Trinken besorgen.«

Diese Art Frauen wollen oben sein, und das um jeden Preis. Was verdeckt wird durch den Schmuck, die teuren Klamotten und ihre *attitude*, ist nicht selten ein unsicheres kleines Mädchen, das dazugehören will. Doch wie gesagt, *the bitch* ist selten. Ich habe in meinem ganzen Leben bisher nur drei getroffen.

Und dann gibt es noch die dritte Version. Das ist meine Lieblingsversion der *Hollywood wife*. Sie passt nicht dazu, weil sie schon mal ganz anders aussieht. Sie hat Locken, gelegentlich Übergewicht und trägt Flatterkleider. Man sieht ihren Haaransatz, und sie lacht laut. Sie nimmt die »Neuen« herzlich in den Arm, und wenn es brennt, ist sie da. Sie ist eine unabhängige Denkerin, und was ihr passt, das macht sie, und was nicht, lässt sie bleiben. Es macht Spaß, mit ihr am Tisch zu sitzen.

Die Männer dieser Frauen bekamen von mir immer einen Extra-Bonus. Die Männer, wie die Frauen, waren einfach klasse!

22. Was man über *like, duh, loser* und das F-Wort wissen und warum man Letzteres als Europäer niemals benutzen sollte

*F*uck. Also, einmal muss es geschrieben werden, damit es einfach mal so dasteht. Der Kalifornier benutzt es häufig. Sogar im Geschäftsleben wurde es zu meiner großen Überraschung ganz selbstverständlich gesagt: »Come on, f… you, I am not signing this« (»Also komm, f… you, ich unterschreib das nicht«), und zwar in einem sehr höflichen, aber doch leicht irritierten Ton.

»F… you« ist nicht ganz einfach zu übersetzen: »Fick dich«? Eher nicht. Es hat feine Nuancen.

»You are fucked« bedeutet, dass man betrogen oder über den Tisch gezogen worden ist. Auf jeden Fall kommt man da nicht mehr raus. Sagt man meistens mit einem Mitgefühl für die Situation.

»You got to be fucking crazy« heißt, dass man den Verstand verloren hat. Dass etwas auf gar keinen Fall durchsetzbar ist. Dass man einfach total verrückt ist.

Das einfache »F… you« kann viel meinen: Vom Brutalsten bis zum »Ach, nerv mich nicht«. Es kommt auf den Tonfall und den dementsprechenden Gesichtsausdruck an.

Viele Ausländer machen den Fehler, dass sie dieses F-Wort auch benutzen. Weil sie es hören. Weil es andere tun. Bei Stand-up-Comedians oder Songs wird immer darüber gelacht, wenn es jemand äußert. Ich verstehe das nicht. Ist das komisch? Ich denke eher, dass ihnen sonst nichts anderes einfällt und dieses Wort – öffentlich ausgesprochen – eine Art Schockwirkung hat. Da steht dann gleich die Mama daneben und mahnt: »Aber so was sagt man doch nicht.« Es kann doch nicht so schwer sein, einen Liedertext mit sechzig Fs aufzufüllen? Oder?

Trotzdem, ein Ausländer darf es nie benutzen. Glauben Sie mir das einfach. Wenn ein Ausländer das sagt, schauen sich sofort alle Amerikaner nach ihm um. Es ist ihnen unangenehm. Sie sind peinlich berührt ... Ihretwegen! Sie selber, als Amerikaner, dürfen es ungestraft und dauernd aussprechen ... na ja, natürlich lieber nicht, aber es ist irgendwie entschuldigt. Doch ein Ausländer ist nie entschuldigt. Das passt einfach nicht zu ihm oder, wie meine mittlerweile erwachsene Tochter meint: »This is so not cool.« Und glauben Sie mir, Sie wollen nicht uncool in den Augen meiner Tochter sein. Der Europäer gibt für die Benutzung des »F-Wortes« etwas auf, was er nie aufgeben sollte: seine *sophistication*. Und die ist auf weitere Sicht sehr viel wertvoller.

Doch jetzt zu meinem absoluten Lieblingswort: *like*. Mein eigener persönlicher Teenager-Kleinkrieg.

Like heißt normalerweise »Ich mag etwas«, oder es wird zum Vergleichen benutzt, als ein »so wie«. In dieser Teenagergeneration ist es ein Füllwort wie »ha?« oder »äh« geworden. Eine ganze Generation wächst damit auf, in jeden Satz vier- bis zehnmal ein *like* einzufügen. Das passt schon irgendwie. Ein durchschnittlicher Satz von einem Acht- bis Achtzehnjährigen hört sich dann etwa folgendermaßen an: »I went like home and I had like a sandwich and I like watched TV and then I like was still hungry and then my mom was like do your homework.« Glauben Sie mir, das ist kaum zu übersetzen. Als wenn Sie überall »irgendwie« einfügten: »Ich ging irgendwie nach Hause, und ich hatte irgendwie ein Sandwich, und dann, irgendwie, schaute ich fern, und ich war dann irgendwie immer noch hungrig, und dann sagte meine Mutter irgendwie, ich sollte doch endlich Hausaufgaben machen.«

Wenn ich die Kinder von der Schule abholte, dann versuchte ich immer eine Art Spiel daraus zu machen, das Wort *like* nur dann zu benutzen, wenn es passte, wie in »I like my shoes« (»Meine Schuhe gefallen mir«), also in einem Sinn, der der englischen Sprache entsprach. Ich zählte mit, wenn die Kinder sich unterhielten. Sie lachten dann immer mit mir, weil ihnen auffiel, wie oft sie es benutzten … es wurde dennoch kaum weniger.

Und das dritte Wort: *duh*. Es wird wie …hm … hier beginnt das Problem schon, man kann es phonetisch nicht ausdrücken … Es wird nicht wie »da« ausgesprochen. Eher wie das komische »Ah …«, das man benutzt, wenn einem nichts einfällt und man Zeit schinden will. Jetzt legen Sie ein D davor, und dann haben Sie es. »Daaah.« Ach, Sie wollen auch wissen, was das heißt?

Das ist noch schwieriger.

Duh … heißt: »O Gott, wie bin ich blöd!«

Sie wollen ein Beispiel?

Na gut: »Sag mal, willst du wirklich strumpfsockig aus dem Haus gehen?«

»Duh!« (»Mein Gott, wie bin ich doof!«)

Oder:

»Gnädige Frau, Sie haben Ihre Einkäufe vergessen.«

»Duh …!«

Das sind zwei Beispiele, bei denen man das *duh* selbst benutzt und damit auf seine eigene Dummheit anspielt.

Es kann natürlich auch abwertend von einem anderen gesprochen werden, der mir damit sagt, für wie vertrottelt er mich hält.

Wenn ein Amerikaner einen anderen beleidigen will, gibt es dafür allerdings ein ganz anderes Wort: *loser* (»Verlierer«). Während das F-Wort nervt, trifft das *loser* sehr viel tiefer. Schon in der Schule wird gern damit um sich geschmissen. Ein Verlierer in diesem Land zu sein ist wahrlich die schlimmste Beschimpfung.

Deutschlandbarometer 7

Im Frühjahr 1996 war ich mit einer Freundin und ihrer Tochter auf einem Münchner Spielplatz. Wir unterhielten uns, und nur ganz am Rande nahm ich wahr, was hier so geredet wurde: »Michael, gleich fällst du runter und brichst dir den Hals!« – »Pass doch auf, wo du hin-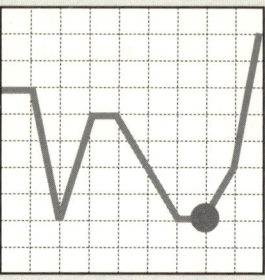
läufst!« – »Das geschieht dir recht. Ich hab dir doch schon hundertmal gesagt, du sollst aufpassen!« – »Stell dich nicht so an!« …

Dann vernahm ich, wie eine Bank weiter eine Mutter zu einer anderen sagte: »Nein, Ulla ist nicht so talentiert, wie du meinst. Die spielt nur so gut Klavier, weil ich dafür sorge, dass sie jeden Tag übt.«

Auf amerikanischen Spielplätzen hört man so was kaum. Da werden die Kinder gelobt. Die Eltern sprechen begeistert von ihren Kids. Viele verschicken zu Weihnachten Rundbriefe, in denen die Erfolge der Kleinen gefeiert werden: »Erster Platz beim Tennis«, »Die Lehrerin meinte, er sei der beste Leser in der Klasse« etc. Bei uns wäre so was pure Angeberei.

Ich drehte mich zu Ulla um. Sie spielte im Sand. Ulla trug eine wunderschöne rot-grün gestreifte Mütze. Als sie an mir vor- beilief, meinte ich aufmunternd: »Diese Mütze sieht aber toll an dir aus.«

Sie blieb einen Moment erstarrt stehen, schaute sich suchend nach ihrer Mutter um und versteckte sich hinter ihr.

Ich hatte es vergessen. Hier macht man Fremden keine Kompli- mente. Nicht mal fremden Kindern. In Los Angeles wird man täglich angesprochen: »I love your dress.« – »Thank you!« (»Ich liebe Ihr Kleid.« – »Danke.«) – »You look fantastic today.« (»Du siehst heute toll aus.«)

Hier gab es nur zwei Reaktionen auf Komplimente: »Hah?« Oder: »Ach, das alte Kleid! Ich finde, es sieht fürchterlich aus.«

Ich hatte mich wohl schon zu sehr in Los Angeles eingewöhnt.

Ich flog wieder zurück mit den drei Dingen im Koffer, ohne die ich nie nach Hause kam: meine Zahnpasten »Aronal« und »Elmex«, »Kinder-Überraschungs«-Eier und zehn Packungen Bernbacher Nockerlgrieß für Julias Lieblingssuppe.

23. Selbstverständliche Hilfsorganisationen, ein Junge, den ich am Boden schleifte, und wie wichtig es ist, anständig putzen zu können

I n Amerika ist es üblich, dass man eine *favorite charity* hat, also eine Hilfsorganisation, die einem am Herzen liegt. Da wir Deutschen höhere Steuern als die Amerikaner zahlen, sind wir eher der Meinung, für vieles (alles?) sei unser Sozialstaat zuständig.

In den USA sind zwar die Steuern niedriger, aber das Unterstützen der weniger Glücklichen (*less fortunate*, so heißt das wirklich) entspricht einem selbstverständlichen Gefühl des Amerikaners. Kinder werden schon früh an die Sozialarbeit herangeführt. Jeder Kindergarten sammelt für irgendetwas: entweder für einen anderen Kindergarten in einer ärmeren Gegend oder für Familien, die Notwendiges brauchen. Gebrauchte Kinderbücher werden verschenkt, oder die Familie »adoptiert« eine ärmere Familie zu Weihnachten. Wir bekamen regelmäßig Listen mit den Kindernamen einer Familie, die per Los gezogen wurde, und diesen Kindern wurden dann die Weihnachtswünsche erfüllt. Die amerikanischen Colleges erwarten, dass ihre Studenten, wenn sie sich für ein Studium anmelden, ein dementsprechendes Portfolio vor sich haben, das mit Sozialarbeit gefüllt ist. Ebenso wird erwartet, dass man ab dem vierzehnten Lebensjahr regelmäßig mindestens einmal die Woche in einem Sozialprojekt mithilft. Und/oder vier Wochen in den Ferien beim Hausbau für sozial benachteiligte Familien arbeitet. Einmal die Woche Essen für Obdachlose austeilt. Geld sammelt, zum Beispiel für Operationen von Kindern mit Hasenscharte.

Während meiner Zeit in Deutschland spendete ich zwar diversen

Hilfsorganisationen etwas, aber aktiv war ich nur selten. Ab und zu moderierte ich eine Veranstaltung, etwa für Unicef, oder zeigte mich bei einem Hilfsprojekt. Ich kam selbst aus einem sozial schwachen Umfeld; wahrscheinlich hatte ich deshalb wenig Interesse, wieder dorthin zurückzukehren. Hier war es etwas anderes. Ich ließ mich Gott sei Dank anstecken von der allgemeinen Hilfsbereitschaft.

Ich las in der *Los Angeles Times* etwas über eine Organisation, die »Hope« hieß und obdachlosen Frauen die Chance gab, zwei Jahre lang mit ihren Kindern in einem Haus unterzukommen, in dem diverse Wohnungen zur Verfügung standen, damit sie ihr Leben wieder auf die Reihe kriegten. Es gab Hilfe, Unterricht und Kinderbetreuung. Ich rief an und hinterließ eine Nachricht. Niemand meldete sich. Ein paar Wochen später versuchte ich es noch mal. Auch da keine Antwort. Ich gab nicht auf. Mir war klar, die brauchen mich! Denen fehlt es an Organisation. Organisieren ist etwas, was ich gut kann.

Da ich später sehr aktiv mit »Hope« zusammenarbeitete, war ich bald vertraut mit den Möglichkeiten, die Obdachlose in Los Angeles haben. Es gibt zwei Gruppen von Obdachlosen: die, die es nicht mehr sein mögen, und die, die sich bewusst von dem Zwang der Gesellschaft befreien wollen und ein Leben auf der Straße vorziehen. Natürlich muss die zweite Gruppe irgendwie Geld verdienen, und das machen sie am liebsten, indem sie betteln. Diese Leute wollen in keine der offiziellen Unterkünfte *(shelters)*, denn sie wollen frei sein. Das trifft natürlich hauptsächlich auf die Männer zu. Frauen, die mit ihren Kindern auf der Straße leben, wählen das selten. Eine Scheidung, finanzieller Ruin oder eine Krankheit hat sie zu diesem Schritt gezwungen. Ich habe häufig Frauen interviewt, die sich für unser Programm beworben hatten. Das Programm ging über zwei Jahre. Sie konnten mit ihren Kindern umsonst bei uns wohnen. Sie mussten sich allerdings verpflichten, einen Job zu suchen oder eine Ausbildung anzufangen. Wir hatten zweimal die Woche Kurse – Computer, Kindererziehung etc. –, und samstagmorgens waren wir mit ihnen und den Kindern zusammen. Julia kam jedes Mal mit und freundete sich mit einigen der Kinder an. Einmal im Monat machten wir einen Ausflug.

Einmal besuchten wir zum Beispiel den »Los Angeles Zoo«. Normalerweise waren auch immer ein paar der freiwilligen Männer von »Hope« dabei, dieses Mal aber ausnahmsweise nicht. Wir drei anderen Frauen teilten uns die Familien auf. Ich ging los mit Julia, ihrer Freundin Mattie, drei Müttern und deren sechs Kindern, die ich schon lange kannte. Es wollte unbedingt noch der vierzehnjährige Sohn einer weiteren Mutter aus einer anderen Gruppe mitgehen, und so nahm ich ihn mit. »Jack« war ein bisschen kleiner als ich, lebte bei einer Pflegefamilie und sah seine Mutter nur selten, bei uns war er heute zum ersten Mal. Er trapste interessiert neben mir her. Wir wollten uns in zwei Stunden alle miteinander zum Mittagessen im Restaurant bei den Giraffen treffen.

Es ging von den Nilpferden zu den Affen, aber als ich mich umdrehte, sah ich, wie Jack sich auf eine Wiese setzte. Ich rief ihm zu, er solle mitkommen, doch er weigerte sich und blieb einfach sitzen. Was nun? Ich kann ihn ja schlecht hierlassen. Die anderen beiden Frauen aus unserem Haus versuchten, den Jungen zum Mitkommen zu überreden, aber es war nichts zu machen. Wir gingen los, um zu schauen, ob er uns folgte, aber den Gefallen tat er uns nicht.

Ich ging zurück und wollte wissen, was los sei, aber Jack antwortete nicht. Ich schaute ihn mir an. Wenn er kleiner gewesen wäre, hätte ich ihn einfach unter den Arm genommen, aber so? Er blieb weiterhin sitzen und blickte mich herausfordernd an. Aha, ein Machtkampf. Auch das noch, die Mutter ist weit und breit nicht zu sehen, und keiner meiner Mithelfer war in Sicht. Ich entschloss mich zu folgender Ansprache: »Also, Jack, ich kann dich nicht hierlassen, du musst schon mit uns kommen.«

Er grinste nur frech.

»Wenn du nicht aufstehen willst, dann zieh ich dich.«

Er sah mich ungläubig an: Er glaubte mir nicht. Da kennt er mich aber schlecht! Julia stand mit weit aufgerissenen Augen daneben. Ich packte ihn am Anorakkragen und zog ihn hinter mir her. Nicht ohne ihm dabei zu sagen: »Zu schade, dass jetzt auch noch deine Hose kaputtgeht. Mir wär es lieber, wenn du aufstehst, aber sonst geht es auch so.«

Ich zog ihn noch ein paar Meter an den staunenden Zoobesuchern vorbei und wartete im Geheimen ein bisschen darauf, dass ich verhaftet würde. Ich konnte die Schlagzeile schon sehen: »Weiße Frau schleppt armen schwarzen Jungen am Hosenboden durch den Zoo.«

Irgendwann wurde es dann auch Jack zu doof, er stand auf und wollte weglaufen. Auch das noch! Ich umklammerte ihn und hielt ihn vor mir fest. Da versuchte er, mit den Füßen nach mir zu stoßen.

Julia war mittlerweile verzweifelt und bangte um ihre Mutter. »Mami, Mami!«, rief sie hilflos aus, doch ich beruhigte sie. Irgendwie beruhigte sich auch Jack, und wir gingen die nächste Stunde so engumschlungen durch den Zoo: Ich hielt seine Arme über Kreuz und ihn vor mir fest. Immer wieder versuchte ich, normal mit ihm zu reden: »Schau mal, wie interessant doch das Gebiss von diesem Alligator ist.« Er sagte kein Wort. Gelegentlich versuchte er noch freizukommen, aber mein Karatetraining war da doch schon recht nützlich. Endlich sah ich seine Mutter und ließ ihn los.

Am Nachmittag wollte Jack unbedingt weiter mit meiner Gruppe gehen. Seine Mutter ging auch mit, und so hatten wir noch einen ganz vergnüglichen Aufenthalt.

Am nächsten Morgen wunderte ich mich über meine Rücken- und Armschmerzen, bis mir einfiel, wie verkrampft ich Jack über eine Stunde lang gehalten haben muss.

Unser Haus war in Venice on Westminster Avenue mit drei Apartments, die aus jeweils drei Schlafzimmern, einem Wohnzimmer und einer Küche bestanden. In jedem der Schlafzimmer lebte eine Familie; also alles, was darin Platz hatte, waren die Betten. Wohnzimmer und Küche wurden von drei Familien geteilt. Dazu gab es noch ein kleines Büro und einen großen Raum, in dem unsere Computer standen und unsere Treffen stattfanden.

Später, als ich die Frauen näher kennengelernt hatte, war relativ klar, wer aus dieser Situation herauskommen würde und wer nicht. Es gab Frauen, bei denen man spürte, dass sie nur kurzfristig in diesem System waren und rauswollten. Ich habe hier großartige Frauen gesehen, die brutale Ehemänner, drogenabhängige Mütter und ein rattenverseuchtes Zuhause überlebt hatten und mit drei Kindern bei uns neu anfingen. Weil sie es wollten. Weil sie alles, was ihnen angeboten wurde, klug aufnahmen.

Und dann gibt es die anderen, die der Meinung sind, dass alle für sie verantwortlich sind. Die versuchen, so viel es geht für so wenig wie möglich an Aufwand zu bekommen. Einige, die das System ausnutzen und ein Kind nach dem anderen in die Welt setzen, weil es für jedes Kind mehr Unterstützung gibt. Ich habe mir häufig den Mund fusselig geredet, um gerade diese Frauen davon zu überzeugen, sie sollten die Welt doch mal von der anderen Seite aus anschauen. Eine davon, eine gewisse Maria, war eine der wenigen weißen Frauen in Westminster. Drei ihrer vier Kinder sind in verschiedenen Pflegefamilien untergebracht. Sie hatte eine Tochter bei sich, die acht Jahre alt war, und ich beobachtete immer wieder, wie wenig Maria sich um sie kümmerte. Maria war ähnlich unaufmerksam bei dem Computerunterricht, den wir anboten, und ihre Tochter musste oft zwei-, dreimal »Mom, Mom!« rufen, bis sie sich überhaupt zu ihr umdrehte. Sie zog sich so oft wie möglich zurück, denn sie »fühlte sich nicht wohl«.

Ich fragte sie nach ihren Wünschen, und sie erzählte mir sehnsüchtig, dass sie so gern noch mal schwanger werden möchte.

»Aber du hast doch schon vier Kinder, die dich brauchen. Willst du nicht erst einmal schauen, dass du dein Leben wieder in Ordnung kriegst?«

Sie schüttelte den Kopf. »Ach, ich liebe es einfach so, ein süßes, kleines Baby im Arm zu halten.«

Ich schlug ihr vor, zu der nahe gelegenen Klinik zu fahren, um die »Drogenbabys« in den Arm zu nehmen. Die suchten dort dringend Frauen, die diesen kleinen zurückgelassenen Säuglingen Liebe geben. Das wollte sie nicht. Sie wollte ihr eigenes Kleines. Ein Mann war auch nicht in Sicht. Aber das war ja das kleinste Problem. Drei Monate später verschwand sie mit ihrer Tochter. Wir fanden nicht heraus, was mit ihr passiert war. Ich habe sie nie wiedergesehen.

Robyn, eine der Frauen aus der ersten Kategorie, hat ebenfalls einen bleibenden Eindruck bei mir hinterlassen. Sie hatte drei Kinder: zwei, vier und fünf Jahre alt. Sie war gerade mal vierundzwanzig. Der Vater ihrer Kinder war drogenabhängig und hat sie im Wahn mit den Kleinen rausgeschmissen. Irgendwie kam sie zu uns.

Sie hatte diese aufmerksamen wachen Augen. Sie war kurzbeinig und viereckig, und sie presste immer ihre Lippen zusammen, wenn sie lächelte. Sie war aufmerksam und saugte auf, was sie aufsaugen konnte.

Robyn schaffte es. Zwei Jahre später zog sie mit ihren Kindern in einen sozialen Wohnungsbau. Sie hatte einen Job, und der Vater der Kinder war in einem Drogenentzugsprogramm … weil sie darauf bestanden hatte. Sie war nicht mehr so viereckig und hatte begonnen, aufrecht und sicher zu gehen. Ich war so stolz auf sie. Wir gaben ein kleines Abschiedsessen für sie, und wir fragten sie nach ihrem Wunsch für die nächsten Jahre. Als sie antwortete, schämte ich mich so entsetzlich. Sie wünschte sich bessere Zähne. Deshalb grinste sie immer so verschämt und hielt die Hand vor den Mund, wenn sie lachte. Ich hatte es auf ihre Schüchternheit geschoben. Ich konnte es nicht fassen, dass mir ihre schlechten Zähne nicht aufgefallen waren. Wie unsensibel bin ich eigentlich? Nach einigen Telefonaten hatten wir auch den passenden hilfsbereiten Zahnarzt für sie.

Wir hatten im Haus von »Hope« gerade am Anfang unglaubliche Probleme mit Kakerlaken. Wir besorgten einen Kammerjäger, der einmal die Woche kam und Gift durch den Garten und das Haus spritzte. Natürlich waren wir damit nicht glücklich, aber jede Woche sah ich diese riesigen Kakerlaken, wie sie flugs über die Küche krochen, und das stimmte mich noch weniger glücklich. Nach ein paar Wochen, in denen die Frauen sich weiterhin beschwert hatten, dass diese Tiere offensichtlich glücklich bei ihnen waren, erwischte ich endlich den Kammerjäger.

»Mam«, sagte er mir ganz entspannt. »Ich kann nichts machen. Die Damen halten ihre Küche nicht sauber.«

Nach wochenlangem Hin und Her dämmerte es mir nun: Sie wissen nicht, wie man eine Küche sauber hält! Sie wischen mit einem feuchten Schwamm über die Küchenschränke, und es klebt anschließend immer noch.

An einem Samstag trafen wir uns zum Saubermachen. Wir waren zu dritt und zeigten »unseren Frauen«, wie man putzt. Welche Mittel für was zuständig sind. Dass etwas, was noch klebt, nicht sauber ist. Dass man einen Herd nach vorn ziehen kann, um hinten saubermachen. Dass man Lebensmittel wieder anständig verschließt. Anschließend hatten wir kaum Probleme mehr. Sie lernten, wie es geht. Auf die Idee, dass man nicht weiß, wie man putzt, waren wir einfach nicht gekommen …

Sechs Jahre lang war ich aktiv für »Hope« tätig. Ich merkte, wie erschöpft ich nach einer Weile wurde. Ich wollte die Welt retten und besonders diese Frauen verändern. Ich versuchte immer wieder, Zusammenhänge – soweit ich sie verstand – zu erklären, und war jedes Mal getroffen, wenn wir jemanden verloren. Ich nahm es persönlich. Ich hatte versagt. Irgendetwas hatte ich nicht gesagt oder getan, um zu diesen Frauen durchzudringen.

Erst später bemerkte ich, dass der Grad zwischen Hilfsbereitschaft und Manipulation ein schmaler ist. Und dass ich doch nicht so arrogant sein sollte, zu glauben, dass ich weiß, was diese Frauen brauchen oder wie sie ihr Leben zu leben haben.

In Beverly Hills gibt es viele Obdachlose, die ihre speziellen Plätze haben. Manche werden von Autos dort abgeliefert und abends wieder abgeholt, fast wie bei einem richtigen Job.

Da gibt es »Mohamed«, einen quirligen Schwarzen, der im Rollstuhl sitzt und jede mit »Hallo, Süße, toll siehst du aus« anspricht und zur Straße gehört wie Starbucks. Als ich gerade ein paar Monate in Beverly Hills war – es muss wohl März gewesen sein, es war eine besonders kühle Woche –, fiel mir sein dünnes T-Shirt auf, das mich schon durchs Anschauen frieren ließ. Ich ging in den nächsten GAP-Laden und kaufte ihm eine warme Winterjacke. Als ich sie ihm gab, schaute er mich an und meinte: »Süße, das ist wirklich nett von dir, aber das ist nicht gut fürs Geschäft.« Ich habe ihn nie mit dieser Jacke gesehen. Oder Joe, der vor meinem Starbucks ebenfalls im Rollstuhl saß und schon auf mich wartete, weil ich ihm das Frühstück daraus besorgte. Nur Weiches natürlich. Die meisten haben kaum gute Zähne.

Ein anderes Mal, wir kamen gerade vom Essen, hatten Richard und ich eine Diskussion über meine Angewohnheit, jedem Bettler etwas zu geben. Er hielt es für besser und effektiver, es den Institutionen zu überlassen, die davon etwas verstehen und die wir natürlich auch unterstützten, statt hier wahllos zusätzlich Dollars zu verteilen. Gerade in dem Moment gingen wir an einem Bettler vorbei, der sich in einem Hauseingang mit dem Rücken zu uns zum Schlafen gelegt hatte. Ich wusste, wer es war, denn ich erkannte ihn an seinem rollenden Einkaufswagen des nahe gelegenen Supermarkts und seiner schwarzen Kleidung, die seinen massiven Körper bedeckte. Er hatte immer einen besonders ärgerlichen Gesichtsausdruck drauf, mit dem er jeden bedachte, und er war mir nicht ganz geheuer. Hier schlief er aber, und so nahm ich fünf Dollar und schob sie oben in eine Tasche, die auf seinem beistehenden Einkaufswagen stand, da ich Richard mit dieser Geste klarmachen wollte, dass ich nicht vorhatte, mein Verhalten zu ändern. In dem Moment hörte ich die ärgerliche Stimme des Obdachlosen, der mir ein »I am not working now« (»Ich arbeite gerade nicht«) zuschmiss und meinen Fünfdollarschein als Beleidigung empfand.

»Siehst du«, sagte mir Richard triumphierend. Anschließend ging ich lange meditieren.

Ich war fasziniert von den Geschichten, die die Bettler über ihre Situation erzählten. Am Anfang glaubte ich sie noch alle. Später fragte ich nach oder sagte etwas wie: »Die Story ist wirklich unglaublich gut.« Dann ging ein Grinsen übers Gesicht des Betreffenden, und er nahm die Dollars, die ich ihm gab, entgegen wie ein Schauspieler den Applaus auf der Bühne.

Einmal wurde ich am Rodeo Drive aufgehalten, als ich meinen Hund spazieren führte. Einer der Jungs versuchte, mich in ein Gespräch zu verwickeln. Er müsse dringend zum Arzt, denn er habe sich am Bein verletzt. Er erzählte mir eine unglaubliche Geschichte von einem Autounfall sowie jemandem, der dann Fahrerflucht begangen und ihn schwer verletzt zurückgelassen hätte. Wie er daraufhin seinen Job verloren hätte und dann seine Frau – und dass das Bein immer noch nicht verheilt wäre und er kein Geld für einen neuen Verband besäße. Dann fing er an, mir seine halb abgerissenen Pflaster und wirklich sehr imposanten Narben zu zeigen. Ich fragte ihn, ob er schon in der »Los Angeles Mission« war, einem Obdachlosenasyl, und er winkte ab. Bevor er mir erzählte, wie fürchterlich es dort ist – diese Geschichte hatte ich nämlich auch schon ein Dutzend Mal gehört –, erzählte ich ihm eine Story von mir. Ich hatte gerade einen Motorradunfall hinter mir, und meine Narben waren noch nicht so gut verheilt wie seine. »Lass mich dir meine Narben zeigen«, sagte ich und fing an, mein Hosenbein hochzukrempeln. Dann begann ich, meine Geschichte ähnlich dramatisch zu erzählen und ihm meine Wunden zu zeigen. Er stand mit offenem Mund da und schaute mir zu, wie ich meine Beine entblößte.

Er war nicht der Einzige. Halb Beverly Hills blieb stehen, um zu sehen, was ich da machte. Was für ein komisches Bild wir beide wohl abgegeben haben! Eine blonde Frau, die in ihrer hellen Hose mit hellblauer Bluse einem Obdachlosen ihre Beine zeigt.

Am Ende grinste er. »Ihre Geschichte ist auch nicht schlecht«, sagte er verschmitzt. »Aber meine ist besser. Mindestens für drei Dollar besser.«

Die bekam er dann auch.

Deutschlandbarometer 8

Ich konnte mich doch nicht daran gewöhnen, dass ich keinen Platz in München hatte, wo mein eigenes Bett stand. Es fühlte sich komisch an, in meiner Geburtsstadt heimatlos zu sein. Hildegard Knef hatte einen Koffer in Berlin. Ich wollte ein Bett in München.

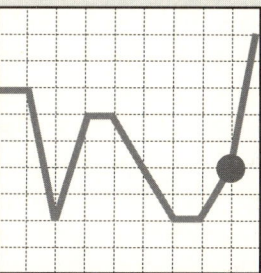

Für die zwei oder drei Male im Jahr, die ich nach München kam, hätte sich eine Wohnung für mich allein nicht rentiert. Dann hatten meine Schwester Susanne und ich im Sommer 1996 eine wunderbare Idee: Wir wollten uns zusammen einen alten Bauernhof außerhalb von München mieten, und dort könnte ich dann auch mein eigenes Zimmer haben.

Da ich zu diesem Zeitpunkt viele schamanische Rituale ausübte, war es für mich wichtig, einen Garten und viel Natur um mich herum zu haben. Das Stadtleben interessierte mich ein paar Jahre lang nicht mehr. Ich hörte lieber den Vögeln als der Musik in Clubs zu. Ich sah lieber Sonnenuntergänge als Filme. In Los Angeles lebte ich oben auf den Hügeln. Wir hatten Rehe und Hasen im Garten. Und obwohl wir eigentlich in der Stadt wohnten, waren wir auf dem Land zu Hause. Ich brauchte die Natur, und die Vorstellung, mitten in der City zu wohnen, reizte mich nicht.

Wir fanden einen gemütlichen, alten Bauernhof in Großdingharting – von München aus eine viertel Stunde Fahrt in südlicher Richtung. Er hatte niedrige Wände, die Decken waren so knorrig und ohne jede Isolation verlegt, dass man von meinem Zimmer im ersten Stock durch die Ritzen im Dielen-

boden runter ins Wohnzimmer schauen konnte. Gespräche
waren auch sehr einfach. Jeder verstand immer überall alles.
Es gab einen Kuh-, einen Hühnerstall, einen Hofhund und einen Misthaufen. Die Landwirte, die uns den Bauernhof ver-
mietet hatten, lebten auf der anderen Seite der Einfahrt in
einem Neubau. Richard war vom Bauernhaus begeistert. Es
sah aus wie aus einem Bilderbuch. Nur übernachten wollte er
dort nicht. Es war ihm zu niedrig. Er schlief vielleicht viermal
dort. Einmal gleich zwei Tage hintereinander an Weihnachten.
Er ist eben kein Bayer und zog Fünfsternehotels in München
mit dem üblichen Komfort dem ländlichen Ambiente vor.
Susanne und ich zogen an einem Wochenende ein, und Julia,
mittlerweile sieben Jahre alt, stand vor der Tür, als der Bauer
sie im tiefsten Dialekt ansprach: »Ja, wo kimmst denn du her?
Wem g'erst nachat du?«
Julia starrte ihn an, rannte hinein und fragte meine Schwester:
»Tante Susanne, warum sprechen die hier kein Deutsch?«
»Die sprechen hier deutsch, Julia.«
»Nein«, meinte sie entrüstet. »Ich kann Deutsch. Das ist kein
Deutsch.«
Sie trug ihr Dirndl, bekam ihr erstes Fahrrad und spielte mit
den Nachbarskindern im Garten. Sie aß Wiener Würstl, Le-
berkäs und Bierschinken, übte Bayerisch und wurde fast ein
deutsches Kind.
Drei Wochen später flogen wir wieder nach Hause. Als ich im
Flugzeug hoffnungsfroh fragte, wie sie denn Deutschland ge-
funden habe, meinte sie kurz und knapp und ohne jede Be-
geisterung: »Es stinkt.«
Ja, der Misthaufen war halt wirklich schräg gegenüber.

24. Smogalarm, elektrische Autos und die Verbreitung des Mercedes-Cabrios

Das Auto spielt eine bedeutende Rolle in Kalifornien. Nicht nur, dass die unendlichen Weiten (nicht ganz so wie beim Raumschiff Enterprise, aber doch weit genug) ja irgendwie verbunden werden wollen, sondern ein Auto ist auch ein Statussymbol.

Wie gesagt gibt es erstaunlich viele deutsche Autos. Beim Porsche wird das »e« unterschlagen, und dieser Sportwagen heißt dann einfach »Porsch« – was, finde ich, doch an Sex-Appeal verliert. Porsch, Schorsch?! Immer wieder sieht man deutsche Oldtimer, besonders fällt da das Mercedes-Cabrio auf, und eine Schauspielerin erklärte mir mal den Grund: So ein Auto stammt meist aus der Zeit, in welcher der Schauspieler oder die Schauspielerin am erfolgreichsten war. Dann haben sie sich ein tolles Auto geleistet. Als der Erfolg wieder ging, blieb das Auto. Als Erinnerung. Als Hoffnung.

Da sie sich manchmal kein neueres, schickeres mehr leisten konnten, behielten sie lieber das Mercedes-Cabrio, als, sagen wir mal, auf einen Toyota auszuweichen.

Wir lebten oben auf den Hügeln, und da gibt es keinen Bus und kein anderes öffentliches Verkehrsmittel. Das Einzige, was hier gelegentlich hochkommt, sind die Schulbusse, die die Kinder für die Fahrt zu den verschiedenen Schulen einsammeln. Wenn man kein Auto hat, ist man also ziemlich aufgeschmissen. Rad gefahren wird hier nur zum Sport und nicht zum Transport. Überhaupt ist das ein nicht einfaches Problem in Los Angeles. Früher gab es hier die Pacific Electric Tram, einen sehr gut funktionierenden Schienenverkehr. Heute sind keine Schienen mehr zu finden. In den dreißiger

Jahren kauften General Motors, der Reifenhersteller Firestone und die Ölgesellschaft Standard Oil das Pacific-Electric-Tram-System auf. Es heißt, sie ließen es anschließend nach und nach verrotten. Das Konsortium wurde der Konspiration angeklagt, aber freigesprochen. Ich bin zwar kein großer Fan von Verschwörungstheorien, doch diese hier macht Sinn. So kann man natürlich auch unliebsame Konkurrenz verdrängen.

Ich verstand, warum die Amerikaner so viel Wert auf ihr Auto legen. Die ewig langen Fahrten sollten wenigstens angenehm verbracht werden. Ich war der weitverbreiteten deutschen Meinung, dass Automatikgetriebe nur etwas für Leute im Rentenalter sind, und ich war überrascht, wie schnell ich mich daran gewöhnte. Hier konnte man ohnehin nicht schnell fahren, also, was soll's? Da ich auch immer die Hügel rauf- und wieder runterfuhr und nicht selten dabei im Stau stand, war ich ganz froh, dass ich das Drama Handbremse – Bremse – Kupplung – Gas nicht jeden Tag x-mal mitmachen musste.

Und Parkplätze. Das *valet parking* habe ich ja jetzt, glaube ich, schon zehnmal erwähnt … Sie sehen also, was das bei einem Deutschen für Begeisterungsstürme auslöst – und das leichte Finden von Parkplätzen und Parkgaragen ist einfach nicht zu überbieten. Allein deswegen lohnt es sich, hier zu leben.

Kalifornien geht häufig neue Wege, und auch das erste elektrische Auto kam infolge einer Verordnung der California Air Quality Control 1990 auf den Weg. Damals wurde beschlossen, dass 10 Prozent aller Autos bis zum Jahr 2003 *zero emission*, also keinerlei Abgase haben dürften. Die Luftqualität in Los Angeles erreicht häufig einen ungesunden Grad, und dazu gibt es Smogwarnungen. Die braucht es aber eigentlich nicht, denn schon ein Blick von den Hügeln hinunter in die Stadt würde man fast immer mit »Das muss aber ungesund sein« kommentieren. Die reinigende Brise des Ozeans schafft es auch nicht, über die Hügel zu kommen, deshalb bleibt die Luft so schlecht, wie sie war, im Valley kleben. Die Autoindustrie – GM wie Honda – musste sich, wenn sie denn Autos in Kalifornien verkaufen wollte, wohl oder übel fügen und brachte den EV1 (einen flotten Zweisitzer) und kurz danach den EV Plus (einen Viersitzer) auf den Markt.

Da es sich hierbei um ein Pilotprojekt handelte, gab es diese elektrischen Autos nur im Leasing. Wir hatten eins davon. Es war der EV Plus, der durchaus innere Werte aufwies. Zu Hause in der Garage hatten wir eine spezielle 220-Volt-Ladestation (amerikanische Steckdosen haben nur 110 Volt). Der Wagen wurde abends einfach daran angeschlossen, und nach acht Stunden war er wieder aufgeladen. Am nächsten Morgen hatte ich somit wieder Saft für hundert Meilen, die ich verfahren konnte. Natürlich war dies kein Auto für lange Reisen, sondern ein typisches Stadtauto. Und da in dieser Stadt fast jeder zwei Autos hat, war es geradezu ideal.

Ich wurde laufend darauf angesprochen und hatte mir angewöhnt, Prospekte im Kofferraum zu behalten, um sie bei Bedarf weitergeben zu können. Es gab natürlich Kommentare wie »Haben Sie keine Angst, dass Sie einen elektrischen Schlag bekommen?«, die ich verschmitzt lächelnd mit »Und Sie? Haben Sie keine Angst, dass Ihnen all das Benzin unterm Hintern explodiert?« konterte. Die Amerikaner grinsten da nur. Sie liebten solche Antworten.

Es war herrlich, völlig ohne Schuldgefühl den Wagen mit Heizung anzulassen, wenn ich vor Julias Schule auf sie wartete. Mein Auto machte keinen Krach, und wir verpesteten keine Luft. Manchmal fuhr ich durch kleinere Straßen, auf denen Fußgänger gerade spazieren gingen, und sie hörten mich nicht. Ich kurbelte das Fenster runter und meinte: »Entschuldigung, darf ich vorbeifahren?« Es fuhr schnell, war unglaublich billig, und das Einzige, was dieses Auto brauchte, war Wasser für die Wischanlage, und beim regelmäßigen Check-up wurden nur die Reifen untereinander ausgetauscht, um eine regelmäßige Abnutzung zu gewährleisten. Das ganze Zusatzgeschäft, wie Ölwechsel und regelmäßige Wartung, fiel bei diesem Fahrzeug flach. Natürlich musste der Strom auch irgendwoher kommen, aber das war immer noch sehr viel weniger umweltverpestend als Lärm und Abgase.

Die Autoindustrie wollte das *zero mandate* wieder loswerden. Weder sie noch die Ölindustrie waren mit diesem kleinen Elektrogefährt besonders glücklich. Die Kfz-Macher verklagten Kalifornien 2003, und durch ein nicht nachvollziehbares Verfahren wurde das Mandat der 10 Prozent Zero-Emission-Autos wieder eingestampft. Einige müssen da wohl was gegen bessere Luft und weniger Krach gehabt haben.

Kurz danach bekam jeder von uns einen Brief, in dem wir aufgefordert wurden, den Wagen innerhalb von zwei Monaten wieder abzugeben. Fast alle wollten ihr Auto behalten. Angeblich sollten diese Testwagen zurückgeholt werden, um sie auszuwerten.

Sie wurden nicht ausgewertet. Beide Automarken – GM (Saturn) und Honda – versuchten heimlich, alle Überbleibsel dieser großartigen Chance zu verschrotten. Daraus ist später ein sehr informativer Film geworden: »Who killed the electric car?« (»Wer brachte das elektrische Auto um?«)

Ich habe schon viele Autos gefahren. Im Gegensatz zum EV1 – ein sehr schneller Zweisitzer – war der EV Plus eben für vier Leute und sah auf keinen Fall sportlich aus. Steifer ging es kaum. Dieses Auto fuhr man nicht, weil es schön aussah. Bei aller Liebe, es sah extrem langweilig aus. Man fuhr es, weil es leise war. Weil es praktisch war. Weil es die Zukunft war. Man kann sich gar nicht vorstellen, wie großartig das ist, im Auto zu sitzen, und das Einzige, was man hört, ist die Musik im Radio. An keinem Auto habe ich jemals so gehangen. Noch heute bekomme ich feuchte Augen, als wenn ich einer verlorenen Liebe nachtrauerte. Und das war es ja auch …

Als ich zum ersten Mal nach Los Angeles kam, war ich entsetzt über den Zustand der Straßen. Auf dem Weg zu unserem Coldwater Canyon waren riesige Löcher im Asphalt *(pot holes)*, und das zeitweise wochenlang. Kaum war eins zu, tauchte schon wieder ein neues auf. Das war noch meine Phase, während deren in Germany alles besser war (außer der Höflichkeit), und das kam dann auf jeden Fall in meine Liste, die da hieß: »So was gibt's in Deutschland nicht!«

Die Schnellstraßen und Autobahnen, hier »Highways«, »Free-ways« oder »Interstates«, sind nicht einfach zu durchschauen. Der 405, der 10 und der 101 waren die wohl wichtigsten, und die unzähligen anderen konnte man sich von der Nummer her schon gar nicht merken. Da diese Straßen auch immer sehr breit sind – der 405 hat zehn Spuren – und man meistens nur 65 Meilen (105 Kilometer pro Stunde) fahren darf, macht man es sich hier eher in seinem Gefährt gemütlich.

In Deutschland sieht man in den konstant wechselnden Geschwindigkeitsbegrenzungen eher eine Geldquelle, oder man will uns vorm Einschlafen bewahren. Man muss hier wirklich aufpassen, um die Geschwindigkeitsbegrenzungsschilder, die wohl alle zwei Kilometer wechseln, nicht zu übersehen. Das Runterbremsen von 160 auf 80 soll wahrscheinlich auch den Umsatz der Reifenindustrie ankurbeln. Da ist mir doch einfach eine normale Durchschnittsgeschwindigkeit lieber als dieser unübersichtliche und gelegentlich unlogische Schilderwald.

Die rechte Spur wird auf den amerikanischen High- und Freeways – also die bei der Ein- oder Ausfahrt – häufig freigelassen. Bei uns würden da die Lastwagen fahren. Hier sind sie fast immer auf der zweiten Spur, um das Ein- oder Ausscheren zu ermöglichen. Auf der äußersten linken Spur hat sich meistens eine ältere Dame häuslich eingerichtet, die dem ganzen Freeway-Gewimmel nichts abgewinnen kann und sich da weit draußen entlanghangelt. Das Irritierendste an den kalifornischen Autobahnen ist, dass die Einfahrt nicht immer da liegt, wo sich auf der anderen Seite die Ausfahrt befindet. Das wäre doch eine logische Selbstverständlichkeit, oder? Wie sonst soll der arme Tourist seinen Weg wieder auf die Autobahn finden, wenn er nur mal nach rechts abgebogen ist, um auf die Toilette zu gehen? Da es hier keine Raststätten gibt, muss man schlichtweg von der Autobahn runter. Ich habe mir angewöhnt, immer vorher zu schauen, ob es bei der Ausfahrt auch wirklich danach eine Auffahrt gibt, die mich wieder drauflässt.

Abgesehen von den seltsamen deutschen Geschwindigkeitsbegrenzungen, lernte ich die hiesige Gründlichkeit wieder zu schätzen. Bei uns Deutschen gibt es zu jeder Einfahrt eine Ausfahrt, und falls mal was abgesperrt wird, gibt man uns eine Umleitung. Und zwar die ganze. Man zeigt uns mit diesen netten Pfeilen, auf denen auch noch »Umleitung« draufsteht, wie wir um das Problem herum wieder dahin geführt werden, wo wir auch hinwollen.

In Kalifornien passiert das nicht. Da wird ein Canyon abgesperrt, und die Polizisten winken einen einfach woandershin, aber niemand sagt, wohin man denn jetzt fahren soll. Manchmal werden ganze Bereiche gesperrt – Malibu zum Beispiel, wenn es mal wieder brennt –, und nur die Anwohner wissen, wo's langgeht. Ich hatte mir angewöhnt, in solchen Situationen immer dem Autofahrer zu folgen, der am zügigsten weiterfährt. Besonders wenn er kurz danach in eine dubiose Seitenstraße einbiegt, ist er oder sie der/die Richtige. Die kennen sich aus. Es hat immer funktioniert. Ich kann es nur wärmstens weiterempfehlen.

Zum Thema Polizisten: Hier in Amerika sehen sie ziemlich imponierend aus. Man fühlt sich schuldig, egal, ob man etwas getan hat oder nicht. Wir alle kennen ja zu viele amerikanische Krimiserien, und in dem Moment, da solch eine Sirene hinter dem Wagen ertönt, rutscht einem das Herz hier noch ein bisschen tiefer in die Hose. Das muss an der schwarzen Uniform liegen. So ein amerikanischer Polizist ist auch im Regelfall immer recht gut durchtrainiert und sieht hinter seiner dunklen Sonnenbrille besser aus als in Wirklichkeit. Dann gehen die Cops auch noch immer so, als hätten sie ein Pferd zwischen den Beinen. Amerikanische Polizisten sehen irgendwie sexy aus im Vergleich zu ihren bayerischen Kollegen.

Warum muss man unsere armen bajuwarischen Gesetzeshüter in dieses komische Grün mit Beige stecken? Soll man sie nicht kommen sehen? Sollen sie sich der städtischen Begrünung anpassen? Warum kann man ihnen keine Uniform geben, die imponierender wirkt? Das Grünzeug haben sie einfach nicht verdient. Kann man da nicht was machen …?

Obwohl die amerikanische Organisation bei den Umleitungen versagt, so sind sie doch großartig im Organisieren von Autoschlangen und Parkplätzen. In Deutschland wurde man noch sich selbst überlassen, den einzigen freien Platz in einer Parkgarage zu finden – misslich besonders am Flughafen, wenn man in Eile war. Hier in L. A. gibt es Leute, die einen einwinken. Ob man nun zu Disneyland, zu Magic Mountain oder einem der Stadien fährt, man wird nicht allein gelassen. Hier geht es lang, und jeder folgt auch brav. Das gilt ebenso für das Anstehen.

Einem Amerikaner würde es nie einfallen, sich vorzudrängeln. Das System des »Wer zuerst kommt, mahlt zuerst« gilt auch bei Kreuzungen. Hier gilt das »Rechts vor links« nicht, und somit beobachtet jeder Autofahrer genau, wer jetzt dran ist. In Beverly Hills ist eine sechsfache Kreuzung, an der es keine Ampel gibt. Jeder denkt nach, wer als Erstes dran ist, und nie kracht es dort. Dieses Aufpassen, wer an der Reihe ist, prägt ein Land wahrscheinlich. Wenn in amerikanischen Supermärkten eine neue Kasse aufgemacht wird, dann kommt die Kassiererin zu der *zweiten* Person, die in der anderen Reihe steht, und zieht den Wagen zu sich her. In Deutschland macht die Kassiererin einfach die Kasse auf, und die, die hinten stehen, drängen sich nach vorn. Das System, sich in einer Reihe vor drei oder vier offenen Schaltern anzustellen, setzt sich in Deutschland nur durch, wenn man eine einzige Anstellschlage schmal genug einrichtet. Selbst auf den deutschen Toiletten drängt sich fast immer jemand von hinten nach vorn. So viel zum Thema Verkehr.

Zwei Dinge haben die Amerikaner allerdings nicht kapiert: Die langsameren Autos sollten immer rechts fahren, und wenn sie in einer Kreuzung links abbiegen wollen, dann *um Himmels willen anständig hineinfahren ...!*

Auch hier muss ich mein Versagen zugeben. Ähnlich wie bei den Klimaanlagen ist es mir nicht gelungen, die Autofahrer zum Einfahren in die Kreuzung zu bewegen. Die einzige Person, die das wirklich gelernt hat, ist meine Tochter. Aber die hat es ja auch fünfzehn Jahre ihres Lebens mitbekommen, wie ich dem Vordermann, der kurz nach der grünen Ampel mit dem Blinker stehen blieb, dazu bewegen wollte, weiter reinzufahren. Ich fuhr nahe auf, benutzte die Lichthupe und gestikulierte mit beiden Händen in seinen Rückspiegel, dass er weiter nach vorn fahren sollte. Manchmal – und natürlich ist das verboten – habe ich sie dann einfach rechts überholt und bin vor ihnen tiefer in die Kreuzung gefahren. Ich wollte ihnen ein Vorbild sein, ein »Seht ihr, das ist doch nicht so schwer! So macht man das!« demonstrieren. Doch ich konnte durch den Rückspiegel kein »Ach ja, klar, warum mach ich das nicht auch?« erkennen, sondern nur ein Kopfschütteln in meine Richtung – und: »What an idiot!«

In der Stadt Beverly Hills darf ein Wagen über Nacht nicht auf den Straßen geparkt werden. Ja, Sie haben richtig gelesen. Man fährt entweder in seine Garage oder in seine Garageneinfahrt. Auf den Hügeln von Beverly Hills ist das anders. Aber unten, in der Stadt, ist das verboten. Beverly Hills will keine Campingwagen oder Touristenkutschen, die sich hier häuslich niederlassen. Hier parkt nur, wer hier wohnt, und der hat selbstverständlich eine Garage oder eine Einfahrt. Ich hatte in meinem letzten Haus in Beverly Hills (unten in den Flats) drei Parkerlaubnisscheine, die man übrigens übers Jahr kaufen muss und die ich Handwerkern oder Gästen ins Auto legen konnte. Hatte ich eine Party, musste ich die Parkkommission anrufen. Die fragten mich dann nach der Anzahl der zu erwartenden Autos. Ich nannte sie ihnen. Dann gaben sie mir eine Nummer, die ich auf große Zettel schreiben durfte, welche ich auf alle Autos legte. Sollten mehr Fahrzeuge da sein, als ich nachgefragt habe, gab es Strafzettel.

Um einen Führerschein zu machen, müssen sich Jugendliche hier nur eine vorläufige Fahrerlaubnis holen. Dann dürfen sie ein Auto fahren, wenn ein Erwachsener über einundzwanzig Jahren dabeisitzt. Es wird verlangt, dass man – allerdings nicht nachprüfbare – fünfzig Stunden mit einem Erwachsenen als Beifahrer gefahren ist. Zur Prüfung müssen sie nur sechs Fahr- und fünfundzwanzig Theoriestunden vorweisen. Wenn dann die »richtige« Prüfung bestanden worden ist, also mit achtzehn Jahren, dürfen sie ein halbes Jahr niemanden unter zwanzig Jahren mitnehmen und ein Jahr lang nicht zwischen Mitternacht und 5 Uhr fahren.

Einen TÜV haben wir hier nicht, nur eine regelmäßige Abgasuntersuchung, und es ist nicht ungewöhnlich, Autos zu sehen, die wirklich nur noch mit Klebeband zusammengehalten werden. Das kam natürlich auch auf meine Liste »So was gibt es in Deutschland nicht«.

Toll finde ich die Art des Tankens. Entweder zieht man einfach eine Kreditkarte an der Zapfsäule durch, so spart man sich den Weg zum Zahlen, oder man bekommt das volle Programm: Es wird für einen getankt, das Öl nachgeschaut, die Fenster werden gewaschen, und man zahlt, indem man dem netten Herrn einfach seine Kreditkarte entgegenstreckt.

Man muss sein Auto bei vielem nicht verlassen. Zum Beispiel auch nicht bei einem Bankbesuch. Es gibt *drive-in banking*. Sie können Geld abholen – da ist der Geldautomat in Autofensterhöhe angebracht –, oder Sie sprechen mit einem Bankmenschen durch eine kleine Sprechanlage, und dann bekommen Sie durch dünne Röhren in ebenso kleinen Plastikbehältern Ihr erwünschtes Geld. Das man dann sofort bei einem Fastfood-Laden ausgeben kann, bei dem man auch nicht aus dem Auto steigen muss.

Wenn es regnet, bricht in Los Angeles der Verkehr zusammen. Schon beim ersten Regentropfen wird gekrochen. Im Schneckentempo geht es die Hügel rauf und wieder runter. Auf vielen Kreuzungen – gerade im Valley – sammelt sich das Wasser, und man fährt fast bis zur Tür durch einen kleinen See. Ich hatte das Gefühl, als hätte ich einen Abenteuerurlaub gebucht. Julia rief häufig vom Kindersitz aus: »Mama, Mama, bitte noch mal!« Zuweilen blieben Autos auch dort stecken. Die Abflussrillen unter den Bürgersteigen verstopfen schnell und können das Wasser manchmal nicht mehr zum Meer abfließen lassen, und so entsteht eine Klimakatastrophe –

made in Los Angeles. Häufig stehen auch Sandsäcke an den Ein-
gängen von Läden. Ich persönlich hatte bis dahin nie irgendwelche
Sandsäcke im Einsatz gesehen, und hier schien man sie in der Garage zu lagern.

»Ah, es regnet. Die Sandsäcke müssen doch noch irgendwo
rumliegen?« Von den undichten Dächern habe ich Ihnen ja schon
erzählt, nicht wahr?

25. Wie leicht es sich in Los Angeles lernen lässt und wie ich Präsidentin wurde

Ich komme aus einem Land, in dem jede Lehre im Durchschnitt drei Jahre dauert. Das hat den Vorteil, dass der Klempner auch was von seinem Beruf versteht. Hier habe ich manchmal das Gefühl, als ob mein *plumber* seinen Beruf in einem Zweiwochenkurs erlernt hat. Er starrte meine nicht funktionierende Toilettenspülung genauso irritiert an wie ich. Da ich mich mit deutschen Qualitätsprodukten umgeben hatte, hörte ich nicht selten den vorwurfsvollen Ausruf: »Oh, it's European!« (»Das kommt von Europa«), als wenn es eine Krankheit wäre. »Selbst schuld«, stand in Kleinbuchstaben darunter.

Der Durchschnittsamerikaner hat ein etwas gestörtes Verhältnis zu Europa. *Europe* ist ein Urlaubsland. Da fährt man hin wie nach Disneyland. Da gibt es den Eiffelturm, den Schiefen Turm von Pisa und den Buckinghampalast. Da der Durchschnittsamerikaner zwei Wochen Urlaub im Jahr hat, steht Europa einfach nicht so häufig auf dem Reiseplan. Wie gesagt: 80 Prozent aller US-Bürger haben keinen Pass. Das muss man sich mal vorstellen.

Der Amerikaner ist stolz auf sein Land. Im Gegensatz zu uns Deutschen, denen der Stolz auf ihr Land durch den Zweiten Weltkrieg abhanden gekommen ist.

Ich lebte mittlerweile lange genug in den Staaten, damit ich statt meiner Greencard auch die amerikanische Staatsbürgerschaft hätte beantragen können. Und ein Jahr lang, jedes Mal bei der Einreise, meinte der Beamte erfreut, als er auf meine Greencard schaute: »Gratuliere, jetzt ist es ja so weit. Sie können nun Amerikanerin werden.« Da ich ja wieder ins Land reinwollte, schaute ich immer höchst überrascht und sagte: »Das ist ja toll.« Ich mag mir gar nicht vorstellen, was passieren würde, wenn ich mit einem »Nein danke, aber ich habe schon ein Land« geantwortet hätte.

Ausbildungen sind in den Staaten nicht so vorgeschrieben wie in Deutschland. Masseure können sich nach einem Wochenendkurs so nennen, was ich als Deutsche schon sehr ungemütlich finde. Bei uns dagegen braucht man dazu eine zweijährige Ausbildung. Das, was in Deutschland als Umschulung ein höchst langwieriger Prozess ist, kann hier sehr viel schneller gehen. Das hat Vorteile. Amerikaner sind einfach flexibler. Sie wechseln leichter von einem Beruf in den anderen. Wir Deutschen dagegen legen sehr viel Wert auf Wissen und Perfektion. Das macht unseren Ruf aus. Darauf sind wir stolz, und doch schränkt es uns auch ein. Ich erinnere mich, wie wichtig in Deutschland die Ausbildung war, welche Schule man besucht hat, wo man studiert hat.

In den Staaten werden Autodidakten hoch geschätzt. Es scheint hier fast egal zu sein, wie man nach oben kommt. Hauptsache, man kommt nach oben. Gerade in Zeiten großer Arbeitslosigkeit wäre es vielleicht günstiger, wenn wir Möglichkeiten schafften, sich leichter zu verändern. Wir sind ein Land der Regeln. Das ist nicht immer ein Vorteil.

Für einen Deutschen kaum vorstellbar, bin ich in der Lage, legal Menschen zu verheiraten. Vor Jahren hatte ich mich einer losen spirituellen Gemeinschaft angeschlossen – nein, keiner Sekte –, durch die man *minister* (»Pastor, Pfarrer«) werden kann. Viele Menschen sind *minister*. Man füllt ein Formblatt aus, in dem man sich als spirituellen Menschen darstellt, und schon hat man die Lizenz. Denken Sie nicht, dass ich Ihr Zucken nicht verstehe, es ging mir genauso. Die deutsche Christin in mir fragte sich: Ist das Blasphemie? Freunde von mir wollten heiraten und hatten den Wunsch, dass ich sie traue. Nach längerem Nachdenken fühlte ich mich dazu bereit. Ich hatte ein sehr intensives spirituelles Training hinter mir. Betete sehr viel, meditierte noch mehr und verstand, dass dies hier in den Staaten einen anderen Stellenwert hat als in Deutschland. Die unglaubliche Menge an verschiedenen Glaubensgemeinschaften ist hier eine Selbstverständlichkeit, man bedenke nur, dass für die ersten Einwanderer Religionsfreiheit ein wichtiges Thema war. Und hier ist die Religion wirklich frei. Für mein deutsches Gefühl (katholisch, evangelisch, jüdisch) ein bisschen sehr frei. Jeder kann hier eine Kirche gründen, und wenn in religiösen Fernsehsendungen Frauen bis zum Exzess geschminkt mit rosa Haaren Tränen in den Augen hatten, sobald sie von Jesus erzählten, schaltete ich immer verschreckt um. Auch dieses »Du bist geheilt« in diversen Gottesdiensten war mir zu inflationär. Auf der anderen Seite schätzte ich die Freiheit, ein persönliches Gottesbild so erleben zu dürfen, wie man es selbst möchte.

Es gibt hier überall Lehrer, die ohne Regeln oder Bescheinigungen unterrichten dürfen. Es wird einem hier leichter gemacht. Es gab Meditationsklassen, Jin-Shin-Jyutsu-Unterricht (Akupunktur ohne Nadeln), Johrei (heilende Hände) und vieles mehr. Bei meinem Bildhauerstudium war es das Gleiche. Dasselbe mit meinem Gesangsstudium mit Seth Riggs oder mit meiner Ausbildung zur klinischen Hypnosetherapeutin. Ich genoss es, hier lernen zu können. Ich liebe es, Schüler zu sein. Das Einzige, was mir nicht gelang, war, eine Schreinerausbildung zu absolvieren. Die gab es nur als Ganzjahreskurs, und zwar fünf Tage die Woche. Das konnte ich leider nicht hinkriegen.

Köstlich amüsierte ich mich aber immer wieder über die Namen der verschiedenen angebotenen Schulen. Da gibt es so was wie das »International Institute of Irgendwas« oder die »Academy of Sowieso«, »International Sonstwie Corporation«, was sich ja wirklich ziemlich imposant anhört, und dann besteht das Ganze aus einem Kleinstbüro mit Zweierbesetzung.

Auch ich musste meiner Arbeit einen Namen geben. Ich hatte mittlerweile weitere Bücher geschrieben und hielt sehr viel besser besuchte Vorträge, meine Buchverträge mussten unter einem Titel zusammengefasst werden, und so nannte ich meine Firma »My Angel and I« (»Mein Engel und ich«). Das Unternehmen hatte einen Namen, und ich bekam einen Titel: »President«.

»Geht's nicht ein bisschen kleiner?«, fragte ich meinen Steuerberater. Nein, nur größer: CEO. Chief Executive Officer, also der alleinige Vorsitzende oder Vorstand eines Unternehmens. Das klingt für mich nach großem Werksgelände, Fuhrparks, vielen Mitarbeitern. Ich kam mir vor wie eine Hochstaplerin.

Hm.

Ich entschloss mich für »President« und fühlte eine besondere Nähe zu Clinton, der damals Präsident der Vereinigten Staaten war. Wir beide hatten eine große Aufgabe: Er musste ein Land regieren, und ich hatte dafür zu sorgen, dass meine Teilzeitsekretärin regelmäßig kam. Präsidentenprobleme halt.

Ich muss gestehen, dass ich es doch ganz schick fand, plötzlich Präsidentin zu sein. Klar war es mir in meiner deutschen Seele ziemlich peinlich, aber auf den Visitenkarten sah das ganz gut aus …

Sie sehen, mein spirituelles Training war noch lange nicht abgeschlossen. Womit ich allerdings ziemlich abgeschlossen hatte, waren langweilige Abendessen. Ich konnte sie einfach nicht mehr ertragen. Da ich merkte, dass sich die Stadt nicht verändern wird (*dinner and a movie …*), würde ich etwas ändern müssen. So fing ich an, andere Treffen zu organisieren. Ich habe zu *scavanger hunts* (Schnitzeljagden und Auto-Rallyes) und Spielabenden eingeladen. Jeden Sonntagvormittag trafen sich Leute bei mir zum Meditieren, ich organisierte »Mädelsabende«, und wir besuchten Rollschuhbahnen oder *bowling alleys*. Am liebsten mochte ich meine *bad art nights* (Nächte der schlechten Kunst): Man sammelt allen möglichen Krimskrams (Farben, Dosen, Federn, Knöpfe, Plastiktüten etc.), lädt Freunde ein, isst gemütlich, und dann muss aus dem angesammelten Zeug auf dem Tisch schlechte Kunst zusammengemalt, -geklebt oder -gebaut werden.

Ich erschuf mir ein unabhängiges Leben in dieser Stadt. Natürlich ging ich gelegentlich noch zu irgendwelchen Premieren mit und schlüpfte dann ordentlich in die mir zugewiesene Rolle. Ich konnte es jetzt sogar ohne inneres Knirschen tun, denn ich hatte mir genügend Freude und Freiraum aufbauen können, so dass ich mir nicht mehr so gefangen vorkam.

26. 9/11, ein Land im Schockzustand und die Notwendigkeit, französischen Wein zu trinken

Der telefonische Notruf der Amerikaner ist 911 (ausgesprochen: »Nine, one, one«). 9/11 … die Notrufnummer eines ganzen Landes sollte zum offiziellen Notruf werden: »Nine eleven«.

Es war ein ganz normaler Septembermorgen, die Kühle der Nacht stand noch im Haus, Julia saß ein bisschen müde mit mir am Frühstückstisch, als das Telefon klingelte. Ich hob hab und hörte Richard, der in Paris war, und seine Stimme klang schockiert: »Hast du gesehen, was in New York los ist?«

Ich hangelte nach der Fernbedienung, machte den Fernseher an und sah auf jedem Kanal die gleichen Bilder. Das muss ein Film sein, denn mein Verstand weigerte sich zuerst, dies als Nachricht anzuerkennen. Während Julia ihr Frühstück aß, sah ich die Türme kollabieren. Zwei Flugzeuge, gekidnappt von Terroristen, brachten das World Trade Center zum Einsturz – und noch so viel mehr in Amerika und der Welt.

Viel ist darüber geschrieben, gezeigt und gesagt worden. Amerika wurde verletzt.

Als ich Julia am Nachmittag von der Schule abholte, sahen wir in vielen Gärten Menschen mit Kerzen stehen oder im Kreis betend zusammensitzen. An mehreren Straßenkreuzungen standen am Rande kleine Grüppchen, die ebenfalls Kerzen in den Händen hielten. Jeder fuhr langsam. Niemand hupte. Jeder trauerte. Meine Augen wanderten über die tiefbetroffenen Gesichter meiner Mitbewohner, und ich liebte sie dafür. Das ist ein Land, das seine Trauer zeigen kann.

Menschen, die sich nicht schämen, wenn sie weinen. Die wildfremde Leute an Straßenecken umarmen. Die stehen bleiben und sich und ihren Schmerz zeigen.

Das Land war gelähmt. Präsident und Vizepräsident waren für ein paar Tage verschwunden.

Es war ein Zeichen. Wie gut kann jemand ein Land führen, wenn er selber Angst hat? Nicht gut, wie sich herausstellen sollte.

Nach dem Schock – »Warum? Was? Wer?« – berührte mich etwas tief an den Amerikanern. Was ich an ihnen besonders zu schätzen wusste, war, dass nach dem 11. September 2001 die Buchläden fast nicht mehr nachkamen mit Literatur über den Islam. Wir wollten es verstehen.

Es gab ein Flugverbot für ein paar Tage. Richards Firma schaffte es irgendwie, eine Ausnahmegenehmigung zu ergattern, und sammelte ihre Mitarbeiter überall in der Welt auf, um sie nach Hause zu bringen.

Schon am nächsten Tag tauchten amerikanische Flaggen auf, die an Autos befestigt werden konnten. Es gab Schlangen vor den Flaggengeschäften. Auch Julia wollte eine Amerikaflagge am Auto haben. Ich hatte keine Erfahrung mit Flaggen, und alles, was damit zu tun hatte, war mir eher unangenehm. Über all die Jahre hinweg hatte ich mich nicht daran gewöhnen können, dass man Flaggen nur als Zeichen eines Landes sehen konnte. Ich wollte lieber eine Weltflagge am Auto, die die ganze Erde zeigte, doch die war nicht so einfach zu finden.

Ein paar Tage später hatten wir eine amerikanische Flagge rechts und eine Weltflagge links an meinem elektrischen Auto hängen. Korrekter geht es nicht mehr.

Erinnern Sie sich an diese Szene im Film »Und ewig grüßt das Murmeltier«, in der die Hauptdarstellerin Andie MacDowell einen Toast auf den Weltfrieden ausspricht? Jeder im Kino sinkt ob der Peinlichkeit noch tiefer in den Stuhl. Ich bin Andie. Ich bin eine von denen. Ich bin im tiefsten Innern meines Herzens eine Weltverbessererin. Ich habe die naive Vorstellung, dass das doch irgendwie gehen müsste. Ich bewege mich gelegentlich scharf an der Grenze des Peinlichen, aber da ich sowieso niemals wirklich »cool« war, fällt mir das nicht so auf.

So war ich unglaublich beruhigt, dass die ersten Sätze von Präsident Bush junior auf Besonnenheit deuteten. Es wurde vom Nachdenken gesprochen. Zeitlassen. Genaueren Erforschen. Ich hatte große Hoffnungen.

George W. Bush schien am Anfang an der Situation zu wachsen. Die Weltmeinung stand hinter Amerika im Kampf gegen die Taliban. Der Einmarsch in Afghanistan wurde mitgetragen. Doch dann wurde, für viele völlig überraschend, der Irak das Ziel.

Ich war froh, Europäerin zu sein. Ich glaubte den angeblichen Beweisen nicht. Die »Koalition der Willigen« empfand ich als Hohn. Alle anderen wurden dadurch in den Augen der amerikanischen Regierung als Feiglinge abgestempelt. Amerika kam mir vor wie ein ungeduldiger Teenager und Europa wie ein mittelalter, gesetzter Mann. Beide kamen nicht miteinander aus. Beide verstanden sich nicht. Der eine kann von dem anderen etwas lernen. Der amerikanische Mut und die Bereitschaft zur Aktivität könnten mit der Nachdenklichkeit und dem Weitblick Europas für alle von Nutzen sein.

Die Presse lag auf den Knien, und es sollte Monate dauern, bis sie langsam wieder aufstand. Diejenigen unter uns, die gegen diesen Krieg waren, sahen sich in der Minderheit. Die Franzosen wurden die Verräter. *French fries* wurden in den Cafeterias des Washingtoner Kongresses in *freedom fries* umbenannt, man wurde aufgefordert, Reisen nach Frankreich und französischen Wein zu boykottieren. Richard und ich kauften französischen Wein und aßen ein paar Monate lang ausschließlich in französischen Restaurants, die plötzlich halb leer waren. Das einzige Französische, was nicht angegriffen wurde, war der *French kiss*, wie hier der Zungenkuss genannt wird.

Ich bin nicht so erzogen, dass man in Krisenzeiten geschlossen dem Präsidenten folgt. Wir Deutschen mit unserer speziellen Geschichte haben gesehen, wohin das führen kann. Die Amerikaner haben solche Erfahrungen nicht. Jeder, der nicht geschlossen dem Präsidenten folgte, war kein Patriot und somit ein Landesverräter. Und das ist die schlimmste Anschuldigung, die ein Amerikaner einem anderen vorhalten kann. Die Amerikaner tun es aus demselben Grund, warum sie Eiswürfel lieben. Das ist tief in ihre kollektive Seele gebrannt: Wir haben in Krisenzeiten wie ein Mann hinter dem Präsidenten zu stehen. Punkt. Nur so ist auch Bushs Wiederwahl ein paar Jahre später zu erklären.

Angst legte sich auf dieses Land. Es gab eine fast hysterische Suche nach Bomben. In öffentlichen Gebäuden oder großen Parkanlagen wurde jedes Auto danach untersucht. Schlangen bildeten sich. Wenn man dann endlich dran war, fragte einer nach dem Führerschein und betrachtete ihn aufmerksam. Da gab es kein elektronisches System, in dem er ihn kontrollierte. Kein Computer, der ihm sagen konnte, ob ich auf irgendeiner FBI-Suchmaschine zu finden bin. Nichts. Er schaute nur einfach drauf. Fast automatisch legte sich über jeden von uns eine besondere Art der Angst: nur nicht auffallen. Ein Zweiter war währenddessen damit beschäftigt, mit einem Stab, an dem ein Spiegel befestigt war, unter meinem Auto nach einer Bombe zu suchen. Würde ein Terrorist wirklich eine Bombe unterm Auto haben? Vielleicht noch mit einem Wecker dran? Anschließend musste der Kofferraum aufgemacht werden, und auch der wurde untersucht. Einmal musste ich ein Geschenkpaket wieder aufmachen, weil es ja eine verpackte Bombe enthalten konnte. Dann gab der andere den Führerschein wieder zurück. Die Kontrolleure fingen an, sich extrem wichtig zu fühlen. In ihrer Ausstrahlung zeigten sie uns: »Ohne uns kommst du hier nicht rein. Benimm dich anständig, sonst kannst du jede Menge Ärger haben.« Wie aus dem Psychologie-Lehrbuch: Gib jemandem, der sonst keine Macht hat, Macht und beobachte, wie sich sein Verhalten ändert.

Die Flughäfen wurden sorgfältig bewacht. Es wurde uns nahegelegt, vier bis fünf Stunden vor dem Abflug am Airport einzutreffen, selbst bei inneramerikanischen Flügen. Besonders schlimm wurden die Einreisen. Einmal brachte ich meinen Neffen Steven und eine Schulfreundin von ihm aus Deutschland mit, damit sie ein paar Wochen Ferien in Los Angeles machen könnten, und ich hatte keine schriftliche Bestätigung der Eltern dabei. Die braucht man normalerweise nur, wenn man nach Mexiko fliegt, weil geschiedene Elternteile gelegentlich ihre Kinder dorthin entführen. Intuitiv gab ich beide als Neffe und Nichte aus, obwohl nur Steven mit mir verwandt war, weil ich befürchtete, dass sie das Mädchen mit dem nächsten Flieger wieder zurückschicken würden. Ich hatte mir sieben Jahre vorher das Lügen und Notlügen abgewöhnt, aber ich wollte dem Mädchen seinen Urlaub nicht verderben. Ich fühlte mich also ein klein wenig schuldig. Der Immigrationsoffizier, ein älterer hagerer Mann, der das letzte Mal vor zwanzig Jahren gelacht hat, starrte mich so durchdringend an, als wenn ich zehn Kilo Heroin und nicht zwei Teenager einführen wollte. Es wurde hin und her getuschelt, ich zeigte die Rückflugtickets der beiden, und irgendwann einmal meinte der Offizier dann zu mir: »Das ist hier keine leichte Sache. Wir reden von Kidnapping! Wir überlegen uns gerade, ob wir Sie zu einem sechsstündigen Verhör bringen sollen.«

Kidnapping? Wer, um Himmels willen, ist so wahnsinnig und würde zwei Teenager entführen? Einer ist anstrengend genug. Natürlich sagte ich das nicht. Der hier verstand keinen Spaß, das war offensichtlich. Sechs Stunden Verhör? Mir brach der Schweiß aus.

Nach weiterem Getuschel ließ man mich gehen. Während ich auf das Gepäck wartete, befürchtete ich immer noch, dass dieser Mann es sich anders überlegt und sich plötzlich eine schwere Hand auf meiner Schulter niederlässt, begleitet von den Worten: »Kommen Sie mal mit.« Ich bin seinerzeit mit vierzehn Jahren beim Klauen erwischt worden. Ich kenne das Gefühl.

Die Angst und das Misstrauen legten sich auf diese Nation. Ein Land übrigens, dessen ureigenste Werte Optimismus und Offenheit sind. Jeder, der reinwollte, galt jetzt als ein potenzieller Angreifer.

Ich könnte Seiten um Seiten darüber schreiben, es würde ein anderes Buch werden. Beim nochmaligen Durchlesen habe ich sie alle gestrichen. Ich bin zu entsetzt über diese Regierung, und dies hat mein Verhältnis zu den USA verfärbt. Obwohl Amerika als Nation vielleicht ein bisschen zu arrogant war, so ist sie doch als Ansammlung von Menschen im wahrsten und besten Sinne naiv. Es ist eine hoffnungsfrohe Offenheit, die diese Menschen hier auszeichnet und die ich so zu schätzen und lieben gelernt habe. Ich bin der Meinung, dass die amerikanische Seele manipuliert worden ist. Und es ist schmerzhaft, das mit anzusehen.

Ich wartete darauf und warte immer noch, dass sich Mr. Bush für seine Manipulationen verantworten muss. Präsident Clintons Blowjob war diesem Land eine Untersuchung wert – und Bush darf ungestraft einen Krieg anzetteln und Folterungen einführen?

Bei allem Schmerz, bei allem Drama, bei allem, was schwierig ist an diesem Krieg, gibt es eine Art Humor, wie er wohl nur hier möglich ist. Der unentschuldigt einfach nur dasteht. Zum Beispiel wie der Besitzer eines Autos, hinter dem ich parkte, mit einem Aufkleber seine Hoffnung ausdrückte, George W. Bush irgendwie loszuwerden: »Can somebody please give this guy a blowjob?« (»Kann irgendjemand diesem Kerl bitte einen blasen?«)

Deutschlandbarometer 9

Ich kam im Dezember 2001 in
Deutschland an und wurde ausgefragt: »Wie ist denn die Situation
drüben?«, »Was denken die Amerikaner?«, »Wie kann man denn nur
so einen Präsidenten haben?« …
Ich war plötzlich zu einer Amerika-
expertin geworden, wie ich zwölf

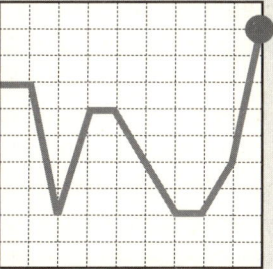

Jahre vorher als Deutschlandexpertin in die USA kam. Ich
versuchte zu erklären, versuchte zu erzählen, dass die Amerikaner, die ich kenne, genauso wie die Europäer fassungslos ob
der Situation sind. Es gab kaum ein anderes Gesprächsthema.
Ich kam mir vor wie eine Schallplatte, die ewig wieder aufge-
legt wurde.

Ich fuhr allein durch Deutschland. Ich war nicht als Amerika-
expertin unterwegs, sondern für ein Buch über Engel, das ein
Bestseller wurde. Julia war zu Hause bei ihrem Vater. Ich lernte mein Heimatland kennen. Fuhr von kleineren zu größeren
Städten, um am Abend Vorträge zu halten, und verbrachte die
Tage in Stille mit Autofahren und Spazierengehen. Da ich nur
Zeit für eine wirkliche Mahlzeit am Tag hatte – vor den Vor-
trägen konnte ich nichts essen –, suchte ich mir jeden Tag ein
schönes Restaurant aus. Ich genoss es, Deutschland zu entdecken.

Wie schön wir es hier haben!

27. Warum man sich das Oberlid nicht viermal straffen und nach der Frage, ob es »ein bisschen mehr sein darf«, bitte nein sagen sollte

Zurück in Los Angeles, fiel mir plötzlich auf, dass ich hier schon seit Ewigkeiten keine grauhaarigen Frauen mehr gesehen hatte. Was ist passiert? Werden sie irgendwo eingesperrt? Ziehen sie nach Florida?

Wo immer sie sein mögen. Hier sind sie nicht.

Die Stadt fing langsam an, zur Karikatur zu werden. Innerhalb von zwei, drei Jahren vermehrten sich sprunghaft die Frauen, deren Oberlippen mit denen Daisy Ducks hätten konkurrieren können. Sie haben sich leider nie im Profil betrachtet. Wie schade! Keine Stirn, die noch beweglich war.

Als ich damals von Deutschland nach Kalifornien zog, fielen mir als Erstes die guten Zähne auf. Ich habe Glück – oder besser gesagt gute Gene –, die mich mit schönen Zähnen gesegnet haben. Im wohlhabenden Kalifornien existieren so gut wie keine unregelmäßigen Zähne. Jeder gibt sich Mühe. Die obligatorische Zahnspange gehört in Amerika zum Aufwachsen dazu.

Ich dachte, Zähneputzen reicht – und sicher, gelegentlich auch die Zahnseide … die man ja doch immer wieder vergisst. Hier lernte ich Dentaldisziplin. Ich wurde alle drei Monate zur Zahnreinigung gebeten. Dafür gibt es einen eigenen Beruf: *the dental hygienist*. Diese(r) braucht eine Dreiviertelstunde. Zuerst wird die Tiefe von meinem Zahnfleisch gemessen. Jeder Zahn einzeln, um zu sehen, ob sich da etwas verändert hat. Es wird mir ein Schmerzmittel angeboten. (Nein, danke. Ich bin Deutsche.) Dann wird der

Zahnstein entfernt. Nun wird geschmirgelt. Anschließend poliert. Dann kommt der Zahnarzt und schaut sich alles an. Schließlich folgt der berühmte Vortrag, dass man doch da hinten noch mehr putzen müsste – etc. pp. Mein Blick für Zähne wurde geschärfter, und manchmal war ich überrascht, wenn gutaussehende, gepflegte Frauen und Männer in Deutschland plötzlich den Mund aufmachten. Hilfe! Was ist denn da passiert?

Oder die Pediküre. Mädels und auch Männer: Das ist wie Waschen, das gehört einfach dazu. Grauenvolles schält sich da aus einigen Schuhen in Deutschland. Ich bin zugegebenermaßen etwas empfindlich. Ich hatte mich als junges Mädchen mal in einen Kerl verliebt, den ich monatelang anschmachtete. Als er sich endlich meiner erbarmen wollte – wir waren an der Isar mit Freunden beim Schwimmen –, machte er den Fehler, vorher seine Schuhe auszuziehen. Meine ganze Liebe verschwand mit einem Blick auf seine Füße. Details will ich Ihnen ersparen. Ich war erschüttert. Er dagegen dachte, ich spinne.

Los Angeles macht es den Frauen leicht bei der »Instandhaltung« oder, wie es hier so schön heißt, *maintenance*. Nach einigen Jahren beugte ich mich der allgemeinen Pflicht der Pediküre und Maniküre, und ich hätte es sehr viel früher tun sollen. Wenn ich meine Nägel zu Hause selbst mache, dauert das ewig, und am Schluss – der Nagellack ist natürlich noch nicht ganz trocken – wische ich mir wieder an irgendeinem Nagel die Farbe ab. Das Ganze lässt sich mühelos und ohne Anmeldung an fast jeder Ecke in einem Nagelsalon erledigen. In zwanzig Minuten ist man wieder draußen, denn nette, freundliche, meistens asiatische Frauen organisieren im Eiltempo, dass man wieder präsentabel aussieht. Während sich zwei Mädchen um Füße und Hände gleichzeitig kümmern, wird häufig noch eine Rückenmassage angeboten. Man kommt sich vor wie ein Sklaventreiber, wenn drei Frauen gleichzeitig an einem arbeiten. Als ich mir dies das erste Mal gestattet hatte, fühlte ich mich so schuldig, dass ich mit dem Trinkgeld nur so um mich warf. Aber doch, was für ein Service! Man sitzt sowieso dumm rum, und dann kommt jemand und bietet dir eine Rückenmassage an. Das ist doch phantastisch!

Los Angeles hilft Frauen, den perfekten Schein zu wahren. Vor kurzem entdeckte ich eine Spraydose, die einem die perfekten glatten Beine beschert. Ich war begeistert. Endlich, endlich ein Produkt wie für mich gemacht.

Ich habe Freundinnen, die wunderschöne glatte Beine haben. Wie geht das? Sind die nie aus dem Haus gegangen? Haben die immer Schonbezüge getragen? Gibt es irgendwelche Wundercremes, von denen ich nichts weiß? Wieso haben die keinen einzigen blauen Fleck? Keine Narbe?

Meine Beine schauen wie die eines sechsjährigen Jungen aus. Sie erzählen meine Lebensgeschichte. Narbe am rechten Unterschenkel: 1965 Anstoß an einem aufgestellten Mülleimer. Verbrennungsspuren an linker Wade: 1966 vom Auspuff eines Autos. Narbe linkes Knie: 1967, 1968, 1969 wiederholte Rollschuhunfälle. Narbe rechtes Knie: 1998 Motorradunfall. Und das sind nur die größeren Angelegenheiten. Ich haue mich an, ich falle hin, und ich schlage mich auf.

Mein erstes Rein- und Rausfallen aus der Limousine bei meiner Ankunft in Los Angeles oder das Knallen gegen die Screendoor ein paar Stunden später sind leider kein Zufall: Ich bin ein Trampel.

Das ist ein Moment schwerster, tiefer spiritueller Wahrheit. Ich wollte es lange nicht wahrhaben. Und doch lässt es sich nicht mehr übersehen. Ein spirituelles Training ist ja nicht nur dazu da, dass man seine eigene enge Verbindung zu Gott aufbaut, sondern dass man sich auch selbst erkennt. Und mit all den Dingen, die ich über mich erfahren habe, war dies am schwersten zu akzeptieren.

Ein Beispiel: Ich bin ja nun wirklich schon das eine oder andere Mal in einem Flugzeug gesessen, und ich kann Ihnen gar nicht sagen, wie oft ich aufstehe und mir an dem oberen Handgepäckfach den Kopf anschlage. Die ersten 35 Male schaute ich immer noch hoch, mit einem Was-für-eine-Überraschung-Blick. Die anderen Mitflieger denken nämlich dann, das passiert mir zum ersten Mal!

Weit gefehlt. Mittlerweile tue ich schon nicht mehr so, als ob der dumpfe Schlag nach oben ungewöhnlich wäre. Ich zeige überhaupt keine Reaktion mehr. Der Vorteil an diesen relativ konstanten Schlägen auf meinen Kopf ist eine gewisse Resistenz, die ich gegen Schmerzen von oben entwickelt habe.

Zurück zu meinen Beinen: Als ich an einem Abend dieses *airstocking spray* (wörtlich etwa »Luft-Strumpfhosen-Spray«) an mir ausprobierte, kam ich mir vor wie ein ramponierter Unfallwagen bei einem Termin in einer Autolackiererei. Ich hatte zwar anschließend makellose Beine, die mir das ernstgemeinte, aber doch leicht verunglückte Kompliment einer Dreißigjährigen einbrachten: »Ach, in deinem Alter möchte ich auch noch so schöne Beine haben«, aber ich war anschließend eine Stunde damit beschäftigt, die Sauerei im Badezimmer wieder aufzuwischen. Diese Spraydose besprühte nicht nur meine Beine, sondern auch sämtliche weißen Kacheln im Umkreis von einem Meter in einem gleichmäßigen Hautton, der an mir sehr viel besser aussah.

Die Suche der Durchschnittskalifornierin nach Perfektion macht nirgendwo halt. Als ich mal wieder zum Wachsen *(waxing)* ging – für die lesenden Herren: Unter dem Wort »Wachsen« ist die Möglichkeit der Frauen zu verstehen, so tun zu können, als wenn wir mit weniger Haaren auf die Welt gekommen wären, als wir Ihnen zumuten wollen –, hörte ich, wie eine Kundin vor mir zu meiner Kosmetikerin sagte: »I need some color down there. I want the carpet to match the curtains.« (»Du musst mich heute bitte unten färben. Ich möchte, dass der Teppich die gleiche Farbe wie die Vorhänge hat.«)

Ich liebe diesen Satz! Schöner lässt sich der Wunsch nach Perfektion in dieser Stadt nicht zusammenfassen. Hier werden harmonisierende Farbtöne wichtig genommen.

Ansonsten ist das Wachsen hier zu einer Kunstform geworden, die natürlich auch über das geeignete Vokabular verfügt. Angeblich ist der Grund für das Entfernen der Schamhaare bei den Models zu suchen. Die sollten in Sommerkleidchen glatt und aerodynamisch aussehen, und da ist so ein Haarbüschel einfach im Weg. Deshalb fingen sie an, sich zu rasieren. Danach war es angeblich Pamela Anderson, die eine komplette haarfreie Zone für so begehrenswert hielt, dass sie damit einen Trend setzte.

Es gibt den *regular bikini*, da ist das Haar noch als Schamhaar erkennbar, aber gestutzt und gekürzt. Er heißt deswegen so, damit keine Haare außerhalb des Bikinihöschens zu entdecken sind.

Der *runway* ist ein sehr schmaler Haarstreifen, gerade mal so breit wie ein Bleistift.

Wenn Sie einen *Brasilian* haben wollen, dann ist alles weg.

Der *playboy* ist ein umgekehrtes Dreieck.

Dann gibt es natürlich noch für die Feiertage Herzen, für den irischen Feiertag ein dreiblättriges Kleeblatt und natürlich den Christbaum (in Grün, wie das dreiblättrige Kleeblatt natürlich mit gesunden Gemüsefarben eingefärbt).

Frohes Fest.

Männer kommen hier auch nicht ganz ungeschoren weg. Stark behaarte lassen sich gern den gesamten Rücken glatt polieren, und für die Intimzone heißt das Ganze *to mow the lawn* – oder »Ich hätte gern meinen Rasen gemäht«.

Dass Los Angeles eine der Hochburgen der plastischen Chirurgie ist, kann man leider an jedem zweiten Busen erkennen. Diese sind so rund, dass sie einer Bowlingkugel ähnlicher sehen als den Rundungen einer normalen Frau. Die dürrsten Damen haben eine Oberweite, die eigentlich nur ab Größe 44 existiert. Dabei fängt ihr Busen da an, wo ich mein Schlüsselbein habe.

Als ich mir die Augenbrauen zupfen ließ, kam eines Tages ein Mann in einem weißen Kittel auf mich zu und deutete auf die Falte zwischen meinen Augenbrauen: »Mrs. Fox, darf ich mich vorstellen, ich bin Dr. XXX. Ich komme einmal die Woche in den Salon, um Frauen wie Ihnen zu helfen, weiterhin schön auszusehen. Was halten Sie davon, wenn wir schnell diese kleine Falte da wegmachen? Es dauert nur eine Minute.«

Ist es schon so weit, dass mich wildfremde Leute auf meine Falten ansprechen? Ich dachte eigentlich immer, ich hätte mich ganz gut gehalten. So kann man sich täuschen. Jetzt kommt der Arzt sogar schon dahin, wo die Frauen sowieso hingehen. Man muss nicht mal mehr einen Termin ausmachen. Kein Wunder, dass da die eine oder andere schwach wird. Ich wäre es auch beinah geworden.

Ich bin grundsätzlich nicht gegen Schönheitsoperationen. Ich meine, wenn eine Frau jahrelang unglücklich wegen einer schiefen Nase oder eines fehlenden Busens ist, warum soll sie sich nicht selbst etwas schenken? Eine meiner Freundinnen hat sich zum vierzigsten Geburtstag einen Busen machen lassen. Bis dahin war sie ziemlich flach. Sie hat sich so gefreut. Es war herrlich, sie mit tiefen Ausschnitten zu sehen. Da saß ein entzückender B-Cup-Busen drin, der wunderbar zu ihrer schlanken Figur passte.

Ich habe mir meine Familien-Schlupflider entfernen und mir vor zehn Jahren meinen sehr anstrengenden großen Busen verkleinern lassen. Bei beiden Operationen wurde mir noch anderes angeboten, so ein bisschen wie beim Metzger: »Darf es auch ein bisschen mehr sein?« Der Arzt schaut aufmerksam auf sämtliche Körperteile und meint dann beim einen oder anderen: »Weil wir schon dabei sind, könnte man doch auch hier und da ein bisschen Fett absaugen oder dies und jenes etwas straffen.« Die Argumente waren immer sehr einleuchtend, und »weil wir schon dabei sind«, hätte ich ja auch noch was anderes quasi fast umsonst mitmachen können. Ich verstand plötzlich, wie leicht ein »Ja« dazu ist und wie viel mehr Aufwand ein »Nein« bedeutet, wenn »man schon mal dabei ist«. Ich habe nein gesagt, und davon war mein Arzt offensichtlich etwas überrascht. Lag das an meinem ungewohnten Nein, oder habe ich es so dringend nötig, dass er es nicht nachvollziehen kann?

Wer weiß, wenn mir jemals ein Doppelkinn aufs Dekolleté fällt, werde ich vielleicht auch etwas dagegen tun. Ich glaube einfach nur, dass eine Schönheitsoperation ein Gesicht nicht entstellen sollte, dass nicht jeder Mund so aussehen darf, als wenn er aufgepumpt und künstlich wäre, und nicht jeder Busen riesig sein muss. Das

Aufpumpen von schmalen Gesichtern, bis sie Reifenspuren in den Wangen haben, tut mir schon beim Anblick körperlich weh. Mir fällt auf, dass das erste Facelifting normalerweise noch keinen dramatischen Schaden anrichtet. Es ist das zweite und das dritte, das dies tut. Es wird zu einer Sucht, und viele Ärzte unterstützen dieses ungesunde Verhalten auch noch. Ich habe eine ältere Bekannte, die sich viermal ihr Oberlid hat operieren lassen, und jetzt muss sie mit Schlafbrille schlafen, da sie ihre Augen nicht mehr schließen kann. Es gibt mittlerweile sogar vaginale Verjüngungsoperationen! Sind wir verrückt geworden?

Ich ertappe mich selbst dabei, dass ich Frauen, die aufgefüllte Lippen haben, nicht mehr ernst nehme. Obwohl ich natürlich weiß, dass ihre Klugheit und ihr Charme davon doch nicht betroffen sein sollten, kann ich nicht umhin, sie anzustarren. Wie ein lauter Fernseher meine Aufmerksamkeit erregt, so werden meine Augen von diesen aufgeblasenen Lippen angezogen, und ich kann mich auf nichts anderes mehr konzentrieren. »Die sind falsch, die sind falsch, die sind falsch«, wiederholt mein Gehirn, und alles andere wird ausgeblendet. Ich muss mich dann zwingen, meiner Gesprächspartnerin wieder in die Augen zu schauen, und die Hälfte meiner Konzentrationsfähigkeit wird dafür bemüht, nicht noch mal auf die Lippen zu starren.

Es erschüttert etwas zutiefst in mir, wenn ich meine Geschlechtsgenossinnen sehe, die sich so entstellen. Vor einer Weile sah ich eine Frau, die wohl noch vor kurzem sehr hübsch gewesen sein muss und die sich mittlerweile wohl alles hat machen lassen, was man sich machen lassen kann. Sie sah wie die Karikatur einer Barbiepuppe aus. Ich wollte auf sie zugehen und sagen: »Bitte, bitte hören Sie auf.« Natürlich tat ich es nicht, und doch wünschte ich mir so sehr, dass ich den Mut gehabt hätte und sie das offene Herz, um zu erkennen, dass ich auf ihrer Seite bin. Ihre Lippen waren so aufgepumpt, dass sie wie aufgeblasene Gummireifen aussahen. Alles war platt gezogen und nach hinten gestrafft. Die Augen irgendwie riesengroß, und der Busen sprang ihr fast aus dem Dekolleté. Das sind die Schönheitsideale von schlechten Pornos: dicke Lippen, dicke Busen – und das Ganze dann auch noch auf hohen Hacken.

Ich befürchte, dass es irgendwann in der nicht mehr so weiten Zukunft hier in dieser Stadt keine »Star-Touren« mit Bussen zu den Häusern der Stars mehr gibt, sondern Rundreisen, die »Women of Beverly Hills« heißen. Der großartigen Bette Davis sagt man nach, dass sie folgenden weisen Spruch von sich gegeben hat: »Älter werden ist nichts für Feiglinge.« Und in dieser Stadt ist es doppelt schwer. Eine Bekannte meinte mal: »Meine Freunde werden jedes Jahr jünger. Ich konnte einfach nicht dabeistehen und die Einzige sein, die älter wird.«

Hier, so wusste ich, will ich nicht alt werden. Nein, so stimmt das nicht: Hier kann man nicht alt werden. Zumindest nicht so, wie ich es will.

28. Eheringe, Trauer und ein weiterer Umzug

Im Frühjahr 2003 beschlossen Richard und ich, uns zu trennen. Nach vielen Dialogen – inneren wie äußeren –, Tausenden von Fragen und Gedanken gab es eine liebevolle Geste, die das Ende unserer Ehe symbolisierte: Wir zogen beide gleichzeitig unsere Eheringe ab, umarmten uns, weinten und bedankten uns für die gemeinsam verbrachte Zeit. Wir trauerten um die Zukunft, die mal geplant war und jetzt nicht mehr eintreten wird.

Wir versprachen uns, weiter für Julia und für uns da zu sein.

Es war das Ende einer Ehe, wie es viele gibt. Zwei Menschen, die sich liebten, sich schätzten, die ehrlich miteinander umgingen, die sich weder betrogen noch belogen hatten und doch nach vielen Jahren Bemühens feststellen mussten, dass sie nicht zusammenpassen.

Mehr muss auf Papier nicht beschrieben werden.

Ich lebte jetzt seit vierzehn Jahren hier, und obwohl es mich langsam wieder nach Europa zog, wusste ich, dass es noch eine Weile dauern würde. Ich wollte, dass Julia weiterhin ihre Eltern in unmittelbarer Nähe hat, bis sie erwachsen wäre. In einer meiner Meditationen hörte ich: »Du wirst in Etappen umziehen.« In Etappen umziehen? Das gibt es doch gar nicht. Ich tat es als unmöglich ab. Ein Jahr später schon sollte es eintreten.

Ich zog aus unserem gemeinsamen Haus runter in die Flats – also in die flache Ebene – von Beverly Hills. Ich fand es besser, wenn ich und nicht Richard aus dem gemeinsamen Haus auszog. Es fällt mir leichter, ein neues Zuhause herzurichten, ich hatte es ja schon oft genug gemacht. Ich habe das Talent, Wohnungen oder

Häuser innerhalb von zwei Tagen so aussehen zu lassen, als wenn ich schon ewig dort wohnte. Der Trick ist, ein Zimmer als »Abstellkammer« zu benutzen, in dem alles Unausgepackte steht. Das Wichtigste für mich sind das Aufhängen von Bildern sowie das Arrangement von Blumen und Kerzen, dann sieht es schon sehr schnell wohnlich aus. Außerdem wollte ich, dass Julia weiterhin bei ihrem Vater ein Zuhause hat, an das sie gewöhnt ist. Ich nahm kaum etwas mit. Ein paar Bilder, Bücher und die eine oder andere Lampe. Kleinigkeiten. Ich wollte nicht ein halbleeres Haus hinterlassen.

Am nächsten Tag fiel ein ausgewachsener Baum im Garten um.

Es war für uns alle eine sehr emotionale Zeit. Richard und ich riefen gemeinsam unsere Familie und unsere Freunde an, um ihnen die Nachricht unserer Trennung zu übermitteln. Es war uns wichtig, dass sie nicht zwischen uns wählen müssen. Wir wurden auch zukünftig noch gemeinsam eingeladen, wir fuhren nur nicht mehr gemeinsam hin. Es dauerte eine Weile, bis wir natürlich miteinander umgehen konnten. Am Anfang bemühten wir uns beide um Vorsicht.

Zwischen dem Wilshire und dem Olympic Boulevard fand ich ein Haus, das zu mieten war. Ich wusste nicht, was mir die Zukunft bringen würde, und wollte mich nicht festlegen. Auch Julia gefiel das Haus. Das Großartige an amerikanischen Häusern ist, dass das meiste schon drinsteht. Eine komplette Küche ist immer da, inklusive Kühl- und Gefrierschrank. Eine kleine Waschküche gibt es eigentlich überall, selbstverständlich mit Waschmaschine und Trockner. Schränke braucht man keine, da vom Schuhschrank bis zum begehbaren Kleiderschrank ausreichend Stauraum zur Verfügung steht. So brauchte ich nur Wohnmöbel. Alles musste sofort lieferbar sein. Manches war natürlich nur ein nichtverkäufliches Ausstellungsstück, und wenn ich sagte: »Sorry, dann kann ich es nicht nehmen«, wurde kurz nachgedacht und dann doch verkauft. Geschäft ist Geschäft. Regeln werden da gebogen. Schließlich sind wir in Amerika.

Julia wechselte alle zwei Wochen zwischen Mama und Papa.

Wir hatten einmal die Woche ein Familien-Abendessen zu dritt, einmal bei mir, einmal bei Richard, damit Julia wusste, dass ihre Eltern immer ihre Eltern sein würden. Da Richard viel beruflich unterwegs war, richtete ich mich natürlich nach ihm.

Ein paar Wochen später brachte ich Julia zu ihrem Vater in unser altes Haus. Es war nicht mehr meins. Es roch nicht mehr nach mir. Es war mir fremd geworden.

Es war schmerzhaft, unserer Tochter das gewohnte Familienleben zu nehmen. Wir versuchten, es so anständig wie möglich zu schaffen. Im Nachhinein betrachtet, ist es uns, glaube ich, ganz gut gelungen. Ideal ist es nie.

Es gibt allerdings auch andere Möglichkeiten. Freunde von uns haben das Familienhaus behalten und sich eine kleine Zweitwohnung in der Nähe angeschafft. Die Kinder wohnen immer zu Hause. Die Eltern wechseln sich im Wochenrhythmus ab. Das geht schon seit vier Jahren so. Natürlich ist auch das nicht einfach und erfordert von beiden die Bereitschaft, das Wohl der Kinder über alles andere zu stellen. Es ist sicher leichter, wenn man sich nach langen gemeinsamen Versuchen trennt und alles besprochen hat, was es zu besprechen gibt. Trennt man sich im Streit oder im Zorn, dann ist eine ruhige Scheidung kaum möglich, da sich einer oder beide in solch einem emotionalen Ausnahmezustand befinden, dass nicht selten die Kinder dazu benutzt werden, den ehemaligen Partner zu verletzen. Egal, wie schmerzhaft solch eine Trennung ist, es gehören immer zwei dazu, sie anständig und ohne zusätzlichen Schaden für die Kinder zu beenden. Manche Frauen benutzen die Kinder als Pfand, manche Männer das Geld. Ich würde mir mehr Mediatoren für solche Situationen wünschen. Ich glaube, unserer Gesellschaft fehlt es an Auflösungsritualen und einem Ehrenkodex, wenn man denn so will, was machbar oder was nicht machbar ist. Richard und mir wurde immer gesagt, wie zivilisiert und achtsam wir doch unsere Trennung vollzogen hätten – und dass dies eine große Ausnahme sei, doch das glaube ich nicht. Man hört nur einfach von ruhigeren Scheidungen weniger als von den lauten.

29. Weitverbreitete Datingregeln, amerikanische Balzgewohnheiten und die Wichtigkeit von Diamantringen

Ich bekam einen Anruf vom Vater einer Klassenkameradin Julias. Wir kannten uns seit vielen Jahren, auch er durchlebte gerade eine Trennung. Wir hatten uns ein paar Mal auf dem Schulgelände gesehen und über unsere Situation unterhalten. Was ich an ihm sehr schätzte, war die Aufmerksamkeit, die er seinen zwei Kindern widmete. Wir hatten auch schon eine gemeinsame Schulreise hinter uns. Julias Klasse befand sich für eine Woche auf Catalina Island, einer kleinen Insel vor Los Angeles. Wir beide waren mit drei Lehrern dabei, um die Kinder zu betreuen, und haben uns sehr gut verstanden. So ist über die Jahre ein angenehmes Miteinander entstanden. Man grüßte sich, sah sich auf dem Schulhof und wechselte die eine oder andere Höflichkeit aus.

Jetzt hatten wir uns ausnahmsweise mal zum Essen verabredet. Ich dachte, wir reden über unsere Kinder, wie sie das verarbeiten und das Ende von Beziehungen.

Wir setzten uns in eine gemütliche Ecke, und er bestellte unsere Getränke. Dann drehte er sich zu mir um, und etwas Schreckliches passierte: Seine Stimme wurde tiefer.

O nein!

Die normale Freundschaftsstimme wechselte in den bemüht erotisch-sexy klingenden Bass.

Wenn ich Interesse bei Männern bemerke, dann diskutieren zwei Personen in mir. Sabrina eins meint: »Das bildest du dir ein.« Sabrina zwei hingegen sagt: »Sind wir jetzt intuitiv oder nicht? Seine Stimme ist tiefer geworden! Das ist doch wahrlich ein eindeutiges Zeichen. So doof kannst du doch nicht sein.«

Ja, es stimmte. Seine Stimme war tiefer geworden. Ein untrügliches Zeichen des Flirtens und des »Warmmachens«. Nein, wie schade. Wir hätten so eine schöne Freundschaft haben können.

Er wollte über Beziehungen sprechen. Und zwar nicht über vergangene, sondern über zukünftige. Nämlich eine mit mir. Ich war noch in der Auflösungsphase meiner Ehe und hatte eigentlich vor, die nächsten Jahre allein zu bleiben; und wenn schließlich ein neuer Partner kommt, dann auf gar keinen Fall ein Amerikaner.

Nachdem er mir so tief in die Augen geschaut hatte, dass auch Sabrina eins einsehen musste, dass das Gespräch eine andere Wendung als erhofft nahm, musste ich mir – wie die Amerikaner sagen – eine *exit strategy* überlegen. Die Wahrheit ist immer noch am einfachsten, und so erklärte ich ihm, natürlich völlig allgemein gehalten, dass mein nächster Mann auf jeden Fall Deutscher sein oder zumindest perfekt deutsch sprechen müsse.

Ich erklärte ihm meine Theorie: Ich glaube, dass man in den jüngeren Jahren, also den Zwanzigern und Dreißigern, von dem Gegensätzlichen angezogen wird. Jemand, der uns anzieht und aus einer Kultur kommt, die einem so komplett fremd ist, übt allein dadurch eine starke Faszination aus. Es ist ungewöhnlich, spannend, aufregend. Später, bei mir mit Mitte vierzig, sehnt man sich nach dem, was vertraut ist. Ich suchte in einer Partnerschaft nicht mehr das andere, sondern das Verstehende. Andere Zeit, andere Ansprüche.

Außerdem, so erzählte ich ihm weiter, habe ich in meinen vierzehn Jahren Ehe feststellen müssen, dass es schwierig ist, wenn der Partner meine Sprache nicht versteht. Ich war Fernsehmoderatorin, später dann Autorin, und nichts, was ich schrieb, konnte mein Mann lesen. Es gab keinen Vortrag, den er verstehen konnte. Teilweise habe ich Bücher übersetzen lassen, einige kamen ja auch auf Englisch heraus, und doch fehlte mir, dass ich nicht mal schnell ein »Lies doch mal, wie findest du das?« sagen konnte. Und deshalb, so beendete ich meinen kurzen Vortrag, ist mein nächster Mann Deutscher.

Er schaute etwas überrascht und meinte, dass ich es in ein paar Wochen anders sehen würde. Ich schüttelte energisch den Kopf. Da er zu den vielen Amerikanern gehört, die außer Englisch nicht wirklich eine andere Sprache beherrschen und demzufolge auch keinerlei Vorstellung haben, wie lange denn so was dauert, fragte er, jetzt schon sehr viel weniger erotisch, wie lange man denn brauche, bis man perfekt deutsch spricht. Sehr, sehr lange, versicherte ich ihm.

Ich war also auf einem Date gewesen. Das hatte ich nicht gewusst. Normalerweise weiß man das als Amerikaner, denn das ist in den Staaten sehr genau beschrieben. In Deutschland geht man mit jemandem essen, ins Kino oder in eine Ausstellung; und wenn es dann funkt, dann funkt es eben. Oder eben nicht.

Hier ist es anders. »Is this a date?«, lautet eine wohl häufig gestellte Rückfrage nach einer ausgesprochenen Einladung. Sagt der Mann dann »Yes«, weiß ich als Frau, dass er an mir Interesse hat, und zwar nicht einfach so als Begleitung oder eine eventuelle Freundschaft, sondern er will mehr. Die Frau wird damit sozusagen in Erwägung gezogen. Das heißt, wenn alles gut läuft und wir uns beide attraktiv und interessant finden, dann sollten wir uns nach dem zweiten oder dritten Date küssen und dann – je nach Glaubensbekenntnis oder Gelegenheit – relativ zügig miteinander ins Bett gehen.

Wenn diese Hürde irgendwie genommen ist, geht es um die *Exclusive*-Klausel. Ein für mich völlig unfassbares Prinzip. Also, wenn wir uns in den Kerl verliebt, ihn geküsst haben, mit ihm regelmäßig telefonieren und/oder e-mailen, sogar mit ihm geschlafen haben, würde doch jede normale Mitteleuropäerin (soweit ich das beurteilen kann) davon ausgehen, dass man jetzt »zusammen« ist. In meiner Teenagerzeit hieß das noch: »Wir gehen miteinander.« In Deutschland würde man sich jetzt mit »Dies ist mein Freund« statt »Dies ist ein Freund« vorstellen, und in den Staaten heißt es dann »This is my girlfriend« statt »This is my friend«. Wenn es nicht zu einer Spontanverlobung kommt, dann bleibt das eine Weile so, damit die Beziehung wachsen kann und man sich besser kennenlernt.

Halt! Bei den Amerikanern kommt jetzt die Frage: »Are we seeing each other exclusively?« (»Sehen wir uns allein, ausschließlich, exklusiv?«) Das bedeutet – für den deutschen Touristen oder jeden anderen, der sich dieser Fragestellung gegenübersieht –, dass beide keine anderen Dates mehr mit anderen Leuten haben werden. Wenn diese Frage nicht gestellt worden ist, dann kann jeder von beiden noch andere Leute »ausprobieren«, was übersetzt »I am going to see other people« heißt.

Nehmen wir also an, die Hürde ist genommen. Sie sind *exclusive* und schon seit einer Weile zusammen. Jetzt beginnt der nächste Schritt, auch hier mit einem schönen Satz versehen, der amerikaweit benutzt wird: »We should take it to the next step.« (»Wir sollten den nächsten Schritt gehen.«) Oder: »I want to take this to the next level.« (»Ich möchte das auf die nächste Ebene heben.«) Das heißt übersetzt: »Wir ziehen zusammen«, »Ich stelle dich meinen Eltern vor« oder »Du darfst jetzt meine Wäsche waschen«.

Wenn man auch das glücklich geklärt hat, dann kommt irgendwann einmal der Moment, in dem es am Mann ist, »to pop the question«, also ihr *die* Frage zu stellen. Der amerikanische Mann hat es in dieser Situation nicht ganz einfach. Erst einmal muss er sich was einfallen lassen: *location, location, location*. Sie erinnern sich? Wie beim Hauskauf: Standort, Standort, Standort. Es muss romantisch sein, am besten eine Überraschung – und natürlich der Ring. Ein Diamant! *Nur* ein Diamant! Ich weiß nicht, wie die Diamantenindustrie das hingekriegt hat, aber fast jede verlobte Frau kriegt einen Ring mit einem Diamanten geschenkt. Am liebsten scheint es ihnen zu sein, wenn er sich dafür hoch verschuldet, denn das ist ein Zeichen seiner Liebe. Für mich wäre das ein Zeichen dafür, dass er seine Prioritäten nicht regeln und seine Finanzen nicht in Ordnung halten kann, aber mich fragt ja keiner.

Zurück zu meinem Leben und meinem Date. Mit diesem Abendessen war das abgeschlossen. Das fehlte mir gerade noch. Ich ging von nun an nicht mehr mit Fremden oder Halbfremden aus. Ich umgab mich mit meinen Freundinnen, dieser wunderbaren Gruppe, und war anderweitig schlichtweg nicht verfügbar.

Von anderen Frauen, die in einer ähnlichen Situation wie ich waren, habe ich später die herrlichsten Geschichten gehört. Bei einer meldete sich jemand – ein Filmproduzent –, der sie einlud mit der Bemerkung: »Ich habe schon mit Ihrem Exmann gesprochen. Er ist einverstanden.«

Das ist ja gut zu wissen.

Ein anderer meinte mal: »Ich konnte es kaum erwarten, bis Sie wieder frei wurden.« Auch ein sehr charmanter Versuch.

Und mein Lieblingsspruch zu vorgerückter Zeit in Champagnerlaune, ausgesprochen von einem wichtigen Agenten auf der Suche nach der zweiten Frau: »What I love about you, that you know everything and everybody. I don't need to break you in.« (»Was ich an dir so liebe, ist, dass du dich hier auskennst. Ich muss dich nicht antrainieren.«) »To break one in« ist eine relativ gewalttätige Form der amerikanischen Pferdezucht. Man bricht vorher den Willen des Pferdes, um es dann zu formen. In diesem Fall war es wohl eher humorvoll gemeint. Das hoffe ich zumindest.

30. Wie man Amerikanerin wird und dabei die Begeisterung der anderen nicht dämpft

Obwohl ich nicht vorhatte, mich erneut zu verlieben, tauchte aus meiner Vergangenheit eine große Liebe wieder auf. Wir hatten in den letzten fünfzehn Jahren weder etwas voneinander gehört noch uns gesehen, und eine Freundin traf ihn auf einer Party in Deutschland. Wir telefonierten und telefonierten und telefonierten. Nach ein paar Monaten trafen wir uns wieder, und was ich vorher in unseren Telefonaten erfühlt hatte, wurde Wirklichkeit: Ich verliebte mich. Obwohl ich andere Pläne hatte, nämlich die nächsten Jahre allein zu bleiben, erhielt ich ein großes, unerwartetes Geschenk. Wir beide hatten unsere Hausaufgaben gemacht und konnten sehr viel offener aufeinander zugehen, als wir es bei unserer ersten Runde fast zwanzig Jahre zuvor getan hatten. Mein Wunsch, wieder nach Deutschland zu ziehen, wenn Julia erwachsen ist, wurde stärker.

Natürlich besprach ich meine leise Sehnsucht nach Deutschland nicht mit ihr. Für sie war es klar, dass ich weiterhin hier in Amerika mit ihr lebte. Ich arbeitete zwar in Deutschland, aber das hatte ja bis dahin auch keinen größeren Einfluss auf ihr Leben gehabt. Davon abgesehen wollte ich ihr nicht das Gefühl geben, dass ich nur ihretwegen hier in den Staaten bliebe. Ich hatte keinen Grund, mich über mein Leben zu beschweren, und finde, dass Kinder nicht alles über die Eltern wissen müssen. Besonders wenn es belastend wäre. Ich bin immer wieder überrascht, dass es in den Staaten zum guten Ton gehört, von seinen Kindern als von seinen »besten Freunden« zu sprechen. Meine Tochter hat beste Freunde, dazu braucht sie mich nicht. Meine Aufgabe ist es, Mutter zu sein, und dazu gehört es nun mal, dass man gelegentlich die Liebe der Kinder verliert, wenn man mal wieder irgendetwas verbietet oder einem Wunsch nicht zustimmt.

Verstehen Sie mich bitte nicht falsch. Ich schätzte es sehr, dass die Amerikaner ihre Kinder ausgiebig loben, und ich hatte Julia auch nach dem Vorbild der Amerikaner sehr viel häufiger gesagt, dass ich sie liebe. In Deutschland hätte ich sie natürlich genauso geliebt, aber sie hätte es wahrscheinlich nicht so oft gehört. Doch manchmal wurde mir ein bisschen zu viel gelobt. Wenn Julia etwas toll gemacht hatte, dann würdigte ich dies dementsprechend, und wenn etwas noch im Entstehen war, freute ich mich über den ersten Schritt. Ein paarmal beschwerte sie sich bei mir, dass ich nicht so sei wie die Mütter ihrer Freundinnen, die alles an den Kindern toll finden.

»Wenn du mir etwas Halbfertiges hinlegst«, sagte ich, »dann ist es eben nur halb fertig. Wenn ich da gleich in Begeisterung ausbräche, dann würde ich dich doch anlügen?«

Julia, ohne eine Miene zu verziehen, meinte: »Dann lüg halt.«

»Aber dann weißt du doch gar nicht, wann ich es ernst meine oder nicht.«

»Das ist mir egal.«

Nun, mir war es das nicht, und so bleibt ihr nur die Wahl, sich in ihrem nächsten Leben eine andere Mutter auszusuchen.

Wenn Julia bei ihrem Vater war, flog ich nach Deutschland. Mittlerweile bestand das Risiko, dass ich meine Greencard verlor. Um eine Greencard zu behalten, darf man nicht mehr als 180 Tage außerhalb der USA verbringen, und da ich vorhatte, einige Monate im Sommer mit Julia in Europa zu bleiben, und auch sonst häufiger nach Deutschland flog, fing ich an, die Tage zu zählen, wann ich meine Greencard verlieren würde. Das hätte katastrophale Folgen: Ich könnte nicht mehr in dem Land leben, in dem meine Tochter zur Schule ging. Außerdem störte es mich sehr, dass ich hier nicht wählen durfte.

Meine Verbindung zur deutschen Politik hatte sich in den letzten Jahren verändert. Die erste Zeit hatte ich noch *Stern* und *Spiegel* für ein Vermögen abonniert, aber nach drei, vier Jahren hörte ich damit auf. Ich kümmerte mich natürlich mehr um die Zustände in dem Land, in dem ich auch lebte, und ich kannte gerade mal die wichtigsten Minister in meiner ehemaligen Heimat. Deutschland hatte soeben ein Gesetz verabschiedet, das die Doppelstaatsbürgerschaft erlaubte, natürlich nur unter ganz bestimmten Voraussetzungen. Falls diese Voraussetzungen erfüllt werden, muss zuerst in Deutschland ein Antrag auf Doppelstaatsbürgerschaft gestellt werden, und dann, nach der Zustimmung, kann erst die amerikanische Staatsbürgerschaft beantragt werden. Das tat ich auch. Nach einem Jahr hatte ich die Erlaubnis von Deutschland und begann meinen Weg, Amerikanerin zu werden. Ich musste mich einer schriftlichen Prüfung und einem Interview unterziehen. Da dieser Prozess hoch kompliziert ist, kann ich nur jedem Interessierten raten, sich an einen dafür empfohlenen Anwalt zu wenden. Ich musste lernen, wie es um das amerikanische Rechtssystem bestellt ist, wie viele Bundesstaaten es gibt, wie die dreizehn Gründerstaaten hießen und wer »Gib mir Freiheit oder gib mir den Tod« sagte – Patrick Henry.

Ein Jahr später war es so weit. Ich wurde mit fast tausend anderen Neuamerikanern zur Einschwörung eingeladen. Manche nahmen eine Begleitung mit. Ich ging allein. In der ersten Reihe dieses riesigen Saals waren Soldaten in Uniform der US-Armee versammelt. Sie, die bis dato nicht einmal Amerikaner waren, sind für dieses Land bereits in den Krieg gezogen. Was mag wohl in den Köpfen dieser Männer und Frauen vorgehen? Nach welchen Kriterien entschieden sie sich für diesen Beruf? Wie patriotisch – oder verzweifelt? – muss man sein, um für ein Land, das nicht einmal sein eigenes ist, in den Krieg zu ziehen und eventuell zu sterben? Ich wäre gern mit ihnen an einem Tisch gesessen und hätte sie ausgefragt.

Neben mir saß eine ältere asiatische Dame, sehr fragil und klein, und auf der anderen Seite ein stolzer junger Mexikaner. Jeder von uns bekam eine Tüte mit diversen Pamphleten und Informationsschriften und einer kleinen amerikanischen Flagge. Wir wurden durch eine Videoleinwand von George W. Bush begrüßt. Dies war jetzt auch »mein« Präsident. Hätte mich nicht jemand anders begrüßen können? Al Gore vielleicht?

Anschließend wurden wir aufgefordert, diesem Land ewige Treue zu schwören. Bei dem Teil blieb ich still. Ich kam mir wie ein Hochstapler vor. Rechts und links von mir erkannte ich in der Ernsthaftigkeit der Gesichter, dass es für viele die Erfüllung eines Wunschtraums war, für den sie gebetet und gezittert hatten. Ich dagegen nahm meine amerikanische Staatsbürgerschaft entgegen wie die Jahreskarte der Bahn. Ich senkte meine Augen. Die Dame neben mir hielt das für ein Überschäumen von Emotionen und drückte vor lauter Begeisterung meinen Arm: »Isn't that the greatest moment of your life?«, fragte sie mich, obwohl sie eigentlich keine Antwort wollte. Sie wollte mir damit nur sagen, dass es *ihr* größter Moment im Leben war, und ich konnte nicht umhin, mich zu fragen, wie schwierig wohl ihr Dasein – ihre Flucht? – gewesen sein muss, um an solch einem Moment in ihrem Alter diesen Ausspruch zu tun. Da gab es nichts, was sie in ihrem ganzen Leben glücklicher gemacht hatte?

Ihre Augen strahlten, und sie fühlte sich sicher in den Armen dieser großen Nation. Endlich, endlich, endlich besaß sie die legalen Papiere, nach denen sie sich offensichtlich so gesehnt hatte. Sie schaute mich aufmunternd an, und ich nickte.

Ich wollte so gern ihre Begeisterung ehren – obschon ich sie nicht teilen konnte –, und als wir alle aufgefordert wurden, unsere Flagge nach oben zu halten und begeistert zu schwenken, hob ich auch meine.

Ich hatte schon ein Land, und meine Heimatflagge habe ich niemals winkend in der Hand gehalten. Wahrscheinlich hätte ich mich anders gefühlt, wenn ich nicht gerade von diesem Präsidenten begrüßt worden wäre. Ich hätte lieber die Staatsbürgerschaft angenommen, wenn wir keinen Krieg angefangen hätten.

»Wir«? Hab ich gerade »wir« gesagt?

31. Eine Generation von amerikanischen Teenagern, die nicht wissen, wo sich ihr Hintern befindet, und warum Los Angeles nicht gut für Heranwachsende ist

So herrlich Kalifornien für Kinder ist, so gefährlich ist es für Teenager. Was deren andere Altersgenossen nur durch Klatsch-magazine kennen, erleben diese hier hautnah. Britney Spears mit Kind? Gerade um die Ecke im Restaurant gesehen. Paris Hilton? Ihr Bruder lädt zum Kino ein. Nicole Ritchie? Steht die nicht gerade neben uns bei Starbucks?

Amerikanische Teenager müssen sich durch schwieriges Terrain navigieren: Ja, man darf mit achtzehn Jahren in die Armee und fürs Vaterland sterben, allerdings gibt es vorher nicht mal ein Bier, denn dessen Genuss ist gesetzlich unter einundzwanzig Jahren verboten. Sex ist in California erst ab achtzehn Jahren erlaubt. Beides passiert heimlich. Nur nicht erwischen lassen. Fast jeder Teenager ist in der Lage, sich irgendwie eine gefälschte Identitätskarte mit der er-wünschten Altersangabe einundzwanzig zu beschaffen.

Eine Bekannte, die lange in New York lebte, erzählte mir erst vor kurzem, dass amerikanische Kinder alles ausprobieren, was illegal, ungesund und verboten ist. Sie war überrascht, dass ich das nicht wusste. »Aber lebten Sie nicht sechzehn Jahre in den Staa-ten?« Ja, das schon, aber ich kenne eben nur meine eigenen Teen-ager-Erfahrungen, und die sind komplett anders. Ich hatte nie Dro-gen genommen, und auch Alkohol vertrage ich nur wenig. Mir fehl-te das »Wiedererkennungsmerkmal«. Ich bemerkte über Jahre hinweg nicht, wenn jemand in meiner Nähe Gras rauchte. Mir fiel nur ein komischer Geruch auf, den ich nicht einzuordnen wusste.

Ich war auch kein hübscher Teenager: dick, bebrillt, ungeküsst. Und so wurden mir viele Sachen gar nicht erst angeboten. Außerdem musste ich früh arbeiten und habe auch das ganze studentische Leben nicht mitbekommen. Das soll jetzt natürlich nicht heißen, dass alle Studenten Drogen nehmen, sondern nur, dass ich mich um meinen Unterhalt kümmern musste und eben nicht »hip« oder »cool« war. Dafür fehlten mir das Aussehen und das Geld.

Hier in Los Angeles gibt es von beidem genug. Ich war immer sehr froh, dass Julias Freunde eine buntgemischte Gruppe waren. Sämtliche Hautfarben und Hintergründe versammelte sie um sich. Schon als kleines Mädchen wollte sie darüber hinaus immer dafür sorgen, dass auch ihre nicht so gut situierten Freundinnen etwas bekämen. Sie bat um zwei gleiche CDs, damit sie eine an einen Freund verschenken konnte. Sie hörte von uns oft, das dieses oder jenes zu teuer sei, und doch haben wir nach der Scheidung den üblichen Fehler gemacht: Wie viele Einzelkinder wurde auch sie verwöhnt und jede Gefühlsregung mikroskopisch genau analysiert.

Ab zwölf, dreizehn Jahren wird der Einfluss der Eltern schwächer, und der Einfluss der Gleichaltrigen und der Umgebung steigt. In Los Angeles wird gerade von Mädchen erwartet, dass sie perfekt sind: die perfekten Eltern haben, mit dem perfekten Auto, die perfekten Haare, die perfekte Figur, die perfekten Noten. Zu meiner Zeit musste man entweder schön oder gescheit sein. Jetzt müssen die Mädchen alles zusammen auf die Reihe kriegen. Ab der Highschool geht es mit Blick auf die zukünftige Universität oder das College auch darum, dass man sich als junge Erwachsene anständig präsentiert.

Das heißt, man muss neben großartigen Noten und zusätzlichen *honor classes* (wörtlich »Ehrenklassen«, die in der Regel Universitätsniveau haben) auch sportlich sein (Teamsport ist am besten oder Tennis mit diversen Preisen), eine Leidenschaft haben (die Welt retten, Brustkrebs bekämpfen, die Gebärdensprache erlernen) und mindestens ein Instrument spielen können (Klavier oder Geige auf Konzertniveau). Und es wird erwartet, dass man *Leadership-*

(Führungs-)Qualitäten zeigt, also irgendwie etwas neu erschafft, neu aufbaut oder erfindet, und dabei möglichst viele uninteressierte Jugendliche begeistert. Ich frage mich, was aus einer Generation wird, in der jeder Kapitän sein, aber keiner zur Crew gehören will; doch vielleicht ist ja gerade das auch einer der Gründe für die vielen persönlichen Erfolgsstorys in Amerika.

Julias typischer Tag begann um 6 Uhr mit dem Aufstehen und Frühstück, damit ich sie um 6.30 Uhr zum Schulbus fahren konnte, der um 6.40 Uhr losfuhr. Dann war sie um 7.15 Uhr in der Schule, und der Unterricht begann um 7.30 Uhr. Bis auf eine halbe Stunde Mittagspause ging es weiter bis um 15 Uhr. Dann zurück mit dem Bus (15.30 Uhr), abgeholt werden von Mama und dann nach Hause (15.45 Uhr). Abwechselnd Reit-, Klavier-, Schreibmaschinenstunde (Zehnfingersystem), Nachhilfeunterricht Mathematik, Therapiestunde wegen unserer Scheidung (sehr üblich hier), Zahnarzttermine wegen Zahnspange (ebenfalls sehr üblich).

Allein ihre Reiterei war jedes Mal eine kleine Wochenendreise: nach dem Schulbus eine Stunde Autofahrt ins tiefste Valley. Dann entweder wieder eine Stunde zurück, um das Ganze dann nach zwei Stunden zu wiederholen, wenn sie abgeholt wurde. Oder man blieb gleich draußen beim Reitstall und schaute den Kindern zu. Julias Vater hat es einmal treffend mit dem Satz »Das ist, wie Farbe beim Trocknen zuzusehen« zusammengefasst. Da weder Richard noch ich etwas von Pferden verstehen, waren wir beide gelangweilt, wenn wir Julia beim Reiten beobachteten. Dummerweise mussten wir dabei auch noch begeistert scheinen, wir wollten ja nicht die einzigen Eltern sein, die sich was zum Lesen mitnahmen – und das machte das Ganze noch anstrengender.

Mir fiel auch immer wieder auf, wie selten die Kinder hier ein gemeinsames Abendessen innerhalb der Familie haben. Julias Aufgabe war es, den Tisch schön zu decken. Dazu gehörten immer Stoffservietten, eine Tischdecke und dementsprechendes Geschirr. Selbst wenn es gelegentlich Essen vom Chinesen gab, blieb das nie in diesen Styroporboxen, sondern wurde in anständige Schalen umgefüllt. Vor dem Essen wurde gemeinsam gebetet, und beim Essen wurde weder ferngesehen noch das Telefon abgenommen, sondern es war die Zeit, in der man gemeinsam zusammensaß und sich austauschte. Gelegentlich ließ ich mich zu einem seltenen Fernsehdinner erweichen.

Julia hatte häufig Freundinnen zum Abendessen da. Einmal hatte sie eine neue Freundin eingeladen, und diese beobachtete staunend, wie der Tisch gedeckt wurde. Gerührt schaute sie in die Töpfe, in denen ich gerade umrührte und würzte. Sie bekam eine neue Stoffserviette, und Julia rollte sie in den Serviettenhalter, die alle von einem Tier gekrönt wurden, und so durfte sie sich aus der Schublade ein ihr passendes Tier aussuchen. »Das ist so süß. Macht ihr das jeden Abend?«

»Ja«, antwortete Julia augenrollend. »Ist das nicht nervend?«, wollte sie von ihrer Freundin wissen.

»O nein, ich finde das toll«, meinte diese begeistert, und ich fragte sie etwas überrascht, wie denn in ihrer Familie das Abendessen gestaltet wird.

»Jeder kümmert sich irgendwie selber um sein Essen. Wir schauen, was es im Kühlschrank gibt, oder wir bestellen was zum Essen, und dann isst jeder da, wo er will.«

»Wie toll«, sagte Julia neidisch. »Und ich muss auch noch den Tisch abräumen.«

Ich bekam einen Schnellkurs in Drogen und Essstörungen. In der Stadt, deren Schlankheits- und Schönheitswahn keine Grenzen mehr kennt, hat sich auch der Drogenkonsum angepasst: Man nimmt Kokain, das macht nicht hungrig, und raucht kein Gras, was eben den Appetit anregt. Eine von Julias Freundinnen wurde drogensüchtig und verbrachte einige Monate in Utah in einer Klinik für gefährdete Kinder. Sie war vierzehn Jahre alt. Ich kannte sie, seit sie zwei Jahre alt war, und merkte nur peripher, dass da irgendetwas nicht stimmte. Ich schob es auf die normalen Veränderungen im Teenageralter. Sie werden halt ein bisschen schnippisch, brauchen ihre Privatsphäre und sind nicht mehr »normal«. Irgendwo hatte ich gelesen, dass das Gehirn sich in den Teenagerjahren verändern müsse und »alles, was vorn sei, nach hinten verfrachtet« werde und umgekehrt. Damit der Prozess auch stattfinden könne, werde ein Teil des Gehirns entfernt: das Mitgefühl. Angeblich soll es nach dem abgeschlossenen Umbau des Gehirns dann wieder eingefügt werden. Mitgefühl war den Kindern auf jeden Fall verlorengegangen. Mit welcher Brutalität gerade in diesem Alter über andere geurteilt wird, war schwer mit anzusehen. Natürlich weiß ich, Teenager lügen, und doch glaubt man als Eltern, man würde es merken.

Man merkt es nicht.

Junge Mädchen nehmen Abführmittel oder übergeben sich nach dem Essen. Anorektische Bilder nahmen überhand. In den Modezeitschriften dominierte der verhungerte Drogenabhängigen-Look à la Calvin Klein. Ich bin mit Farah Fawcett und ihrer Haarpracht aufgewachsen, was mit meinen drei Locken nicht nachzukreieren war. Hier kann man alles nachmachen: das Verhungern und die Haarverlängerung.

Ich war überrascht, dass keiner die Designer dafür verantwortlich machte. Schließlich sind sie es, die entscheiden, was den »Look« des neuen Stils ausmacht. Mädchen werden zu flachbrüstigen kleinen Jungs gemacht, und niemand lächelt mehr. Jedes Mal, wenn ich jemanden mit klapprigen dünnen Ärmchen sah, wollte ich sie umarmen und mit nach Hause nehmen. Wann hört das auf?

Julia fiel das Hin-und-her-Fahren zwischen den beiden Elternhäusern nicht leicht. Da sie Einzelkind war, kam nur immer unser Zwergdackel Daisy mit, der vor einigen Jahren der gestorbenen Sister nachgefolgt war. Zwei Wochen beim Papa, drei Wochen bei mir. Immer einen vollgepackten Koffer und doch immer was im anderen Zuhause vergessen. Sie hatte eine Telefonnummer, die von uns stets hin und her geschaltet wurde, damit ihre Freunde sie nicht immer suchen mussten. Die Probleme der Freundinnen, seien es Essstörungen, das exzessive Verschreiben von Psychopharmaka selbst für Kinder, Drogen, kamen uns immer näher.

Eines Tages fragte mich Julia, ob wir nicht wegziehen könnten. Sie wollte allerdings partout nicht nach Deutschland. »Was genau ist eigentlich ein Internat?«, fragte sie.

Internat? Ich war noch nicht bereit, meine Tochter loszulassen, und doch wusste ich, dass diese Stadt nicht gesund für sie war. Und wenn der einzige Weg, sie von hier wegzukriegen, ein Internat wäre, dann würde ich das eben machen müssen. Ihr Vater war wie ich nicht davon begeistert. Sie war gerade mal fünfzehn Jahre alt, und obwohl es die richtige Zeit für ein Internat ist, war es nicht die richtige Zeit für uns. Vielleicht wenn sie dreißig ist? Ist es dann zu spät?

32. Schweizer Internate, schnelle Aufbrüche und das Zurückwandern

Im Mai 2005 flogen Julia und ich in die Schweiz. Wir wollten uns vier Internate anschauen. Ich verließ mich auf Julias Intuition. Sie hat ein gutes Gefühl dafür, was zu ihr passt oder nicht. Die ersten drei Internate waren es nicht.

Beim letzten und vierten, »TASIS – The American School in Switzerland« in Lugano, italienische Schweiz, schauten wir uns bei der Einfahrt an, und wir wussten: Das ist es.

Richard und ich wollten sie mit einer Entscheidung nicht drängen. Nach einer Woche sagte sie zu uns: »Ich gehe nach TASIS. Aber ich will noch nicht darüber reden.«

Ich verstand. Manche Dinge werden erst dann wahr, wenn man darüber spricht. So blieben wir still und meldeten sie an.

Plötzlich ging alles ganz schnell. Meine Vermieterin sagte mir zur gleichen Zeit, dass sie wieder in ihr Haus ziehen wollte. Mein Zweijahresvertrag würde Ende August auslaufen. Ich wollte eigentlich mein Zuhause in Los Angeles noch ein paar Monate behalten, falls es Julia im Internat nicht gefallen sollte und wir wieder zurückziehen müssten, und doch schien es anders zu laufen. Ich sprach mit Julia darüber, dass nicht nur sie, sondern auch ich nach Europa ziehen würde. Teilweise war sie beruhigt, dass ihre Mama in der Nähe ist, auf der anderen Seite war sie nicht glücklich darüber, das Haus am Bedford Drive aufzugeben. Doch da unsere Hausbesitzerin selbst wieder einziehen wollte, gab es sowieso keine andere Möglichkeit. Goso, meine neue alte Liebe, lebte in Frankfurt, und wir beschlossen, gemeinsam eine Wohnung in München zu suchen. So lange würden wir in Frankfurt bleiben.

Ich mochte das Haus am Bedford Drive. Es hatte einen kleinen Garten mit einem länglichen Pool und zwei dicken verwachsenen Bäumen am Ende, die dem Garten eine magische Qualität gaben. Eine Garage mit einem zweiten Stock für ein Gästeapartment klebte gleich am Rand des winzigen Gartens, und meine Mutter wie meine Schwestern und jede Menge Besucher fühlten sich dort immer sehr wohl. Ich hatte das tollste Badezimmer der Welt, riesengroß mit einer Liege am Fenster und einem kleinen Fernseher. Ich sah so gut wie nie fern, doch hier im Badezimmer durch die Frühnachrichten bekam ich alles mit, was ich brauchte. Ich mochte es, dass ich hier zu Fuß überallhin gehen konnte, und kannte natürlich auch alle meine Nachbarn.

Jetzt, wo das Ende von Amerika so überraschend schnell kam, versuchte ich, die Zeit etwas langsamer gehen zu lassen. Da ich als freiberufliche Autorin immer allein zu Hause arbeitete, hatte ich mir bereits vor Jahren Gruppen gesucht, weil mir ein tägliches Büro und Mitarbeiter fehlten. Ich gehörte schon seit sechs Jahren einer Bildhauergruppe an, die sich jeden Freitag im Studio traf und unter Anleitung des genialen Jonathan Bickart weiter lernte. Er würde mir besonders fehlen. Er ist einer dieser großartigen Lehrer, die einen wachsen lassen. Einmal holte er eine Skulptur von mir aus dem Abfall, die ich aus Frust weggeschmissen hatte. »Mach was draus. Wenn du sie schon wegwerfen willst, dann versuch wenigstens, vorher noch mal zu sehen, ob nicht doch was zu retten ist. Schneid sie in die Hälfte, schmeiß sie gegen die Wand, schneid was raus, aber mach was draus.«

Außerdem gab es da meine Autorengruppe am Mittwoch. Nancy Bacal, eine wundervolle Lehrerin, hatte es sich zur Aufgabe gemacht, Autoren weiterzuführen. Wir waren sechs Frauen und sieben Männer. Sie wollte, dass wir tiefer gingen, und bei ihr schrieben wir über Persönliches. Ihrer Meinung nach kann man erst dann, wenn man seine eigenen Gefühle kennt, wirklichkeitsgetreu über imaginäre Gefühle schreiben. Wir trafen uns einmal die Woche für vier Stunden und schrieben kurze Stücke zu einem bestimmten Thema, die wir uns dann gegenseitig vorlasen und auf die wir Feedback gaben. Das so häufig in Deutschland benutzte Wort »Kritik« kommt im Amerikanischen so gut wie gar nicht vor. Man »füttert zurück« *(to feed back)*, was bei einem angekommen ist, statt zu »kritisieren« (Positives wie Negatives).

Im Juni, zwei Monate vor meinem Umzug, hatte Nancy als Thema »Loslassen« vorgeschlagen. Wir hatten jeder eine halbe Stunde Zeit, um etwas zu schreiben. Hab ich das eigentlich noch? Auf einem meiner alten Computer wurde bei einer Reparatur die komplette Festplatte gelöscht, und fast alles, was ich in den vier Jahren Schreibgruppe dort geschrieben habe, ist damit verschwunden. Ich schaue auf meiner jetzigen Festplatte nach. Erstaunlich, das gab es noch:

»Ich ziehe aus meinem Haus am 20. August aus und verlasse Los Angeles am 1. September. Vorher bin ich noch den ganzen Juli weg – das war schon vor einem halben Jahr so geplant –, und ich befürchte, dass mir die Zeit nicht reicht, um meinen Umzug richtig vorzubereiten. Eine große Skulptur muss noch fertig werden, interessanterweise das Erste, woran ich gedacht hatte, als die Entscheidung, nach Deutschland zu ziehen, feststand. Und zehn Figuren ›Christus am Kreuz‹ sind fast fertig, um in Bronze gegossen zu werden, wenn ich noch dazu komme, die Wachsplatten dafür fertig zu machen.

Mein Verstand, immer fleißig, fängt an zu rasen. Was behalten, was loslassen? Innerhalb einiger Minuten nach der Entscheidung umzuziehen hatte ich einen Plan: Meine Assistentin Martina wird das Haus katalogisieren müssen, mit Fotos von allen Möbeln und den dazugehörigen Maßen, natürlich schon in Zentimetern, und dann werde ich später entscheiden, was ich davon behalte, was verschiffe und vor allen Dingen wann und mit wem. Dann ist noch Julias Internat zu organisieren – ihre Arztbesuche, ihre ›Goodbye-Party‹, Schulfreunde, die bei uns übernachten wollen, und wir müssen noch europäische Schulkleidung aussuchen. Dazwischen muss ich die Zeit finden, um all unsere Reisepläne für den Sommer zu überprüfen.

Wir fliegen am Sonntag zuerst nach Deutschland, dann nach Spanien und wieder zurück nach Deutschland, Julia geht mit ihrem Vater nach Italien und dann zurück nach Los Angeles. Und dann noch Julias Hund Daisy, für den ich ein Zuhause finden muss. Nicht einfach nur ein Zuhause, sondern das perfekte Zuhause. Ein Zuhause, bei dem sie glücklich sein wird und das ich besuchen kann, wenn ich zurückkomme. Ein Zuhause, bei dem ich das Gefühl habe, dass wir ihr nicht zu sehr fehlen werden. Dann gibt es da die Momente, in denen mein Hirn leer wird. Wahrscheinlich mache ich mir Sorgen, dass da plötzlich eine Leitung durchbrennt und ich die nächsten Jahre sabbernd in einer Ecke sitzen werde, weil ich das nicht alles gebacken bekommen habe.

Ich weiß natürlich, dass ich immer alles organisiert bekomme. Das ist eines der Dinge, auf die ich mich immer verlassen kann. Ich kann mich auf mich verlassen, wenn ich mich dringend brauche. Mein Hirn – gelegentlich eine Plage – war schon häufig mein Lebensretter.

Ich muss noch jede Menge Massagen bekommen. Und ich muss noch so oft wie möglich in allen meinen Lieblingsrestaurants essen – was eigentlich nur ein einziges ist, weil ich selten ein Restaurant gefunden hatte, das ich wirklich mag: keine kalte Aircondition, eine gemütliche Atmosphäre, nichts Lautes und niemand, der einem die Rechnung bringt, wenn man nicht danach gefragt hat. Und selbst mein Lieblingsrestaurant ›Mako‹ erfüllt keinen dieser Ansprüche. Aber das Essen ist großartig, jeder dort kennt meinen Namen, und ich bekomme immer noch einen Tisch, selbst wenn ich nicht rechtzeitig reserviert habe.

Nun höre ich Nancy in meinem Kopf, die mir sagt: ›Jetzt wäre eine guter Moment, tiefer zu gehen‹, aber das geht nicht. Nicht, dass ich es nicht könnte, aber ich würde nichts mehr erledigt kriegen, wenn ich jetzt tiefer ginge. Außerdem könnte ich euch das hier nicht mehr vorlesen. Es gibt Zeiten, in denen man weinen und trauern kann, aber hier und jetzt habe ich nicht die Zeit dafür. Ich trauere ein bisschen hier und da. Ich ging zum Einkaufen in den Supermarkt und besorgte noch Q-tips; und als ich die Packung in meinen Korb legte, fiel mir auf, dass ich so viele nicht mehr verbrauchen würde. Das machte mich traurig.

Ich denke, ich weiß, wann ich trauern werde: im Flugzeug, nachdem wir den Flughafen L.A.X, den ich so verdammt gut kenne, verlassen haben und nachdem ich runterschaue auf diese hässliche graue Fläche, die so viele unglaublich schöne Ecken hat. Vielleicht werde ich dann weinen. Meine Tochter wird neben mir sitzen auf dem Weg in ihr Internat, und sie wird ihre eigenen emotionalen Momente haben. ›Wir sollten uns wasserdichte Wimperntusche besorgen‹, würde sie sagen. Ich würde sagen: ›Lass uns erst gar keine Wimperntusche drauftun.‹

Ich werde wahrscheinlich während der Hälfte des Flugs weinen. Es war das Gleiche, als ich hierhergekommen bin. Ich bin vor siebzehn Jahren von Hamburg nach Los Angeles geflogen. Ich weinte bis London, doch dann hörte ich auf und freute mich auf mein neues Abenteuer.

Diesmal wird es etwas anders sein: Ich fliege nach Hause.

Los Angeles war gut zu mir, und vielleicht brauchen wir einfach nur ein bisschen Abstand. Ich liebte das Wetter, das *valet parking*, Leute, die schnell ins Haus kommen und Sachen reparieren. Ich habe einigermaßen gut Englisch gelernt, aber schreibe ›Foto‹ immer noch mit F statt mit Ph. Ich habe gelernt, wie man Dinnerpartys schmeißt, flog hier zum ersten Mal in der ersten Klasse, weiß, wie man den Jetlag überwindet, und begrüße Fremde, als wenn ich mit ihnen aufgewachsen wäre. Ich fand die besten Warmhalteplatten und verbrachte Julias erste Schuljahre ebenfalls häufig in ihrer Schule (etwas, was es in Deutschland nicht gibt). Ich weiß, wie man Swimmingpools baut (wer weiß, ob ich das jemals wieder brauchen werde?) und wie man Häuser renoviert (es waren vier). Ich habe dem Mann, der meinen Computer reparierte, ein Vermögen in den Rachen geschmissen, und ich bin sicher, er wird mich vermissen. Ich kenne meinen deutschen Gärtner, der einmal die Woche meinen Garten pflegte, seit vierzehn Jahren, und er war mir in drei weitere Häuser gefolgt.

Ich habe hier geheiratet und ließ mich hier scheiden. Ich traf meine Seelenschwestern hier und fühlte Gott in meinem Garten. Ich weinte viel, war viel allein, und ich erinnere mich daran, wie eigenartig es war, in einer fremden Sprache ein Kind zu gebären. Ich war doch relativ entspannt, wenn man bedenkt, wie viel Zeit ich brauchte, um jede Körperreaktion anständig zu übersetzen. Ich habe hier großartige Freundschaften geschlossen, aber nur zwei davon tauchten jemals unangemeldet auf, um mich zu besuchen. Etwas, was ich meinen Amerikanern immer wieder beizubringen versucht habe, aber es klappte nicht.

Ja, und ich wurde Amerikanerin. Ich hatte zu schwören, dass ich dieses Land verteidige, und ich kam mir vor wie eine Betrügerin, als ich mit allen anderen 853 neuen US-Bürgern dastand und wir gemeinsam sangen und mit der Flagge winkten, meine flog auf Halbmast. Ich schaute in all die anderen Gesichter, die stolzer nicht sein konnten. Ich fühlte mich nicht stolz. Ich hatte schon ein Land.

Ich war hier hauptsächlich Mutter. Meine Tochter glaubt immer noch, dass ich nicht arbeite; wahrscheinlich nimmt sie an, dass sich sechs Bücher von selbst schreiben. Ich wollte sicher sein, dass ich für sie da bin und dass sie sich geliebt und versorgt vorkommt. Ich glaube, ich habe damit übertrieben. Sie erwartet, dass ich wie ein Satellit um sie kreise, falls sie mich überhaupt in der Nähe haben will; und das verändert sich bei einem Teenager ja stündlich. Ich gehe ihr auf die Nerven, und sie will, dass ich in Silben antworte und nicht in Sätzen. Sie mag es, wenn ich in deutschen Fernsehsendungen auftrete. In einer Stadt voller Berühmtheiten ist ihre Mutter wenigstens irgendwo bekannt. L.A. ist großartig für Kinder und fürchterlich für Teenager. Ich bin erleichtert, dass sie einige Zeit in Europa verbringen wird. Vielleicht findet sie in Europa doch irgendetwas Vertrautes vor, selbst wenn sie sich weigert, jemals Deutschland zu mögen.

Ich hatte vier Katzen, zwei Hunde und einen Papagei. Ich veränderte mich, und meine Klamotten veränderten sich auch. Ich war blond und groß und wollte nicht wie ein Hollywood-Bimbo

(Anmerkung: blondes Doofchen) ausschauen. So schnitt ich mir meine Haare ab, trug flache Schuhe und ging zu Armani, um den ›Anti-Starlet-Look‹ zu tragen. Jahre später Jeans und T-Shirts, die ich dann für bunte lustige Blumenkleider und gehäkelte Jäckchen verließ. Dazwischen ignorierte ich diese kurzen T-Shirts, die den Bauch frei lassen, und ich hoffe, dass ich nie so aussah, als ob ich Angst vor dem Alter hätte oder mit meiner eigenen Teenagertochter konkurrieren wollte.

Ich hatte eine Brustverkleinerung und meine Schlupflider wegoperieren lassen, die der Rest meiner deutschen Familie immer noch hat. Auch das trennt uns. Ich hatte regelmäßige Zahnreinigungen, und, ach Gott, ich muss mir komplett neue Ärzte in Deutschland suchen.

Ich nahm kein Botox und kein Kollagen. Ich hatte kein Facelifting, und aus meinem Bauch wurde kein Fett abgesaugt, und ich hatte keine Woche in einem dieser tollen Spas. Das Letztere bedaure ich.

Ich werde wieder Frauen sehen, die graue Haare haben. Menschen, die grantig sind, und Taxifahrer, die wissen, wo es langgeht.

Kann ich meine Handwerker mitnehmen?

Ich bin in Los Angeles erwachsen geworden. Eigentlich erst in den letzten drei, vier Jahren. Ich war in Therapie für 200 Dollar die Stunde und sprach in meinen Meditationen mit Meistern, die seit Tausenden von Jahren tot sind.

Und ich lernte von euch. Ich lernte von Nancy, dass nicht jede Geschichte ein glückliches Ende braucht. Dass der Weg in die Tiefe der Weg ist, den man gehen soll. Ich lernte von unserer Schreibgruppe, dass Männer sensibel, besorgt, aufmerksam und emotional verfügbar sind. Ich habe dazu so viel in mir geheilt, und ich werde euch ewig dafür dankbar sein. Ich lernte durch euch und das, was ihr geschrieben habt, wie schwer es ist, bipolar (manisch-depressiv) zu sein, wie es ist, wenn man in Arkansas aufwächst oder von verrückten Eltern erzogen wird. Ich erfuhr von euch, was es wirklich bedeutet, schwul zu sein, in einem Pfarrhaus aufzuwachsen oder

Jude zu sein. Ich habe eine Tiefe an Intimität und Offenheit durch euch erleben dürfen, die ich sonst nicht erfahren hätte. Danke.

Möglicherweise brauchen L. A. und ich nur ein bisschen Abstand. Oder es ist vielleicht einfach ein unerfüllbarer Wunsch von mir, dass so eine Entscheidung nicht so schnell getroffen werden soll. Und doch war es eigentlich nicht schnell. Meine Entscheidung, zurück nach Deutschland zu gehen, war so, als wenn man ein Kind gebiert. Der Wunsch schleicht sich ein, und dann wächst und gedeiht etwas in einem, dann kommen für eine kurze Zeit die Wehen, und schließlich hält man das neue Leben in den Händen. So wie ich jetzt.«

Es war dann noch alles ein klein wenig anders. Obwohl ich die Hälfte meines Hausstands verschenkt hatte, hab ich doch immer noch zu viel mitgenommen. Ein ganzer Container voll bewegte sich nach München – in ein Lager, da ich noch keine Wohnung dort hatte.

Auch für Daisy, Julias fünf Jahre alten Dackel, hatten wir ein neues Zuhause gefunden. Sie war ein Gartenhund, und in Frankfurt wie in München würde es wahrscheinlich keinen Garten bei uns geben. In den Wochen vorher brach ich gelegentlich in Tränen aus, weil ich noch keine Bleibe für sie gefunden hatte, doch irgendwie sah ich sie nicht in Deutschland. Wenn ich ein Tier zu mir nehme, dann übernehme ich die Verantwortung für ein ganzes Tierleben, und hier höre ich plötzlich nach fünf Jahren auf. Ich fühlte mich schuldig und war unsicher, was mit ihr zu machen sei. Und doch wusste ich, dass mein Leben in den nächsten Monaten zu unruhig für einen Hund, so sensibel wie Daisy, sein würde. Suzane, eine meiner engsten Freundinnen, entschloss sich nach längerem Nachdenken, dass sie Daisy zu sich nehmen wollte. Mir fiel ein Stein vom Herzen.

Am vorletzten Tag im Haus gab ich ein Fest, zu dem ich all die Menschen einlud, die mir fehlen würden. Daisy hielt sich die meiste Zeit bei Suzane auf, und als Suzane am nächsten Morgen in ihr

Auto stieg, sprang sie wie selbstverständlich mit in den Wagen. Ich war froh, dass sie weiterhin in unserer Patchworkfamilie bleiben und ich sie auch in Zukunft bei Besuchen sehen würde.

Das Wetter in Los Angeles zeigte sich an unseren letzten Tagen von seiner schönsten Seite, so als ob es mich verführen wollte hierzubleiben. »Du willst wieder zurück? In die grauen langen Wintermonate? Hast du sie noch alle?«

Ich hoffe doch.

Dann kamen die Möbelpacker, und am nächsten Tag war das Haus leer. Ich ging nochmal durch die Räume, in denen wir uns so wohl gefühlt hatten. Ich ging in den Garten und bedankte mich bei dem Land für die warme Aufnahme. Ich nahm den Ersatzschlüssel, den ich hinter einem Stein in der Wand versteckt hatte, und legte ihn zu den anderen Schlüsseln.

Ich stand am Eingang und merkte, dass das Haus noch nach uns roch. Nicht mehr lange. Ab morgen kommen die Maler, und dann wird das, was von uns noch übrig ist, unter der neuen Farbe verschwinden.

Es wurde still um mich herum. Julia saß schon im Auto und sprach am Telefon mit einer Freundin. Ein ganzes neues Leben ging dann doch so schnell vorbei. Ich hätte Spanisch lernen sollen, was in dieser Stadt wirklich so einfach ist. Ich hätte die Südstaaten und Südamerika besuchen sollen. Ich hätte mehr am Meer spazieren gehen sollen. Ich hätte einen Improvisationskurs machen und vielleicht mehr über Filmdokumentationen lernen sollen. Ich hätte eigentlich gern noch ein halbes Jahr gehabt, um mich richtig zu verabschieden. Ich empfand meine Abreise als überstürzt, und doch war es gut so. Mit »schnell« komme ich immer ganz gut zurecht.

Also, goodbye, Bedford-Haus.

Goodbye, Los Angeles.

33. Das Gefühl, heimatlos zu sein, unbequeme Betten in Frankfurt und das wiedergefundene Wort »Kritik«, das ich keine Sekunde vermisst hatte

Ich flog heim, und das nicht allein. Neben mir saß meine sechzehnjährige Tochter, und ich musste daran denken, wie ich mich – ich will nicht sagen jungfräulich, aber doch zumindest ohne »Muttererfahrung« – damals aufmachte, um Amerika zu erobern oder zumindest nicht unangenehm aufzufallen. Jetzt fliegen wir zu zweit in meine Heimat zurück. Sie, die es bei dem Hinflug weder als Wunsch noch als Gedanken gab, gibt es jetzt.

Julia und ich weinten gar nicht mehr. Julia hatte ihre Tränen in den Armen ihrer gleichaltrigen Freundin Arianna gelassen, die uns mit ihrer Mutter Aleks, einer Freundin von mir, zum Flughafen brachte. Ich weinte beim Abschied ein wenig, weil sie weinte und weil ich mir so wünschte, dass dieser Schritt für sie nicht zu anstrengend sein möge.

Beim Check-in wurde ich zum Lufthansa-Counter gerufen. »Zeigen Sie mir doch mal Ihr Ticket«, sagte eine der Mitarbeiterinnen, die ich schon seit vielen Jahren kannte, freundlich. Sie nahm Julias und mein Ticket und tauschte es gegen zwei in der ersten Klasse aus. Ich hielt die zwei Tickets in der Hand und wusste vor Rührung nicht, was ich sagen sollte. Ich stammelte mein »Danke« heraus. Ich sah es als liebevolles Abschiedsgeschenk, das uns Los Angeles und natürlich Lufthansa an unserem letzten Tag hier noch machten. Wir sollten bequem nach Deutschland zurückkommen.

Julia und ich waren beide relativ still. Wir aßen, wir schliefen, und nach einer Weile wachte ich auf und sah, wie Julia gedanken-verloren aus dem Fenster schaute. Ich habe es mir angewöhnt, sie nicht mehr danach zu fragen, was sie denkt. Sie hält es mit ihren Gedanken, wie berühmte Chefköche es mit ihren Rezepten halten: Sie sind geheim. So fing ich an, auf Gesten zu achten.

Julia nahm meine Hand, und ich »hörte« ihren Fingern zu, die mich festhielten. Nach einer Weile legte sie ihren Kopf auf meine Schulter und fragte: »Wann sind wir da?«

»Bald«, sagte ich, »bald.«

Wir schliefen beide wieder ein, und einige Stunden später landeten wir in einem sonnigen Frankfurt. Goso holte uns vom Flughafen ab und hatte für Julia im Esszimmer ein provisorisches Bett hergerich-tet. Sie schlief nicht gut darauf. Wir besorgten ihr ein deutsches Handy, und ich zeigte ihr Frankfurt. Sie war nicht beeindruckt. Ich schickte in jeder freien Minute E-Mails an Münchner Makler, schaute im Internet nach Wohnungen in München und telefonierte.

Ein Zuhause zu erschaffen ist mir immer am wichtigsten. Die ungewöhnliche Altbauwohnung in Frankfurt, in der Nähe der Alten Oper und der Fressgass, die Goso und ich ein halbes Jahr zuvor gemeinsam eingerichtet hatten, war zwar sehr schön, aber auf Dau-er zu klein für uns. Das Schlimmste war für mich, dass Julia dort kein eigenes Zimmer hatte. Die Wohnung war ja nur dazu gedacht, dass ich ab und zu mal zu Besuch komme; und da ich damals ange-nommen hatte, dass das Hin-und-her-Fliegen noch drei Jahre dau-ern würde, war sie dafür auch wunderbar geeignet. Und so bin ich, wie ich damals in meiner Meditation gehört hatte, etappenweise umgezogen.

Frankfurt ist nicht meine Stadt. Ich finde die Freunde von Goso wunderbar, aber mit der Stadt selbst wurde ich nicht warm. Mir gefielen die vielen privaten Einladungen, die vielleicht dadurch zu-stande kommen, dass die Stadt ihre Einwohner nicht so mit einem Programm verwöhnt wie München, Hamburg und Berlin. Hier muss man für seine Unterhaltung noch selbst sorgen, und das ist auch das

Angenehme an dieser Stadt. Meine Augen fanden nicht viel Helles. Hier würde mir das Eingewöhnen sehr schwerfallen. Ich war sicher, dass wir bald in München was finden würden.

Ein paar Tage später flog ich mit Julia nach Lugano, um sie dort gemeinsam mit Richard ins Internat zu bringen. Selten habe ich nervösere Eltern gesehen. Nicht die anderen. Uns. Nachdem wir ihr klitzekleines Zimmer und ihre deutsche Zimmernachbarin gefunden, diverse Vorträge angehört und einige Lehrer getroffen hatten, sollten wir unser Kind hier zurücklassen. Sind wir wahnsinnig geworden? Schuldgefühle legten sich auf mich – wie bei einer Fremdgeherin. Julia rief mich am nächsten Morgen um 6 Uhr im Hotel auf meinem Handy an und meinte mit schwacher Stimme: »Mama, hol mich bitte wieder.«

Ein Messer hätte mich nicht tiefer treffen können. Das arme Kind. Es leidet. Wie fürchterlich! Es ist anstrengend genug, dass ich mich momentan heimatlos fühle, aber ich weiß, dass sich das nach ein paar Jahren wieder ändern wird. Julia hat diese Erfahrung noch nicht gemacht. Was haben wir uns nur dabei gedacht, ihr das Internat zu erlauben? Jahrelange Therapien werden es bis an ihr hohes Alter nicht schaffen, diesen schmerzhaften Moment aus ihrer Erinnerung zu radieren. Und ich bin schuld!

Nach außen hin dagegen bemühte ich mich ganz darum, die verständnisvolle und beruhigende Mutter zu sein: Ein paar Wochen wollten wir dem Versuch schon geben. »Erinnere dich daran: Anfänge sind fast immer schwer und Enden fast immer traurig. Es ist das Dazwischen, was zählt.« Das habe ich irgendwann einmal gelesen. Schade, dass es nicht von mir ist. Hier fand ich es ganz praktisch. Etwas Besseres fiel mir, ehrlich gesagt, auch nicht ein.

Richard flog nach Paris und ich nach Frankfurt. Den ganzen Tag telefonierten wir miteinander: »Was hast du gehört?« – »Hat sie angerufen?«

Julias Nachrichten waren gemischt: »Ich brauche mehr Adapter.« – »Ich will nach Hause.« – »Schick mir die schwarze Strickjacke, die hab ich vergessen.« – »Wann kommt ihr mich besuchen?«

Wie machen andere Eltern das bloß? Sind die auch solche Nervenbündel wie wir? Am Abend dann die Entwarnung: »Ich habe so viele nette Jungs und Mädchen kennengelernt. Tschüs. Ich hab jetzt keine Zeit.«

Für einen amerikanischen Teenager wie meine Tochter – selbst mit deutscher Besuchserfahrung – ist so ein europäisches Erlebnis ja auch nicht einfach zu verdauen. Sie kannte nur Freunde, deren Hosen unter der Hüfte hängen. Deren Unterwäsche – bevorzugt Calvin Klein am Unterwäschebund – unbedingt zu sehen sein muss. Eine ganze Generation von jungen Männern, die nicht wissen, wo ihr Hintern ist. Jungs, die sie noch nie in einem Hemd gesehen hat, geschweige denn einem Gürtel. Ihre Freunde tragen ausschließlich T-Shirts und um Himmels willen keine Polohemden. Die Mädchen sind fast immer in Flip-Flops oder irgendwelchen Tennislatschen. Niemand hat hier Pumps an oder ein Tuch um. Das Jahr vorher in den Sommerferien fragte mich Julia mal, warum es in Europa so viele schwule Jungs gäbe. Es dauerte eine Weile, bis ich merkte, dass sie über die anständig angezogenen Jungs redete. Julia gewöhnte sich aber überraschend schnell an die andere Art, sich anzuziehen.

Auch ich hatte von meinen acht Paar Turnschuhen nur noch eins gelegentlich an. Sonst versuchte ich mich wieder mit Pumps. Ich bekam mehr Blasen an den Füßen – diese Blasenpflaster sind übrigens eine großartige Erfindung! –, und ich fing an, mir wieder Strumpfhosen zu kaufen. Die hatten mir allerdings überhaupt nicht gefehlt. Am Anfang wehrten sich meine Beine regelrecht dagegen. Meiner Haut passte das nicht. Es hatte allerdings einen großen Vorteil: Meine Beine sahen wieder präsentabel aus. Unter der Strumpfhose nahmen sie allerdings eine blässliche Farbe an, die ich schon seit Jahren an ihnen nicht mehr gesehen hatte.

Ich wusste, dass ich wieder zu Hause war, als ich zu einer Buchvorstellung ging, und zwar noch in Frankfurt, in der ersten Woche nach meiner Ankunft. Das Buch hieß *Deutsche Standards – Marken des Jahrhunderts* (von Florian Langenscheidt) und war eine Beschreibung der wichtigsten Produkte und Namen in der deutschen Wirtschaft. Vier Reden wurden gehalten. In allen vieren kam das Wort »Kritik« mindestens zweimal vor: »Wir wollen doch bei aller Begeisterung auch nicht die Kritik vergessen …«, »Kritisch betrachtet, ist es ein Werk …«, »… nicht ohne kritisch zu hinterfragen«, »… dürfen nicht unkritisch sein …«, »… mit kritischem Auge …«.

Ja, die Kritik! Die hätte ich beinah vergessen. Halleluja, ich bin wieder zu Hause! Weg mit dem Feedback, dem harmlosen »Let's talk about it« (»Lass uns darüber reden«) oder der herrlichen amerikanischen Variante »I would like to share with you what I think about it, yes?« (»Ich würde gern mit dir besprechen, was ich darüber denke, ja?«). Nicht zu vergessen der häufig gehörte Ausspruch »What a great idea!« (»Was für eine großartige Idee!«) – wir sind das Land der Dichter und Denker, da ist man nicht so freudestrahlend. Da nimmt man Ideen und Gedanken anderer nicht einfach so mit einem Lächeln hin. Man denkt nach! Ja, man denkt nach, und man denkt eben ernst und – keine falsche Bescheidenheit – kritisch nach, denn so setzen wir Deutschen uns wirklich und sichtbar mit einem ernstzunehmenden Sachverhalt auseinander. Schließlich sind wir ernstzunehmende Leute! Und Sabrina, komm runter von deiner amerikanischen rosa Wolke, sonst holen wir dich mit unserer Kritik wieder zurück! Let's share? Oje! Wir teilen nicht, wir teilen höchstens *mit!*

Irgendwie rührend, meine Deutschen. Ich kam mir vor wie eine milde lächelnde Großmutter, die einem von Sartre begeisterten jungen Menschen, der durch seine gedankliche Tiefe beeindrucken will, zärtlich über den Kopf streicht und ihn mit einer warmen Hühnersuppe ins Bett schickt, um ihm zur Beruhigung auch noch ein Schlaflied vorzusingen: »Es wird alles gut. Du musst dich nicht so anstrengen. Du musst der Welt nicht zeigen, wie klug und gebildet du bist. Ich glaube es dir so, und ich liebe dich, wie du bist. Entspann dich. Hier, noch etwas Suppe.«

Ich dagegen überschüttete gelegentliche Anpassungsschwierigkeiten an Deutschland mit meinem geliebten Tall-low-fat-no-Foam-Chai-Tea-Latte von Starbucks. Sehr viel weniger süß als in den Staaten, und am Anfang bestellte ich ihn noch mit »zwei extra *pumps*« – doppelt so viel Sirup. Wie sich der Geschmack verändern kann! Es dauerte eine Weile, bis ich meinen antrainierten amerikanisierten süßen Gaumen wieder auf normales mitteleuropäisches Niveau herunterreduzierte. Selbst Schokolade ist in Amerika süßer als in Europa.

Ich fing an, unruhig zu werden. Frankfurt war eine Zwischenstation. Ich kam mir vor wie ein Zug auf einem Umsteigebahnhof, der endlich auf das Signal zur Abfahrt wartet. Ich wollte nach München. Ich wollte ein schönes Zuhause haben, und ich übte mich in Geduld. Nie schlecht. Mir fehlten meine Freundinnen, die aus Los Angeles wie die aus München. Ich ertappte mich einmal dabei, wie ich in einem Frankfurter Café an der Fressgass saß, sympathischen Frauen hinterherstarrte und mir dabei dachte: »Das könnte doch eine Freundin werden. Die sieht nett und spannend aus.«

34. Nette Beamtinnen und die Frage, warum es in Deutschland kaum mehr Schecks gibt

Der Himmel war klar, die Strumpfhosen waren schwarz, an einem Dienstagmorgen, 8 Uhr, und ich hatte einen entschlossenen Gesichtsausdruck: Heute war ich bereit, mich der deutschen Bürokratie zu stellen: Heute würde ich mich anmelden, damit es mich hier wieder gibt.

Ich hatte schon seit Jahren keinen deutschen Führerschein mehr. Weiß der Himmel, wo der abgeblieben ist. Und außer meinem Pass – ausgestellt im deutschen Konsulat in Los Angeles – auch keinen Personalausweis mehr. Ich brauchte eine Steuernummer, und überhaupt wurde es Zeit, dass ich hier wieder existierte. Ich hatte die letzten Jahre nur in den Staaten versteuert, da dort auch meine Firma angemeldet war. Das wurde jetzt alles aufgelöst und nach Frankfurt verlegt, später dann nach München.

Ich befürchtete das Schlimmste von der deutschen Bürokratie. Ich erinnerte mich noch lebhaft an die ewig langen Wartezeiten in ungemütlichen Warteräumen mit uninteressierten Beamten. Ich wurde angenehm überrascht. Am Eingang des Bürgerbüros (so heißt das jetzt) wird erst einmal überprüft, ob ich auch alle Dokumente vollständig dabeihabe, damit ich das nicht nach langem Anstehen feststellen muss. Wie nett! Ich hatte alles dabei und war geradezu beglückt, dass ich schon zehn Minuten später einer sehr freundlichen und kompetenten Mitarbeiterin gegenübersaß, die sich um alles kümmern wollte. Ganz besorgt fragte sie mich, ob ich denn auch eine deutsche amtliche Bestätigung für meine Doppelstaatsbürgerschaft habe, und freudig nahm sie das wichtige Dokument entgegen.

»Wissen Sie, ich hätte Ihnen sonst den deutschen Pass gleich abnehmen müssen. Aber so ist ja noch alles gutgegangen.«

Sie war darüber genauso erleichtert wie ich. Sehr sympathisch. Eine viertel Stunde später stand ich schon wieder auf der Straße, mit dem Versprechen, dass mein neu ausgestellter Führerschein und mein neuer Personalausweis vier Wochen später für mich zum Abholen bereitlägen. Herrlich. Ich liebe Deutschland. Was ist in meiner Abwesenheit passiert?

Ich behielt über all die Jahre in den Staaten ein Konto in Deutschland, habe aber bis auf eine Bankkarte nie irgendetwas gebraucht. Jetzt brauchte ich wieder Schecks. Ich ging zur nächsten Bankfiliale und fragte nach Euroschecks.

»Euroschecks?« Der Mann hinter dem Schalter schaute mich prüfend durch seine Brille an. »Sie wollen *was?*«

»Euroschecks«, antwortete ich. Ja, ich erinnerte mich, dass die deutschen Banken damit immer sehr vorsichtig umgingen, aber der da sah so aus, als ob er mir partout keine geben wollte. Damals bekam man nur zehn Schecks, und die wurden irgendwie unter größter Aufmerksamkeit mit dem Rücken zum Bankkunden an einer ratternden Maschine einzeln bedruckt. Nachdem man ihre Aushändigung schriftlich bestätigt hatte, wurden sie einem mit gewichtiger Ehrfurcht ausgehändigt, und wenn man neue wollte, dann wurde erst einmal nachgeschaut, ob man alle alten auch verbraucht hatte. Und wehe, man hatte für zwei Euroschecks keine Angaben, wo die verblieben sind!

In den Staaten werden einem Schecks nachgeschmissen. Man bekommt zehn Scheckbücher – in jedem dreißig Schecks mit eigenem Adressen- und Telefonnummernaufdruck, sonst gelten sie nicht –, und beim Ausgeben will dann der, der sie bekommt, immer noch den Führerschein sehen, um zu prüfen, ob man denn auch die gleiche Person ist, und aus unerfindlichen Gründen eine weitere Telefonnummer, die man entweder hat oder auch erfinden könnte.

Der Angestellte dieser Bank in Deutschland musterte mich von Kopf bis Fuß. Muss man jetzt auch noch eine körperliche Untersuchung über sich ergehen lassen, um an ein paar Schecks zu kommen, fragte ich mich.

»Ja?«, fragte ich hoffnungsfroh.

»Nein.« Der Bankangestellte schüttelte den Kopf. Offensichtlich gefiel ihm nicht, was er sah. »Euroschecks gibt es schon seit Jahren nicht mehr.«

Die Frage, die ihm am meisten durch den Kopf ging, stellte er nicht: »Wo, um Himmels willen, hat man Sie denn rausgelassen?«

»Die gibt es nicht mehr?« Ich lachte laut auf. Selten kam ich mir so blöd vor. Selbst vom Nachbarschalter aus kuckte man unverhohlen zu mir herüber, um sich die Person anzuschauen, die so eine saublöde Frage stellte. Stille in der Bank. Man wartete auf meine Reaktion. Was will sie als Nächstes? Alte D-Mark umwechseln?

»Ja, was macht man denn dann, wenn man zum Beispiel einen Handwerker bezahlen will?«

»Dafür haben wir ja die EC-Karte, oder?« Plötzlich fing er an, sehr viel langsamer zu sprechen, er befürchtete wohl, dass ich in meiner Doofheit schnellen Sätzen nicht ganz folgen könnte. »Oder er schickt Ihnen eine Rechnung.«

»Aha.«

»Sie kennen die EC-Karte?«, fragte er besorgt.

»Ja, die kenn ich, und die hab ich auch.«

»Dann ist es ja gut.«

»Das finde ich auch. Auf Wiedersehen.«

Die Bank atmete hörbar auf.

Ich ging dann wieder.

Es gibt keine Euroschecks mehr. Schade. Ich wollte dieses Mal wirklich gut auf sie aufpassen. Ich fragte mich, was es sonst noch alles nicht mehr gibt.

In Kalifornien kann alles mit Kreditkarte bezahlt werden, sogar ein Kaffee. In Frankfurt wurden sie gerade noch akzeptiert, bei meinen Wohnungssuche-Reisen nach München hingegen kaum. Man mag sie nicht. »Haben Sie nicht eine EC-Karte?«, wurde ich häufig gefragt, wenn ich mal wieder meine Meilen-Kreditkarte auf den Tisch legen wollte. Der Blick, der dieser Frage folgte, war auch regelmäßig so flehentlich, als wenn ich mit dem Benutzen meiner Kreditkarte sämtliche Geschäfte ruinieren würde. Ja, die habe ich schon, aber ich möchte gern gleichzeitig Meilen sammeln, und deshalb möchte ich lieber die Kreditkarte benutzen. Meistens kramte ich dann doch die EC-Karte raus, wer will schon die entgangenen Gewinne dieser Läden auf seinem Gewissen haben? In vielen Geschäften wurden Kreditkarten überhaupt nicht angenommen, offensichtlich will man sich die Kreditkartengebühr sparen. Seufzend legte ich meine EC-Karte in den oberen Schlitz meiner Geldbörse.

In Deutschland gab es ja nun auch Hotlines. Meine Kreditkartenfirma bot mir in ihrem Schreiben großzügig eine Telefonnummer an, falls ich Fragen haben sollte. Im Kleingedruckten durfte ich lesen, dass ich für einen Anruf bezahlen müsste. Ich hing sieben Minuten in der Warteschleife, bis jemand dran war, und fragte dann, wer denn die Wartezeit bezahlen würde. Zu meiner Überraschung: ICH! 14 Cent aus dem deutschen Festnetz, weil die Firma »so viel Call-Volumen hat, und die anderen Fragen stellen, die einfacher über das Internet beantwortet werden könnten«. Sehr interessante Logik! Wie ist uns denn die untergeschmuggelt worden? Je länger ich warte, desto mehr Geld bekommt die Service-Hotline von mir. Was für ein Service ist denn das? In Amerika gibt es dafür die berühmten 1-800-Nummern, die für den Anrufer völlig kostenlos sind. Das nennt man dort Service!

Alle zwei Wochen fuhren wir von Frankfurt nach München, um uns Wohnungen anzuschauen. Ich erinnerte mich daran, wie ängstlich jeder Makler seine Wohnungen und Häuser für sich behielt, und war überrascht, dass sich das immer noch nicht geändert hatte. Es gab, im Gegensatz zu den Staaten, keine allgemeine große Liste von allen Wohnungen, die zur Verfügung stehen. Einige Makler redeten schlecht über ihre Kollegen. Wie unpraktisch. Das könnte man aber doch wirklich anders machen. Erstaunlicherweise waren die Makler nicht besonders interessiert daran, uns Wohnungen zu besorgen. Wir mussten jede Woche anrufen und nachfragen. Unsere Maklerliste war mittlerweile zwei Seiten lang, und wenn ich durchrief, hörte es sich immer so an, als wenn sich einige kaum an uns erinnerten.

Ich wollte in die Stadt. Richtig rein. Ich wollte München fühlen. Wir sahen Wohnungen über Wohnungen, und nichts rief: »Kommt hierher. Zieht hier ein!« Natürlich hatten viele Wohnungen weder Küchen noch irgendwelche eingebauten Schränke. Doch auch hier gab es Ausnahmen, früher unmöglich. Ich bin einfach zwanzig Jahre zu früh zurückgekommen. Dann wird es wohl in jeder Wohnung Küchen und Einbauschränke geben.

Nach langem Hin und Her fanden wir eine Wohnung mitten in Schwabing. Groß genug für zwei Freiberufler, die zu Hause arbeiten, aber keine Küche, nicht einmal eine Abstellkammer. Zwei meiner engsten Freundinnen wohnten in der Nähe, und in der Gegend kannte ich mich wenigstens noch ein bisschen aus. Ich wollte nur noch Rad fahren und zu Fuß gehen.

Doch die Wohnung war nicht alles, was ich suchte. Ich brauchte eine Auto-, eine Kranken-, eine Haftpflichtversicherung. Was sonst noch? Ich brauchte einen Frauenarzt, einen Hausarzt, eine Maniküre und einen Steuerberater. Nicht nur einen normalen Steuerberater, sondern auch einen, der mit meinem amerikanischen Steuerberater zusammenarbeitet.

Wie viele Streifen muss ich eigentlich bei der U-Bahn abstempeln, und was ist bitte eine BahnCard? Halt, was passiert eigentlich mit meiner Rente? Hab ich eine?

Ich brauche eine Haushaltshilfe.

Ich verbrachte meine Zeit mit dem Suchen derselben und dem Schreiben eines neuen Buchs.

Schließlich war es so weit. Der Umzug nach München stand an. Gerade rechtzeitig, damit Julia in den Sommerferien endlich ein Zuhause fand. Mittlerweile hatte ich neun Monate in Frankfurt verbracht und ließ es leichten Herzens zurück. Nur Gosos Freunde und die Fressgass würden mir fehlen.

35. Vom Land der Maniküren ins Land der Apotheken und die freudige Erkenntnis, dass auch hier der Kunde langsam König wird

Ich war wieder in München. In den letzten vier Jahren war ich dreimal umgezogen. Mir reichte es jetzt. Ich wollte wieder Wurzeln schlagen können, und hier konnte ich endlich aufatmen. Ich wusste noch, wie man von A nach B kommt, erinnerte mich an die eine oder andere Abkürzung und hatte meine Familie und einige langjährige Freunde hier. Jetzt, in München, freute ich mich nur, dass ich einfach so zum Laden meiner Freundin Natascha Muellerschoen gehen konnte, ohne zuvor in einen Flieger steigen zu müssen. Dabei hatte ich das Vergnügen, an diesem kurzen Gehweg an drei Apotheken vorbeizukommen. In meiner Straße gibt es ebenfalls drei Apotheken. Wo man hinschaut: Apotheken. Wann haben wir Deutschen zu kränkeln angefangen? Irgendwann einmal in den letzten sechzehn Jahren muss Schwäche über dieses Land hereingebrochen sein. Könnte man einige nicht zu Nagelstudios umfunktionieren?

Jede Woche verschickte ich E-Mails mit Fragen wie »Kennt jemand eine Änderungsschneiderin?«, »... einen Versicherungsvertreter?«, »... einen Fensterputzer?«, »... eine Blablabla?«. Es dauerte einige Monate, bis ich das Gefühl hatte, dass ich langsam wieder im Gröbsten organisiert bin.

Julia kam nach München und fing an, sich in ihrem Zimmer einzurichten. Gott sei Dank stank München nicht mehr. Der Bauernhof war wirklich weit entfernt.

Wir gingen einkaufen. Julia hatte nun kaum »Einkaufserfahrung« in Deutschland – außer wenn wir zu Besuch bei Tante Susanne gewesen waren und dann Lebensmittel eingeholt hatten. Ich, als zurückkommende Deutsche, erinnerte mich noch sehr wohl an die meistens unansprechbaren Verkäuferinnen von damals und war jetzt angenehm überrascht, denn die meisten sind sehr aufmerksam und freundlich geworden. Doch manchmal ist es einfach nur der Ton, der im Deutschen schlicht ein bisschen forscher ist. Das ist wohl unsere Natur und hat mit dem freundlichen Singsang der Amerikaner einfach nichts zu tun.

Julia wollte sich neues Make-up besorgen, und wir gingen in ein Kaufhaus. Die Verkäuferin sah uns eine Weile zu, wie Julia Abdeckpuder ausprobierte, und meinte dann freundlich, aber bestimmt: »Nein, der geht nicht.«

Ich fand ihre Antwort eigentlich ganz in Ordnung. Ein Blick auf Julia zeigte mir dann aber doch, dass das, was ich als »normal« betrachte, für sie nicht so ist. »Nein, der geht nicht«, kein »Da hab ich was, das passt wahrscheinlich besser zu deinem Hautton« oder ein »Darf ich dir noch etwas anderes zeigen, was dir vielleicht besser gefallen würde?«.

Ich versuchte, mein Lachen zu unterdrücken. Die Dame war äußerst nett und verstand auch viel von ihren Produkten, aber das hatte Julia noch nie von einer Verkäuferin gehört. Sie wollte gehen, fand Deutschland immer noch furchtbar und weigerte sich, auch nur eine Minute länger mit dieser Frau zu sprechen. Ich versuchte, zu vermitteln, aber es ging nicht. Die Verkäuferin schaute mir verwundert nach, ich zuckte mit den Schultern und meinte entschuldigend: »Teenager!« Julia war inzwischen kopfschüttelnd nach draußen verschwunden.

Ich wusste ihre Sachkenntnis zu schätzen, denn dass Verkäufer(innen) hier in Deutschland mehr von ihren Produkten verstehen, ist eine wunderbare Sache. Wenn man zum Beispiel in Los Angeles einen Turnschuh kaufen will, dann holt man sich den Schuh, der einem gefällt, aus dem Regal und reicht ihn dem Verkäufer mit Angabe seiner Schuhgröße. Man probiert den Treter an, der Verkäufer schaut zu, und dann wird bezahlt.

In einem Münchner Sportgeschäft wollte man mehr wissen: Hatte ich jemals Fußprobleme und, wenn ja, welche? Hatte ich jemals irgendwelche Operationen an den Beinen oder Füßen oder an der Hüfte? Warum wollen Sie Laufschuhe, wie oft laufen Sie und wo laufen Sie? Gehen Sie bitte mal vor mir her und jetzt bitte noch kurz auf das Laufband. Aha! Kann ich bitte mal die Breite Ihres Fußes messen, und zeigen Sie mir doch noch mal, wie Sie den Fuß abrollen.

Ich war drauf und dran, dem Verkäufer mein Geburtsdatum, meine Kontonummer und meinen Brustumfang mitzuteilen, als er mir zwei Paar Schuhe brachte. Ich durfte unter diesen beiden aussuchen. An der Ecke stand ein Paar, das ich vom Design her gut fand. Er schüttelte den Kopf: »Nicht gut für Sie, weil Ihre Füße zu schmal sind. Diese hier haben die richtige Sohle und die richtige Breite. Damit werden Sie viel Freude haben.« Punkt.

Meine Deutschen. Die Gründlichkeit ist nicht zu unterschätzen. Wir verstehen was von unserem Handwerk.

Ganz selten merkte ich dann aber doch, dass sich das System »Der Kunde hat immer recht« oder »Der Kunde könnte eventuell vielleicht ein bisschen recht haben« noch nicht ganz in Deutschland durchgesetzt hatte. Einmal wollte ich Familienfotos bei einem Fotografen abholen. Ich hatte brav grüne Punkte auf den Kontaktabzug gemacht, bei denen, die ich bestellen wollte. Doch als ich sie abholte, waren einige dabei, die ich mir nicht bestellt hatte, und dafür fehlten andere. Eine amerikanische Verkäuferin würde Folgendes sagen: »Das tut uns aber leid. Da ist uns irgendein Missverständnis passiert. Und jetzt müssen Sie auch noch mal eine Woche auf die neuen Bilder warten. Bitte verzeihen Sie.« Dann würde sie mir irgendetwas anbieten, damit ich mich wohl fühle. Also entweder noch mal ein paar zusätzliche Abzüge, und selbstverständlich würden die anderen nicht abgerechnet und die neuen vielleicht sogar umsonst nachgemacht.

Hier in München ergab sich folgender Dialog:

Ich: »Da sind aber einige Fotos dabei, die ich nicht wollte, weil sie mir nicht gefielen.«

Sie: »Das gibt es nicht.«

Ich: »Wenn Sie bei den Kontaktabzügen nachschauen, dann werden Sie sehen, welche ich bestellt hatte.«

Sie holte die Kontaktabzüge.

Ich: »Sehen Sie?« Ich deutete auf die verschiedenen Fotos, die mit einem grünen Aufkleber versehen waren.

Sie: »Ich habe das aber so aufgeschrieben.« Sie schüttelte den Kopf und schaute mich vorwurfsvoll an. Innerlich musste ich lachen.

Ich: »Das kann schon sein, aber Sie sehen ja selber, dass ich diese Fotos nicht mit einem Punkt versehen habe.«

Sie: »Hier habe ich es aber aufgeschrieben, dass Sie diese Fotos bestellt haben. Vielleicht haben Sie es sich ja anders überlegt, nachdem Sie die Punkte schon draufgemacht hatten?«

Ich konnte es nicht glauben. So viel Sturheit habe ich das letzte Mal bei meinem Dackel erlebt. Ich, immer noch freundlich und mit einer ähnlichen Sturheit: »Nein. Ich war mal Fotoredakteurin. Ich weiß, wie man das macht.«

Sie kopfschüttelnd: »Also, das gibt es nicht.« Sie hoffte, dass ich nachgebe. Den Gefallen tat ich ihr aber nicht. Ich traute meinen Ohren kaum. Erkennt sie denn nicht, dass sie damit nicht nur mich als Kunden verliert, sondern auch eventuelle andere, da ich sie auf keinen Fall mehr weiterempfehlen werde? Kann man wirklich so kurzsichtig sein? Knirschend schrieb sie dann die neuen Nummern auf, schrieb mir die, die zu viel waren, gut und stellte mir die neuen in Rechnung. Keine Entschuldigung, keine kleine Geste. Am Ende konnte ich es mir dann doch nicht verkneifen, einen Kommentar dazu abzugeben. »Darf ich Sie was fragen? Ist es wirklich notwendig, als Erstes Ihrem Kunden einen Fehler zu unterstellen?«

Sie war uneinsichtig: »So was ist mir eben noch nie passiert.«

Und doch, dies war eine Ausnahme. Das Deutschland, das ich wiederentdeckte, war freundlicher, gelassener und offener.

Drüben hat sogar mal die Polizei von Beverly Hills bei mir eine höfliche Nachricht auf dem Anrufbeantworter hinterlassen – bei allen anderen übrigens auch –, dass ein wahrscheinlich bewaffneter Einbrecher unterwegs war und dass wir aufpassen sollten. Oder, wenn der Strom ausfällt, erfährt man auf einer Hotline, dass das Problem »spätestens um 11.36 Uhr« behoben ist. Nun gut, wir Deutschen haben sehr viel seltener Stromausfälle als der Durchschnittskalifornier, deshalb brauchen wir solche Hotlines auch gar nicht. Und der Rest vom Service? Das wird schon. Wir sind auf dem besten Weg dahin. Nur nicht aufgeben. Allerdings sollten wir schnellstens mit diesen automatisierten Service-Hotlines aufhören. In Amerika gibt es wenigstens das Zauberwort: *operator*, das einen aus der endlosen Schlange holt und mit einer lebenden Person verbindet. Hier in Deutschland habe ich außer frustriertem Auflegen noch kein »Zauberwort« gefunden.

Wie in der ersten Zeit in Amerika fehlten mir nach der Rückreise plötzlich bestimmte Lebensmittel. Ich hatte mich an eine wunderbare Mischung mit wildem Reis gewöhnt, und hier fand ich nichts Ähnliches. Auch gab es keine gekochten Sojabohnen, eines meiner Hauptnahrungsmittel in Los Angeles, die man dort kurz in den Ofen schiebt und dann mit Salz bestreut. Edamame, wie es die Japaner nennen, gibt es in Los Angeles in jedem durchschnittlichen Lebensmittelladen, hier nur in japanischen Restaurants. Meine Lipton's-Onion-Dip-Mischung funktionierte mit der deutschen getrockneten Zwiebelsuppe auch nicht richtig. Oder der beste grüne, leider sündteure Tee von GP Deva, von dem ich mir in weiser Voraussicht eine große Packung mitgenommen hatte und den ich hütete wie den Familienschmuck. Ich suchte fast verzweifelt meine amerikanische Cocktailsoße als Dip für kalte gekochte Shrimps. Was war das nur für ein orangefarbenes Zeugs, das hier als Cocktailsoße verkauft wurde? Ich suchte das tiefdunkelrote. Nicht zu finden. Ein Laden nach dem anderen wurde durchstöbert. Überhaupt muss man sich an die deutschen Lebensmittelläden erst gewöhnen. Recht lieblos

wird hier das Gemüse hingeknallt, und die Läden, gerade in Schwabing, sind so klein, dass man sich mit einem Wintermantel nicht
mehr reintraut. Davon abgesehen, dass ich mich immer noch zwingen musste, meine Lebensmittel selbst einzutüten, die ja in den
Staaten selbstverständlich eingepackt werden. So stand ich nicht
selten gedankenverloren herum, während das Obst und Gemüse gemeinsam mit dem Joghurt zusammengequetscht am Ende des Fließ-
bands auf mich warteten. Besonders schuldig fühlte ich mich dann,
wenn die Kassiererin schon den Einkauf der Person nach mir in die
Ablage fallen ließ, in der meine Lebensmittel noch herumlungerten.
Und doch fiel mir auf, dass es viel mehr Kassiererinnen gab. Ich
hatte mir einst selbst mein Taschengeld im Supermarkt als Kassiererin verdient und habe zu dieser Berufsgruppe eine besondere Affinität. Es werden sogar sofort mehr Kassen aufgemacht, wenn zu
viele Kunden anstehen. Allerdings muss man für die Tüten zahlen,
das gibt's in Amerika nicht. Den extra Ketchup bei McDonald's
bekommt man drüben ebenfalls umsonst.

Da ich meine dunkle Cocktailsoße nicht finden konnte, kaufte
ich also diese orangefarbene. Selten so was Schreckliches gegessen.
Also musste ich sie selbst machen. Ich hatte natürlich das amerikanische Kochbuch mit zurück nach Deutschland genommen, das mir
meine Schwiegermutter an meinem Hochzeitstag geschenkt hatte:
Joy of Cooking. Es standen unter anderem 83 Hühnchenrezepte
drin, und es hatte kein einziges Foto. Ich kaufe meine Kochbücher
normalerweise nach den Fotos und entscheide, was ich koche, danach, ob mir das Bild gefällt. Doch dieses Buch enthält alles: auch
meine schon ersehnte Cocktailsoße. Man nehme Tomatenketchup
(den richtigen, Sie wissen schon) und mische ihn nach Geschmack
mit nicht zu wenig Meerrettich aus dem Glas. Am Schluss noch ein
bisschen Zitronensaft drüber. Das Ganze vermischen und als Dip
neben die Shrimps legen. Es schmeckt einfach großartig.

Wie gewöhnt man sich an seine alte Heimatstadt? Ruft man »Ich
bin wieder da« hinaus und wartet dann ab, wer klingelt? Hier wieder

eine Theorie von mir: Wenn man mit Mitte zwanzig oder dreißig das Land oder seine Heimatstadt verlässt, trifft man in der neuen Umgebung auf eine Gruppe von Leuten, die auch sehr flexibel ist. Die einen haben sich gerade enthusiastisch ins Berufsleben gestürzt und sind dementsprechend ausgehfreudig, oder die anderen, die gerade eine Familie gründen möchten, freuen sich, wenn sie andere neue junge Familien kennenlernen. Die Wege sind noch nicht eingefahren. Jeder schaut sich um, und man findet sich leichter. Es ist einfach, anzukommen, und es ist einfach, neue Freunde zu finden.

Wenn man mit Ende vierzig das Land verlässt und woandershin zieht, sind die Gleichaltrigen ziemlich etabliert. Sie sind eingebunden in ihre Berufe, beschäftigt mit ihren Kindern, vielleicht auch mit der Pflege ihrer Eltern. Sie haben Geschäftsessen, langjährige Freundschaften, volle Terminkalender und ein pralles Leben. Und in dieses volle Leben der anderen versucht man sich reinzuschieben.

Ich erwartete nicht, dass ganz Deutschland stehen bleibt und laut ausruft: »O wie schön, Sabrina ist wieder da.« In meiner Erinnerung habe ich mich immer um Gesellschaft bemühen müssen, und so machte ich das, was ich immer machte: Wir luden ein. Abendessen. Spieleabende. Mädelsabende.

Mit meinem Umzug nach Deutschland bin ich auch meine täglichen Mutterpflichten losgeworden. Da ich meine Tochter nur jedes dritte Wochenende sah, fehlte mir ihr Tagesablauf. Natürlich telefonierten wir viel, und klar gibt es noch einiges für sie zu organisieren, aber mein täglicher Rhythmus, bestimmt von ihr und den Tieren, die ich zu verpflegen hatte, war verschwunden. Plötzlich war ich frei für meine eigenen Bewegungen. Ein ganz eigenartiges Gefühl nach so vielen Jahren.

Goso, als ewiger Junggeselle, war pflegeleicht. Er wusste, was eine Spülmaschine ist und wie man die weiße von der bunten Wäsche trennt. Außerdem kochte er großartig, und ich wurde mit zarten Entenbrüsten und glorreichen Pastasaucen verwöhnt. Da wir beide freiberuflich arbeiteten und zu Hause unsere Büros hatten, fehlte mir ein geregelter Tagesablauf. Ich arbeitete häufig abends bis spät in die Nacht hinein, und so fühlte ich mich in meinem Leben schwimmend. Meine Tage waren zwar noch mit Handwerkern gefüllt, dem Organisieren und gelegentlichen Umräumen und dem Schreiben, aber das brachte mir keine Struktur. Obwohl ich mehr Vortragstermine annahm, brachte mir auch das kein Gefühl des Ankommens, dafür war ich ja auch wieder unterwegs. Ich war zu allein in meinem Büro, um mich in München zu Hause zu fühlen. Ich fand einen drei Monate langen Zeichen- und Malkurs, der mitten in Schwabing im Akthof an der Türkenstraße abgehalten wurde. Ich war begeistert, denn ich hatte befürchtet, so was gäbe es hier nicht. Ich drückte wieder die Schulbank: Dreimal die Woche, und das den ganzen Tag, lernten wir Farbenlehre, Bleistiftzeichnungen, und uns wurde von großartigen Künstlern erklärt, wie man mit Wasserfarben, Gouache, Acryl und Öl umgeht. Als der Kurs gegen Weihnachten vorbei war, fühlte ich mich besser. Routine hat viele Vorteile, einer davon ist die Regelmäßigkeit, die einem das Gefühl gibt, man gehört dazu.

Gleichzeitig suchte ich ein Atelier für meine Bildhauerei. Unsere Wohnung in München hatte jetzt einen Wintergarten – statt der erwarteten Terrasse –, den ich eigentlich als Studio benutzen wollte. Da ich keine Wintergartenerfahrung hatte – und auch kaum mehr Wintererfahrung –, wusste ich nicht, dass dieses Ding entweder zu heiß oder zu kalt ist und in nur ganz seltenen Fällen, so zwischen 12.46 und 13.10 Uhr, eine angenehme Temperatur hat. Auch dieser Wunsch nach einem Atelier ging wieder mit einer meiner berühmten Such-E-Mails raus. Ich fand zwei Künstlerinnen mit Atelier, die eine dritte suchten.

Ich fing wieder an, Fußspuren in meiner Heimatstadt zu hinterlassen.

Halbherzig plante ich unser nächstes Weihnachten, und da Julia nach Hause wollte, flogen wir nach Los Angeles. Richard hatte mir sein Gästezimmer angeboten, und ich nahm dankbar an. So konnten wir beide Zeit mit Julia verbringen, ohne dass sie von zu Hause aus zum Hotel gehen musste. Wir hatten Zahnarzt- und Massagetermine, und wir trafen Freunde – Julia ihre, ich meine.

Ich fühlte mich, als ob ich schwimmen würde. Da gab es kein Land, an das ich mich andocken konnte. Ich war zwischen den Welten. In der einen nicht ganz angekommen, in der anderen nicht mehr zu Hause. Ich ging in meine Schreib- und zu meiner Bildhauergruppe und fühlte mich wie zu Besuch. Julia ging es ähnlich.

Wir verbrachten Weihnachten in Santa Barbara bei alten Freunden von uns. Zum ersten Mal ein Weihnachten in Kalifornien, bei dem wir die Gäste waren. Auch das war eigenartig. Eigene Rituale nicht mehr vorhanden, sondern welche von Freunden geliehen. Nach zwei Wochen flogen wir wieder zurück. Lipton's Onion Soup, mein chinesischer Tee und meine Reismischung im Gepäck, zusammen mit den großartigen Plastik-Ziplock-Bags mit einer Art Reißverschluss. Die finde ich hier nicht.

36. Klingeltöne, unverdeckte Pornomagazine und stöhnendes Fernsehen

Als ich von Deutschland wegging, gab es Cafés und Diskotheken, als ich zurückkam, Lounges und Clubs. Ich ging mit Euroschecks und habe jetzt eine EC-Karte. Wir waren die Bundesrepublik Deutschland, und jetzt haben wir neue Bundesländer. Wir hatten die Deutsche Mark und nicht den Euro. Und es gab kein 9Life und DSF.

Was für ein Schock! Ich konnte es nicht fassen, wie sich die TV-Szene mittlerweile verändert hatte. Mein schönes deutsches Fernsehen. Was ist passiert?

Gegen Mitternacht oder wann immer es ist, stehen Frauen im knappsten Bikini oder »oben ohne« als Moderatorin im Fernsehen und tun so, als ob das völlig normal wäre. »Ja, das ist hier mein Fernsehstudio, das ist meine Sendung, und ich stehe hier nackt rum und frage Sie nach Buchstaben zu einem Quiz, damit Sie anrufen können. Warum schauen Sie denn so verwundert?«

Dazwischen gibt es Werbung, in der ich diverse Frauen anrufen kann, die sich nackt räkeln – mir die intimsten Körperbereiche leicht verschwommen hinschieben –, damit ich sie anrufe, um ihnen »dabei« zuzuhören, oder gleich danach fragt man mich, ob ich einen neuen schwulen Liebhaber finden wolle. Nein. Ehrlich gesagt nicht.

Ich hatte mich gerade von dem Schock erholt, dass in deutschen Tankstellen sämtliche Pornomagazine mit dementsprechendem Cover auf Kinder-Augenhöhe ausliegen – in den USA müssen sie mit einem neutralen Blatt vorn verhüllt sein –, und jetzt das! Ich weiß, dass Sie das bestimmt auch alles kennen. Kommt das nur mir komisch vor? Wie hat denn das angefangen? Langsam? Damit man sich daran gewöhnt? Haben Sie sich daran gewöhnt?

Ich bin nicht prüde, und natürlich gilt da immer noch das Argument, dass man auch wegschalten kann. Aber wer rechnet bei der Mammutfassung des Klassikers »Vom Winde verweht« bei dem Fernsehsender Tele 5 mit nackten Frauen? Das Einzige, was ich bis dahin gesehen hatte, war ein Korsett über Rüschenröcken und Blusen, in das Vivian Leigh, im Film um 1860 rum, eingeschnürt wurde. Um Mitternacht wurde ich in der Werbung von dem Gestöhne sich räkelnder Frauen aufgerüttelt, gerade als es zum Höhepunkt des Films kam. Ab dann gab es keine normale Werbung mehr: Alles war orgasmisch geladen. Ich hatte mich doch gerade erst an die sehr spannende und abwechslungsreiche Klingeltonwerbung gewöhnt, die aus jedem normalen Menschen ein Nervenbündel machen kann. Allein davon kann man verwirrt werden, und hier tritt noch die visuelle Komponente hinzu. Meine Muttergefühle kommen da hoch, und ich möchte den Mädchen zurufen: »Mein Kind, zieh dich an, komm nach Hause und such dir eine bessere Beschäftigung, die dich im digitalen Zeitalter nicht bis an dein Lebensende verfolgen wird. Denk an deine Enkelkinder!«

Ich hatte in Kalifornien etwa dreihundert Fernsehprogramme, und da heißt es: Wo Sex draufsteht, ist auch Sex drin, also zum Beispiel beim Playboy Channel. Doch nicht wie hier, wo es uns überraschend zu später Stunde aus vielen Sendern entgegenstöhnt. Natürlich hab ich auch nur deshalb hundert – oder so – Programme durchgeschaltet, weil ich hoffte, irgendetwas zu finden, was mich interessiert (wie den Discovery Channel oder den History Channel). Da ist es im deutschen Fernsehen immer noch leichter. Schließlich haben wir Arte, das öffentlich-rechtliche TV (es lebe hoch!) und sehr gute dritte Programme; und spätabends findet man, neben dem Gestöhne auf manch anderen Sendern, sehr gut gemachte Dokumentationen oder Gesprächsrunden. Werbung für Pornoläden im amerikanischen Radio? Noch nie gehört. Hier in Privatsendern schon.

Die Pornoindustrie ist in Deutschland zu einer kulturellen Selbstverständlichkeit geworden. Wollen wir damit zeigen, wie liberal wir sind? Wie offen? Verzeihen Sie, das »offen« ist mir so rausgerutscht.

Die Penisverlängerungen, die mir über E-Mails regelmäßig angeboten werden und die ich nun wirklich nicht brauchen kann, sind ja glücklicherweise zurückgegangen. Wahrscheinlich sind jetzt alle lang genug. So habe ich die Hoffnung, dass wir auch irgendwann einmal genug von dieser gestöhnten Fernsehwerbung haben und auch das wieder aufhört. Wie viele multiple Orgasmen kann so ein Fernseher eigentlich vertragen? Vielleicht kommt ja nach dem Flatscreen auch der Vollbusenbildschirm, gleich zum Anfassen.

Der amerikanische Umgang mit der Sexualität ist ebenfalls fragwürdig. Jeder Bundesstaat hat ein anderes Alter für das sogenannte Gesetz der Einwilligung. In Kalifornien sind das achtzehn Jahre. In diesem Alter darf man also »eigentlich« erst sexuell aktiv werden. Wenn ein über achtzehnjähriger Mann mit einem Mädchen schläft, das jünger ist, macht er sich strafbar. Sofern ihn jemand anzeigt. Die Eltern des Mädchens zum Beispiel. Das Gesetz bestimmt, dass es unter achtzehn Jahren illegal ist, dem Sexualverkehr zuzustimmen, und deshalb wird dies auch als »gesetzlich gesehene Vergewaltigung« geführt. Und wenn ein Neunzehnjähriger und eine Fünfzehnjährige sich verlieben, miteinander schlafen und erwischt werden, kommt der Ältere je nach Bundesstaat für Jahre hinter Gitter.

Mir ist immer wieder aufgefallen, wie selten amerikanische Eltern mit ihren Kindern über Sexualität reden. Sie sollen so lange wie möglich jungfräulich bleiben. Deshalb ist die »Prom-Night«, besagter Abschlussball der Highschool-Zeit, fast offiziell die Nacht für »das erste Mal«.

Sex gibt es inoffiziell schnell und offiziell am liebsten nur in der Ehe. Doch wie passt das mit den Videoclips zusammen, in denen man gerade in der schwarzen Musikszene Sänger sieht, die Dutzende von halbnackten Mädchen mit den Bewegungen von Strippe-

rinnen um sich herumtanzen lassen? Kann man als junge Frau überhaupt noch singen und erfolgreich sein, ohne seine nackten Schen-
kel, den knapp bedeckten Busen und einen kaum verhüllten Hintern
mit Tabledance-Akrobatik vorzuführen? So viel Strumpfhosen-Air-
stocking-Spray gibt es gar nicht, um sich wenigstens mittels einer
Lage davon zu beschützen.

37. Die Angewohnheit, englische Wörter in deutsche Sätze einzufügen, und vielleicht haben die Franzosen ausnahmsweise mal recht

Manchmal fielen mir deutsche Wörter nicht ein, und ich musste nachfragen: »Wie heißt das noch mal auf Deutsch?« Dieser Satz, über den jeder lacht, weil man annimmt, dass jemand gerade mal zwei Wochen in New York gewesen ist und nun seine Sätze mit »Well«, »Sorry« und »Wie heißt das noch mal auf Deutsch?« ausschmückt. Ich hatte wenigstens sechzehn Jahre, um Wörter zu vergessen. Deshalb erklärte ich mein Nichtwissen immer wieder mit dem Satz: »Ich bin gerade nach sechzehn Jahren Amerika wieder zurück nach Deutschland gezogen«, den ich langsam, aber sicher zu häufig benutzte.

»Wie heißt dieses Gemüse noch mal? Tut mir leid, aber ich bin gerade nach sechzehn Jahren USA wieder zurückgekommen.«

»Können Sie mir den Unterschied zwischen T-Mobile und T-Com erklären? Wissen Sie, ich bin gerade nach sechzehn Jahren USA wieder zurückgekommen.«

»Wo bitte ist noch mal der Odeonsplatz? Ich bin nämlich gerade nach sechzehn Jahren USA wieder zurückgekommen.«

Über meine Angewohnheit, Deutsches mit Englischem zu vermischen, hätte ich mir überhaupt keine Sorgen machen sollen. Hier werden so viele englische Wörter benutzt, dass mein Sprach-Mischmasch überhaupt nicht auffiel. Ich hätte nur nicht entschuldigend schauen, sondern einfach hocherhobenen Hauptes mein Kauderwelsch an Deutsch-Englischem an den Mann bringen sollen.

»Happy Birthday, lieber Walter.«

»Möchtet ihr einen Drink?«

»Das war wirklich ein Highlight.«

»Lass uns nach dem Meeting telefonieren.«

Wir wollen cool, trendy oder hot sein. Wir managen unser Leben und bestellen Softdrinks, die nicht mehr kalorienarm, sondern »light« sind. Wir chillen bei einem Weekend-Trip. Tagsüber gehen wir zum Shoppen, und in den Schaufenstern leuchten Schilder, die uns mitteilen, ob die Läden *open* oder *closed* sind. Wir treffen uns in der Lobby auf einen Drink und Fingerfood, hinterlassen einen anständigen Tip, und anschließend gehen wir zum Dinner. Wie herrlich *relaxed!*

Wie wir da hinkommen? Entweder mit unserem 4-Wheeler, oder es gibt uns jemand einen *lift*, und wir begeben uns zum Airport. Vielleicht benutzen wir aber auch unsere BahnCard, die sich einfach weigert, eine schlichte deutsche Bahnkarte zu sein. Wir fliegen entweder mit unserem E-Ticket First Class, Business oder Economy, suchen nach dem Terminal, hoffen auf ein Upgrade und vergessen natürlich nicht, rechtzeitig zu boarden.

Wir mieten uns Apartments, sind Single oder nicht und sind auf der Suche nach coolen Typen oder *hot babes*. Wir bemühen uns im Networking und bevorzugen den VIP-Bereich bei Partys. Oder wir brauchen eine Nanny, die nicht *crazy* ist.

Wenn wir uns der weiblichen Schönheit zuwenden, dann geht gar nichts mehr ohne englische Wörter: Wir machen Highlights statt Strähnchen, wir sind stylish oder eben nicht, kaufen *vintage* statt gebrauchter Klamotten, benutzen Make-up, hoffen auf einen Super-body und gehen in den Gym oder wir walken – die eingedeutschte Version von *to walk*, die es im Englischen natürlich nicht gibt. Wir lesen in Magazinen von »The beauty of anti-aging« – hat das jemand mal übersetzt: »Die Schönheit des Nicht-älter-Werdens«? Was heißt denn das, bitte? Wenn wir uns nicht okay fühlen, dann gehen wir hoffentlich rechtzeitig zum Arzt für einen Check-up. Was können wir sonst noch für die Wellness tun? Ah ja, Beautyfarmen und ein Besuch im Spa. Und vielleicht einen gesunden Brunch mit den unverständlich eingedeutschten Cerealien (klingt nach Chemikalien) statt *cereals*. Wem ist das bloß eingefallen?

Wir kaufen uns Boots oder Leggings. Wir suchen nach Stretchhosen, und erst bei längerem Nachdenken fällt uns dafür das Wort »elastisch« wieder ein. Wir lieben Tanktops oder T-Shirts, von Jeans ganz zu schweigen.

Im Computerbereich findet man kaum ein deutsches Wort: online, Software, Hardware, Wireless LAN, Internet, upgraden, Scanner, Printer. Statt von Konferenzen wird von Meetings gesprochen, bei denen der Boss mit der Crew über ihr Business spricht. Und wo? Natürlich im Office.

In der Werbung geht es hoch her. Wir haben Slogans – gibt es noch ein deutsches Wort dafür? – und hoffen, damit das Image aufzuwerten. Selbst die Kleinen bekommen »Happy Meals« – glückliche Mahlzeiten? Wie sehen bitte unglückliche Mahlzeiten aus? Die Männer, die »Palmolive men« benutzen, sind nicht nur noch am Leben – was wir hoffen wollen, weil sie sonst ja kein Duschgel mehr bräuchten –, sondern »they feel alive«! Mit einem Energizing-Duschgel mit Active Power und einem »2-in-1-Body-and-Hair«-Duschgel und Shampoo mit Active Care. Active Care, Active Power? Und wenn man die dann hat, dann ist man auch Manns genug, um die Power von Hunderten Cooling Crystals der Colgate MaxFresh (wohl eine Abkürzung für maximale Frische, ja?) in seiner Zahnpasta zu ertragen, die sich Gott sei Dank im Mund auflösen und nicht im Hirn.

Der Opel Astra hat einen Sport-Switch-Modus, was immer das sein mag. Sagen Sie das schnell dreimal hintereinander. Bitte auch gleich dreimal die schöne neue Wortkombination Health-Style wiederholen. Das th und das S so nah beieinander, das ist auch nur lesbar möglich und für einen Deutschen kaum sprechbar, einmal davon abgesehen, dass diese Kombination so überhaupt keinen Sinn macht. Auch sehr verwirrend für mich ist der Begriff Worklife Balance. Sollen wir unser Arbeitsleben ausgleichen? Im Arbeitsleben ausgleichen? Arbeit und Leben ausgleichen? Gar nicht arbeiten?

Besonders faszinierend finde ich es, wenn amerikanische Sätze in der Werbung wortwörtlich übersetzt werden. »I love it« von McDonald's hat im Amerikanischen einen ganz anderen Witz als »Ich liebe es«. Erst einmal sagen wir Deutschen diesen Satz im normalen Sprachgebrauch überhaupt nicht – im Gegensatz zu den Amerikanern, bei denen »I love it« viel und häufig benutzt wird –, und damit ist die ganze Idee der Selbstverständlichkeit (im Sinne von »*Natürlich* liebe ich McDonald's«) völlig flöten gegangen. »Ich liebe es« klingt einfach nur schräg.

Oder das Douglas-Ding: »Come in and find out« wird häufig als »Komm rein und finde wieder raus« verstanden statt richtig »Kommen Sie herein und überzeugen Sie sich selbst«.

Mit Recht werden Sie jetzt sagen: »Also, ich bitte Sie, ausgerechnet Sie beschweren sich darüber! Haben Sie schon mal Ihr Buch gelesen? Da wimmelt es ja geradezu von deutsch-amerikanischen Verbindungen, passend oder nicht.«

»Ja, ja, ich gebe es zu«, und ich versuche damit, erst einmal wieder Ihr Wohlwollen zu gewinnen. Ich schreibe eben ein Buch über deutsch-amerikanische Verhältnisse, und da vermischt sich halt ab und zu das eine mit dem anderen und so … Sie verstehen, ja? Aber in Deutschland, jetzt, wo wir endlich wirklich gute deutsche Liedtexte haben, muss doch wirklich nicht jedes fünfte Wort englisch sein, oder? Vielleicht haben die Franzosen ja doch mal recht: Sie lassen sich ihre Sprache nicht so leicht verhunzen wie wir.

Eines allerdings klang auf Englisch sehr viel besser als auf Deutsch: mein Name. Mein »Fox«, das im Englischen – wenn es überhaupt ausgesprochen wird – weich und warm wirkt, da das o in der Mitte eine Sekunde lang gedehnt wird, kam hier auf Deutsch wie aus der Pistole geschossen. Und dann noch die Anrede davor: »Frau Fockx!« Ich zuckte jedes Mal zusammen, wenn ich meinen Namen hörte, und versuchte milde zu schauen, um dem harten Ausspruch etwas an Schärfe zu nehmen. In meinem Namen jagte jetzt ein einsilbiges

Wort das andere: Frau Fox! Ich fing an, meinen Nachnamen zu vermeiden, und stellte mich eine Weile nur noch als »Sabrina« vor, als ob ich ein Teenager wäre.

Dummerweise hatte ich mir auch die »Los-Angeles-Begrüßung« des Küssens Wange an Wange angewöhnt und schmuste jeden Wildfremden nieder, der mir vorgestellt wurde. Mit zwanzig mag das ja noch ganz lustig sein, mit fast fünfzig will man mir dann doch eher hilfreich unter die Arme greifen, wenn ich da so jemandem entgegenfalle. Ich fing an, mir innerlich leicht bescheuert ein »Hand geben, Hand geben, Hand geben« zuzurufen, um den sechzehn Jahre lang antrainierten Küsschen-Automatismus auszuschalten, was mir nicht immer gelingt.

38. Das richtige Ankommen, lange Abende in Restaurants und warum wir Deutschen liebenswert sind

Eines Abends saß ich mit Freunden in einem meiner Lieblings-restaurants in München, dem »Golden Twenties« bei mir um die Ecke. Es war ein wundervoller Abend. Genau so, wie ich es jahrelang in Los Angeles vermisst hatte. Das Restaurant ist warm, die Musik angenehm, die Küche lautlos weit weg. Die Bedienung perfekt und das Essen großartig. Wir saßen und aßen, bestellten noch eine Flasche Wein. Plötzlich ergriff mich eine innere Unruhe. Ich wollte gehn. Ich wetzte nervös an meinem Stuhl hin und her und nestelte an meiner Handtasche.

Goso schaute überrascht: »Willst du gehen?«

»Ja, wir sollten.«

»Bist du müde?«

Bin ich müde?

Eigentlich nicht. Warum will ich also gehen? Plötzlich fiel es mir wie Schuppen von den Augen. Ich bin so an amerikanische Res-taurants gewöhnt, dass ich unruhig werde, wenn ich länger als zum Essen sitzen bleibe. Ich muss nicht gehen. Hier wartet niemand auf unseren Tisch. Wir können noch ewig bei Wasser und Wein sitzen. Niemand bringt mir die Rechnung, wenn ich nicht danach frage.

Ich lehnte mich entspannt zurück. Ich bestellte mir einen Tee, und es kam immer noch keine Rechnung mit. Wie schön!

Ich bin wieder zu Hause!

Ich bin froh, wieder hier zu sein. Ich liebe es hier. Ich würde mich freuen, wenn meine Tochter vielleicht irgendwann einmal ein paar Jahre in Deutschland lebte. Ich würde gern irgendwann einmal ein kleines Haus an einem See irgendwo in Bayern haben. Ich möchte hier in Deutschland ein elektrisches Auto fahren. Ich wünsche mir, dass jede Stadt ihre Eigenarten behält und nicht jede Geschäftsstraße eine Ansammlung von gleichen Läden ist wie fast alle Einkaufszentren in den Staaten. Ich möchte die kleineren Handwerksbetriebe unterstützen, und ich möchte Barbara Schöneberger kennenlernen. Sie ist für mich der Inbegriff der neuen Deutschen: Witzig, spannend, schön, ehrlich, vielseitig begabt, und sie nimmt sich selbst auf den Arm.

Ich liebe die langen gemütlichen Abendessen, die für uns Deutsche so selbstverständlich sind. Ich bin gerührt angesichts unserer Bemühungen, gerecht zu sein, selbst wenn wir dafür tausend Regeln mit hundert Ausnahmen brauchen, doch am meisten freue ich mich über unseren Versuch, das endlich zu vereinfachen. Ich liebe die höflichen Taxifahrer und die angenehmen Autos, die sie fahren. Ich bin begeistert, dass es jetzt auch hier Anzeigen für freie Parkplätze in Parkgaragen gibt. Ich bin froh über unsere Qualität und die alteingesessenen Handwerksbetriebe. Ich liebe unsere sauberen Straßen und Gehwege. Ich erfreue mich an der U-Bahn. Ich liebe mein Brot. Wie herrlich, dass wir mehr als einen guten Radiosender haben, bei denen es vielfache unterschiedliche Informationssparten gibt und sogar noch Hörspiele. Ich liebe es sogar, dass die Geschäfte am Sonntag zu sind. Es muss nicht immer alles auf sein. Ich liebe es, mit dem Fahrrad durch die Stadt fahren zu können. Ich liebe es, wenn meine Freunde spontan vorbeikommen. Und ich liebe uns Deutsche. Klar, den einen mehr und den anderen weniger, aber alles in allem sind wir doch recht liebenswert, meinen Sie nicht?

Was, das ist Ihnen zu viel Happy End? Zu viel »Ich liebe dies« und »Ich liebe das«?

Ich bitte Sie, ich habe sechzehn Jahre in Amerika gelebt und bin doch gerade erst wieder zurückgekommen.

Epilog

Ich bin jetzt seit fast drei Jahren wieder zurück. Meine Freundin Mon Muellerschoen, die auch viele Jahre in Los Angeles verbracht hatte, sagte mir am Anfang, es habe drei Jahre gedauert, bis sie sich hier wieder ganz zu Hause gefühlt hat. Das traf auch für mich zu.

Ich besuche Los Angeles immer noch regelmäßig, besonders wenn Julia in ihre Heimatstadt will, und ich freue mich immer sehr, meine Freunde und die Stadt wiederzusehen. Leben möchte ich dort nicht mehr. So ist es ideal für mich. Auch Julia hat ihre europäische Seite entdeckt. Sie schwankt, ob sie in Europa oder in den Staaten studieren soll. Sie ist jetzt sogar verständnisvoll gegenüber den Verkäuferinnen und hört mehr auf deren gute Ratschläge als auf den gelegentlich forschen Satz.

Dieses Buch hätte fünfhundert Seiten dick werden können, denn immer wieder ist mir etwas eingefallen, was eigentlich unbedingt reingemusst hätte. Natürlich ist nicht alles drin, und klar habe ich vieles vergessen. Aber falls Sie denn nach Los Angeles auswandern wollen, dann wäre es doch auch zu schade, wenn es für Sie keine Überraschungen mehr gäbe, oder?

Danke für Ihre Zeit und danke, dass Sie mich wieder so freundlich aufgenommen haben.

Ihre
Sabrina Fox

Anhang: Zu Besuch in Los Angeles

D ies ist kein offizieller Tourguide, da gibt es sehr viel bessere. Hier einfach nur ein paar Tipps, die ich meinen Besuchern gern gegeben habe – deshalb auch die Du-Form, da es eine Liste für meine Freunde ist.

Juni

Kommt nicht im Juni nach Los Angeles. Da gibt es den berühmten *June gloom*, das heißt, es ist sehr neblig, die Sonne kommt kaum raus. Jedes Jahr fragt sich jeder Kalifornier, warum dieser Juni so furchtbar ist, bis uns die *Los Angeles Times* daran erinnert, dass es einfach nur *June gloom* ist.

Freizeitparks

Die *Disney Studios* muss man eigentlich mal gesehen haben, wenn eure Zeit allerdings knapp ist, dann solltet ihr lieber darauf verzichten; sie befinden sich in Anaheim, und das ist etwa eine Stunde Fahrt von L.A..

Die *Universal Studios* sind auch eine Alternative zu Disney. Dort gibt es ebenfalls sehr viele Shows und natürlich auch all den Spaß in anderer Form, den man bei Disney findet. Daneben ist der *City Walk* (Geschäfte, Kinos, Bowling etc.) recht spannend für einen späten Nachmittag bis in den Abend hinein. Das kann auch aufgeteilt werden: ein Tag Universal Studios, an einem anderen Abend City Walk und Kino.

Bei Universal kann man auch Tickets kaufen, damit man sich nicht anstellen muss und sich offiziell nach vorn drängeln kann. Die

Dinger heißen *fast lane passes*. Sie kosten ein bisschen mehr, sind es aber wert.

Die *Warner Bros. Tour* (www.wbstudiotour.com) dauert drei Stunden, aber man sieht ein bisschen hinter die Kulissen, das heißt, man besucht ein wirkliches arbeitendes Studio mit allem Drum und Dran und eben auch den gelegentlichen Star, der einem entgegenkommt. Bitte nicht nach Autogrammen fragen.

Six Flags (www.sixflags.com): Da gibt es zwei Parks – den Hurricane Harbor (einen Wasserpark, macht irrsinnigen Spaß: großartige Wasserrutschen). Daneben ist der Magic Mountain (zwei separate Parks vom selben Betreiber), bei dem es mehr um Riesenrad und Achterbahnen geht. Wenn ihr zum Wasserpark wollt, das Übliche mitnehmen: Schwimmzeug, Handtücher etc. Versucht nicht, am Wochenende dorthin zu gehen, da ist es brechend voll. Bei allen Parks ist es besser, wenn ihr unter der Woche geht.

Restaurants

Benihana: Man sitzt um einen großen Tisch herum mit mehreren Leuten, und da werden in der Mitte schnell angebratene Spezialitäten gemacht. Die Jungs sind Experten mit dem Messer. 1447 Fourth St., Santa Monica, California 90401, Telefon: 310 260-1423.

Ivy: ein sehr schönes Restaurant innen wie außen, für Lunchs und zum »Stars-Anschauen«. 113 N Robertson Blvd., Los Angeles, CA 90048, Telefon 310 274-8303.

Mako: mein Lieblingsrestaurant. Die Hostess heißt Lisa. Unbedingt Lunch (außen sitzen, Grüße von mir) und die Pento box bestellen (ist irrsinnig viel, reicht locker für zwei). 225 Beverly Drive, Beverly Hills (es gibt noch einen Beverly Drive in Los Angeles, vorsichtig!), Telefon 310 288-8338.

Falls Lust auf Steak: *Ruth Chris* – großartige Steaks, nicht billig, Schal mitnehmen. Unbedingt bestellen: Sweet Potato Casserole (Süßkartoffeln) – zum Reinsetzen! Auch am Beverly Drive (gegenüber von Mako), Telefon 310 859-8744.

California Pizza Kitchen, die es fast so oft wie Starbucks gibt (www.cpk.com): Eines von Julias Lieblingsrestaurants. Großartige Pizzen, ein bisschen ungewöhnlich, da nicht ganz italienisch, und auch sonst kalifornisch-italienische Küche, aber sehr gut und sehr schnell.

Beverly Hills Hotel: Besucht die Polo Lounge (so heißt das Restaurant dort) am besten sonntags zum Brunch. Draußen sitzen – da gibt's auch häufig Stars anzuschauen – oder am frühen oder späten Abend die neue Bar.

Sunset Plaza: zwischen La Cienega Boulevard und Holloway Drive. Wenn ihr ein bisschen was von einem europäischen Gefühl haben wollt. Hier treffen sich viele Europäer, weil es eben so ähnlich wie zu Hause ist. Viele Cafés, Restaurants und Shops.

Sehenswürdigkeiten

Mulholland Drive: Das ist die Straße, die sich ewig lange über die Hügelkette durch Los Angeles zieht und auf der man rechts wie links großartige Ausblicke entweder auf Los Angeles oder auf das Valley hat. Besonders nachts ein Platz für Romantische. Bitte immer die Handbremse anziehen, gelegentlich rutscht ein Wagen durch zu viel Leidenschaft den Hügel herunter.

Hollywood Bowl (www.hollywoodbowl.com): großartige offene Bühne in den Hollywood Hills mit herrlichen Konzerten. Berühmt sind die Jazztage. Wenn man Glück hat, kann man sich eine Box mieten für vier bis sechs Leute. Ansonsten sind auch die normalen Reihen herrlich. Kommt eine Stunde vorher, mit Tischdecke, Kerzen (müssen im Glas sein, wegen Feuergefahr) und macht ein Picknick. Bitte für jeden eine dicke Decke mitnehmen, denn es wird abends kühl! Keine Sorge wegen des Parkens. Die haben das zur Perfektion entwickelt. Alle Autos stehen hintereinander, und irgendwie kommen sie alle wieder raus. Glaubt es mir einfach.

Getty Center und die *Getty Villa*: ein phantastisches Museum, besonders auch die Architektur. Dort gibt es darüber hinaus ein schönes Restaurant. Eintritt frei. Das »alte« Getty hat auch wieder aufgemacht (in Santa Monica) und heißt »Getty Villa«.

Walk of Fame: Hollywood, da, wo das »Chinese Theatre« ist. Sunset/Ecke La Brea, dann Richtung Osten. Wenn ihr da vom Sunset aus reinfahrt, seht ihr linker Hand das Chinesische Theater. Links daneben gibt es jede Menge Touren.

Downtown L.A.: Ist nicht wie bei anderen Städten. Die Walt Disney Concert Hall vom Stararchitekten Frank O. Gehry ist das Zuhause des L.A. Philharmonic Orchestra. Äußerst sehenswert, aber leider etwas eingequetscht. Interessant auch die sehr schöne alte Union Train Station mit herrlichen altmodischen Ledersesseln in den Warteräumen. Downtown sind auch der Los Angeles Fashion District und der große Blumenmarkt.

Westside: Westwood, Santa Monica (3rd Street Promenade), oder unten am Meer, Beverly Hills (Nähe Rodeo Drive), sind ganz interessante Ecken.

Malls: Was wäre L.A. ohne seine Malls (Einkaufszentren)? Eine der schönsten ist das Century City Shopping Center zwischen Beverly Hills und Santa Monica, da man im Freien ist und nicht überdacht und hermetisch abgeschlossen einkaufen geht. 10250 Santa Monica Blvd., Los Angeles, CA 90067, Telefon 310 277-3898.

Oder auch das Beverly Center: Hier finden viele Jungschauspieler, die gerade frisch nach Los Angeles kommen, ihren ersten Job. Sind manchmal ein bisschen snobby. 8500 Beverly Boulevard Los Angeles, CA 90048, Telefon 310 854-0071. Achtung: Los Angeles hat viele Straßennamen, die entweder gleich sind oder sich ähneln, zum Beispiel Beverly Boulevard und Beverly Drive. Immer schauen, welche »Stadt« dabei steht (etwa Beverly Hills oder Santa Monica etc.).

Farmers Market: Der Farmers Market ist eine »alter« Markt für Gemüse und Lebensmittel. Daneben wurde ein riesiges Einkaufszentrum gebaut, das so ein bisschen wie eine Kleinstadt aussieht. Ganz schön gemacht (www.farmersmarketla.com). 6333 West Third Street, Los Angeles 90036-3154, Tel. 323 933-9211, Fax 323 549-2145.

Beach: Wenn ihr bei Santa Monica (Santa Monica Boulevard) zum Meer runterfahrt und dort dann Richtung Süden (also wenn ihr vor dem Meer steht, nach »links«) abbiegt, könnt ihr euch auch Fahrräder ausleihen. Dabei fahrt ihr dann ziemlich weit runter, bis ihr nach Venice kommt (Muscle Beach etc.). Das ist ein schöner Ausflug. Denkt daran, dass der Strand in L.A. sehr breit ist und man die Autos auf einen Parkplatz fährt. Der Pazifik ist übrigens saukalt, das Parken sehr teuer.

Treepeople: ein schöner Spaziergang an der Ecke Coldwater Canyon und Mulholland Drive mit natürlicher Vegetation. Man kann sich vorstellen, wie Los Angeles mal vor hundert Jahren ausgesehen haben muss.

Shows

Hier gibt es sehr gute Improvisationsshows, zum Beispiel *Groundlings* (www.groundlings.com) an der Melrose Avenue. Übrigens war Melrose westlich von La Brea früher ein herrliches Gemisch aus den verschiedensten Geschäften. Heute gibt es fast nur noch T-Shirt-Shops, und ein Laden schaut wie der andere aus.

Und ganz witzig sind die *Murder Mystery Dinner Shows.* Man beginnt mit Cocktails in einem alten kalifornischen Haus, und dann wird ein Mord begangen (keine Angst, ihr werdet nicht umgebracht). Anschließend kann man sich entscheiden, wem der verschiedenen Akteure man folgen will, die alle in andere Zimmer verschwinden, um so herauszufinden, wer der Mörder ist.

Dank

I ch bedanke mich bei meinen Amerikanern, die mich sehr herzlich und liebevoll in meiner damals neuen Heimat aufgenommen haben. Dabei besonders bei Joe und Dolores Hyams, Cynthia und David Comsky, Carol Coote und Greg Coote und Debbie Renteria. Thank you for taking care of me!

Ein extra Dank gilt meiner *wife-in-law* Lesli Glatter sowie ihrem Mann Clayton Campbell und Nicki, *my family* in Los Angeles.

Mein Leben dort wäre ohne Esther Flores, meine Haushälterin, für mich sehr viel schwerer gewesen. Thank you, Esther! Mike Hyams und Chuck Gruens Firmen, die einfach alles richten können, vermisse ich sehr.

My soul sisters whom I miss dearly: Suzane Piela, Samantha Khury, Sharon Walker, Sunny Swarz, Sheila Kenny und Sheila Gilette.

My boys: LD Thompson und David Rothmiller – I feel you often.

Nancy Bacal und Jonathan Bickart, too bad I couldn't take you with me!

Ein ganz besonderer Dank gilt natürlich Richard, mit dem ich vierzehn Jahre in Los Angeles verbracht habe. Thank you for being in my life – as you always will – and for those very valuable times we have spent together. Thank you for your love and your care. And Richard's and still my New York family: Ellen and Jack Scanlan, Susan and Tom Barlow and Vincent and Joanne Penna and their children.

Julia, meine geliebte Tochter, der dieses Buch gewidmet ist und die ich mit Spannung beobachte. Ich liebe dich! Für immer und ewig!

Dear Dani Taylor: You are wonderful! Aleks Lyons and Arianna: Come and visit us! Danke, Frances Schoenberger, für die liebevolle Aufnahme. Meine deutschen Freundinnen in Los Angeles, die dann auch wieder zurück in Europa sind: Mon Muellerschoen und Ursula Karven. Ohne euch hätte ich mich einsamer gefühlt.

Ohne Carolin Ohrner-Frydman wären mir die ersten Monate so viel schwerer gefallen: Ich danke dir für die über fünfundzwanzig Jahre Freundschaft.

Thank you for making me feel at home: Lisa and Peter Douglas and their wonderful children, Beth Rickmann, Kirk and Anne Douglas, Elyssa Davalos, Martina Zemlicka (danke, danke, danke!), Vera Dunn, Malcolm Groome, the Gunztelman family, the Renson family, my best neighbors ever: Jacquie and Ralph Herzig, Tanya and Eric Idle, Irwin and Margo Winkler, Liz and Taylor Jackson, David and Sam Kipper, Bernie Baiser, Lydia Plotkin, Ilya Tops, Francesca and Georgio Moroder und Herrn Fuchs von der Lufthansa.

Thank you Trace Albright and Debby Albert for all those years of wonderful massages! Dr. Liu, Dr. Zweig, Dr. Richlin, Jeff Rochford! I miss you!

Meine Frankfurter, ich danke euch – schade, dass ihr nicht mit nach München gezogen seid: Nina und Ulf Buhne, Hubertus Frankenberg und Arabella Liechtenstein, Manini und Philipp Württemberg, Manne und Caro Kolan, Stephanie und Georg Khevenhüller und Markus und Isabel Jenisch, Jean und Amelia Kageneck, Philipp Mahlsen, Hayo Willms und und und. Zwei sind nach München gezogen: Caro Behrends und Alexandra Hugens. Danke!

Ich bedanke mich bei Bea, Pinksi, Helena und Dorit für einen gemütlichen Nachmittag in Oelber, bei dem wir gemeinsam englische Ausdrücke in der deutschen Sprache sammelten. Ihr wart großartig, und das lag nicht nur an der gesunden Landluft.

Ich danke meinen Schwestern Susanne Adlmüller und Renate Schelshorn und natürlich meiner Mama! Und meinen deutschen Freunden hier, die es mir leicht gemacht haben, mich wieder zu Hause zu fühlen: Natascha Muellerschoen und Götz Winter, Sigrid

Narjes, Reinhard Bezler und seine Frau Gabriele Lohnert mit den tollen Töchtern Theresa und Kira, Rita Werner (schön, dass du mich auch immer wieder in Los Angeles besucht hast!), Oliver Fritz, Martin Moszkowicz und auch aus vollem Herzen Jorinde und Peter Gersina.

Ein ganz herzliches Dankeschön der großen und weitverzweigten Kageneck- und Meran-Familie. Ich bin euch sehr dankbar dafür, dass ihr mich in eurem Herzen so liebevoll aufgenommen habt. Obwohl ich doch ein bisschen komisch bin … Danke, danke, danke!

Meinem Mann, Goso Kageneck: danke für deine unendlich vielen Gedanken und Ideen zu diesem Buch. Wünsche werden wahr: ein deutsch sprechender Mann, der dazu noch großartig ist. Ich liebe dich.

Ich bedanke mich beim Droemer Knaur Verlag, der sich mit viel Enthusiasmus und Freude an der Geburt dieses Buchs beteiligt hat: Margit Ketterle und Bettina Traub. Danke für die Geduld mit mir und die dreitausend Titelvorschläge, die wir gemeinsam durchgewälzt haben. Liebe Bettina, vielen Dank für dein Feedback, das so wichtig und nützlich war. Lieber Ralf Lay, danke, dass du auch bei diesem Buch wieder das Lektorat übernommen hast. Danke!

Einen herzlichen Dank an alle meine Deutschen, mit oder ohne Migrationshintergrund – ein neues Wort für mich –, die mich in Läden, in Taxis, in U-Bahnen, in Theatern, in den Parks und auf den Straßen so nett und freundlich anlächeln.

Es ist schön, wieder zu Hause zu sein.

Bildnachweis

Farbtafel 1: privat
Farbtafel 2: privat
Farbtafel 3: privat
Farbtafel 4: privat
Farbtafel 5 oben: Peter Bischoff
Farbtafel 6: privat
Farbtafel 7: privat
Farbtafel 8: Guido Ohlenbostel

Informationen von und über Sabrina Fox finden Sie unter
www.SabrinaFox.com

Bücher von Sabrina Fox:

Von Engeln begleitet, Droemer Knaur Verlag
Wie Engel uns lieben, Droemer Knaur Verlag
Die Sehnsucht unserer Seele, Goldmann Verlag
Auf der Suche nach Wahrheit, Goldmann Verlag
Erleuchtung, Sex und Coca-Cola, Goldmann Verlag
Der klitzekleine Engel, Aquamarin Verlag

Engelkarten

Von Engeln begleitet,
Box mit 89 Karten, Anleitungsbuch und Seidentuch,
Droemer Knaur Verlag

CD
Meine Lieder – was mir am Herzen liegt, Arkana

Engelskulpturen

www.SabrinaFox.com
oder
Alabaster Licht + Erde

Telefon 00 49 (0) 9 11 9 64 99-33
Telefon 00 49 (0) 9 11 9 64 99-34